高等职业教育汽车类专业新型活页工作手册式系列教材

系列教材主编：戚文革　邹玉清

汽车发动机构造与检修

邹玉清　全晓龙◎编著

中国铁道出版社有限公司
CHINA RAILWAY PUBLISHING HOUSE CO., LTD.

内 容 简 介

本书为贯彻国务院印发"职教20条"文件精神，落实"新型活页式、工作手册式"职业教育教材的要求而编写。它是依据学生中心、能力本位、成果导向等理论，充分考虑"1+X"证书要求，融专业教育、课程思政、创新教育于一体，充分体现职业教育是"学习如何工作的教育"的本质要求，面向学生学习，校企双元合作开发的新型活页式、工作手册式能力本位教材。

全书共五个项目，包括检修气缸盖和配气机构、检修气缸体和曲柄连杆机构、检修润滑系统、检修冷却系统、检修燃油供给系统。

书中配备视频、动画等电子资源二维码，并配套开发了教学工作页和助教课件等教学资源。

本书适合作为高等职业院校和其他职业学校汽车类相关专业学生的教材，也可作为有关人员的岗位培训教材。

图书在版编目（CIP）数据

汽车发动机构造与检修 / 邹玉清，全晓龙编著 . —北京：中国铁道出版社有限公司，2022. 1（2024.7 重印）
高等职业教育汽车类专业新型活页工作手册式系列教材
ISBN 978-7-113-28494-7

Ⅰ. ①汽… Ⅱ. ①邹… ②全… Ⅲ. ①汽车 - 发动机 - 构造 - 高等职业教育 - 教材②汽车 - 发动机 - 车辆修理 - 高等职业教育 - 教材 Ⅳ. ①U472. 43

中国版本图书馆 CIP 数据核字（2021）第 220182 号

书　　名：汽车发动机构造与检修
QICHE FADONGJI GOUZAO YU JIANXIU
作　　者：邹玉清　全晓龙

策　　划：尹　鹏　何红艳　　**编辑部电话：**（010）63560043
责任编辑：何红艳
封面设计：刘　颖
责任校对：苗　丹
责任印制：樊启鹏

出版发行：中国铁道出版社有限公司（100054，北京市西城区右安门西街 8 号）
网　　址：https://www.tdpress.com/51eds/
印　　刷：北京联兴盛业印刷股份有限公司
版　　次：2022 年 1 月第 1 版　2024 年 7 月第 2 次印刷
开　　本：880 mm×1 230 mm 1/16　**印张：**12　**字数：**319 千
书　　号：ISBN 978-7-113-28494-7
定　　价：55.00 元

序

自从2019年国务院发布的《国家职业教育改革实施方案》提出“倡导使用新型活页式、工作手册式教材”之后，教材建设就成为职业教育改革的热词，2020年国家教材建设奖的设立极大地提升了教材的地位，更是将教材建设推到了职业教育改革的浪尖潮头。

教材里有什么？

这是必须明确的一件事。

是不是知识本位教材里有知识而能力本位教材里有能力呢？答案是明确的，无论知识本位教材还是能力本位教材，教材里只有知识而没有其他任何东西。

区别何在？

知识本位教材是将学科知识从命题概念出发，在空间上按照演绎逻辑进行组织、呈现的。

能力本位教材是将工作知识从具体事物出发，在时间上按照归纳逻辑进行组织、呈现的。

知识本位教材的功能是培养学生演绎推理能力，目的是发现更多知识，探索未知领域。

能力本位教材的功能是培养学生归纳推理能力，目的是处理具体事务，解决现实问题。

这是一个大概的区分，但这是一个直指本源的区分，这一内在逻辑的区别决定了职业教育与普通教育教材类型的基因差异。

职业教育教材应该“长什么样，内容如何呈现，具备什么功能”，是由职业教育类型属性决定的，职业教育就是“学习如何工作的教育”，那么教材就应该呈现“工作原貌”，只有将“工作原貌”呈现出来，才能够实现学习“如何工作”的目的。抓住了这一根本性的问题，就能将职业教育教材与普通教育教材彻底区别开来。

怎样呈现“工作原貌”呢？

任何一项工作都是由六个要素构成的，即工作对象、工作内容、工作手段、工作组织、工作产品和工作环境。

工作六要素所对应的知识，即工作对象知识、工作内容知识、工作手段知识、工作组织知识、工作产品知识和工作环境知识。

对于一项工作，如果将工作六要素知识寻找并罗列出来，合辑成册，是不是可以看做是职业教育的教材呢？

按照教材里只有“知识”和职业教育就是“学习如何工作的教育”这两条标准判断，显然这一合辑成册的书无疑就是职业教育的教材。

继续深入分析，工作六要素知识两种有价值的排列方式，一种是并列排列，将六要素知识平铺在纸上就可以了，这是工作六要素知识的静态呈现——这种排列方式并不鲜见，如常见的机械设计手册等。

如果将工作六要素里的工作内容知识按照其在工作中出现的时间顺序排列就会发现，这构成了一项具体工作的职业行动体系，其他五个工作要素知识构成了支撑这个职业行动得以进行下去的职业知识，按照这一逻辑，我们发现工作六要素知识可以如图 1 排列，这样排列的好处就是将工作要素知识的内在联系通过职业行动建立起来了，使工作六要素动态呈现出来，不仅能够更好地表达了“工作原貌”，更是表达了“工作逻辑”，使学习者更易理解“工作本身”以及实现学习“如何工作”这一目的。

职业行动 = 工作内容知识序化	职业知识 = 其余工作五要素知识
1	工作对象知识 工作手段知识 工作组织知识 工作产品知识 工作环境知识
2	
⋮	
n	

图 1　工作六要素知识时序逻辑

仅此还是不够的，职业教育教材不仅要呈现工作要素知识，表达“工作逻辑”，还要服务于学生学习这一根本要求，因此，职业教育教材必须按照认知规律和职业成长规律选取和呈现工作要素知识。

认知规律通常表述为从“从低级到高级，从简单到复杂”，什么是“简单和复杂”“低级和高级”呢？布鲁姆的教育目标分类是我们可以依据的一个科学原理。

本耐、德莱福斯、劳耐尔对职业能力成长规律的研究成果得到了普遍的认同，从初学者 / 新手—生手—熟手—能手—专家 / 高手的职业能力成长的过程中，使我们得以窥见职业教育与普通教育互为起点与终点的正好相反的学习过程。

综上所述，工作要素知识以静态或者动态方式按照认知规律、职业成长规律排列，构成职业教育教材的知识种类与排列的基本的序化逻辑。

本系列教材是以工作要素知识的动态形式，按照认知规律和职业成长规律选取工作内容来组织、呈现工作原貌的。

教材以活页装订、留白处理、多元目录索引、职业行动与职业知识左右对应排版、知识表格化处理，全书用色块区分不同内容等手段，表达重点清晰醒目，并配以二维码视频动画资源，极大地方便了检索查阅，充分体现自主学习功能和手册性质。

同时，以标语彰显、主题镶嵌和星火相融三种方式将创新教育以及课程思政融于专业教育始终，使教材具备了“专业、创新、思政”三育融合的内容与功能。

采用镶嵌、替换方式将“1+X”融入相关内容之中，满足职业技能等级鉴考评定需求。每一个学习项目设置一个迁移性学习考核项目，满足了学分银行学习成果认证需要。

吉林电子信息职业技术学院在汽车专业群、机械专业群、冶金专业群系统开展的提高育人有效性的教学改革中，从 2016 年开始尝试“活页式、工作手册式”教材编写与教学实践，取得了良好效果。

是为序。

戚文革

2021 年 8 月 20 日

编审委员会

作者简介

邹玉清，吉林电子信息职业技术学院汽车工程学院产教融合学院院长、汽车制造与试验技术专业主任、教授、高级工程师、汽车维修高级、省级“双师型”教师，从事职业教育教学工作22年。曾在汽车制造企业从事技术质量工作11年；讲授汽车发动机构造与检修课程近1 300学时；编写教材25本，其中第一主编教材10本，《汽车机械识图》（第2版）入选“十三五”职业教育国家规划教材；第一人发明实用新型专利6项；发表省级以上论文多篇，其中核心论文6篇，获得市级优秀论文一等奖3篇。

全晓龙，大连禾众汽车销售服务有限公司高级工程师、德国高级技师、吉林省长白山技能名师、一汽大众和奥迪技术培训师、国家级优秀裁判员、世界技能大会-技能竞赛专家、一汽-大众“质量工匠”。曾获得三届一汽-大众全国服务技能大赛技术冠军、Volkswagen世界技术服务锦标赛亚太冠军。曾三次受聘教育部举办的“全国职业院校技能大赛-汽车检测与维修”赛项执委会委员/裁判长、两次受聘人社部举办的中国技能大赛-全国新能源汽车关键技术技能大赛汽车装调赛项裁判长/专家组副组长。

前　言

职业教育教材建设进入了新时代。2019年，国务院发布的《国家职业教育改革实施方案》（简称“职教20条”）开篇就明确了职教与普教的类型区别，更是第一次以国家文件的高度对教材形式提出了具体要求。“职教20条”第九条“……建设一大批校企‘双元’合作开发的国家规划教材，倡导使用新型活页式、工作手册式教材并配套开发信息化资源。”这背后的逻辑是什么？职业教育教材建设必须思考：新型活页式、工作手册式教材的内涵是什么？职业教育教材如何体现“新型”“活页式”“工作手册式”三个关键要素？“新型活页式、工作手册式”教材须具备什么样的功能？

本书着重把握新型活页式、工作手册式教材的深刻内涵和承载的功能，遵循能力本位、学生中心、成果导向等职业教育基本规律，将专业教育、创新教育、课程思政以及“1+X”融为一体，教材功能指向职业能力培养，充分体现职业教育类型特征。

职业教育是“学习如何工作的教育”。因此，本书将完整展现职业行动的工作原貌作为第一原则，将工作内容序化为职业活动，构成职业行动体系，辅以支撑职业行动的职业知识。为了清晰表达工作原貌，在具体版面设计上，采用横版排版，一页纸分为左右对称两部分，左侧为职业行动，右侧为支撑职业行动得以开展的职业知识。

具体表现：页面左侧为序化的职业行动——作业准备、拆卸、检修、安装，形成职业行动体系，作为教材结构逻辑；页面右侧为支撑职业行动的技术标准、规范、要求、原则、方法、原理等理论知识、技术理论知识、技术实践知识以及经验性知识，其中以技术实践知识为主，并进行表格化处理以方便查阅，体现手册式特征。

全书共五个项目，包括检修气缸盖和配气机构、检修气缸体和曲柄连杆机构、检修润滑系统、检修冷却系统和检修燃油供给系统。书中配备视频、动画等电子资源二维码，并配套开发了教学工作页和助教课件等教学资源。

每个项目包含四部分内容：第一部分是项目概述，包括项目描述、项目要求、学习目标和学习载体；第二部分是项目实施，包括职业行动、职业知识和任务测评；第三部分是学习考评，包括考评项目、实施准备、验证方法与标准和考评报告；第四部分是课程思政，包括页脚标语、拓展阅读。

本书编写紧紧围绕新型活页式、工作手册式教材本质特征，具备如下特点：

1. 体现能力本位功能，突出职业能力培养

将项目或任务的工作内容序化为完整的工作过程，建立工作六要素（工作对象、工作内容、工作手段、工作组织、工作产品、工作环境）之间的内在联系，展示工作原貌，在完成职业活动过程中不断积淀职业能力。

2. 体现学生中心思想，以方便学生学习为第一原则

活页装订方便学生增添新知识、新技能以及学习心得，页面留白处理方便学生学习记录，多元目录索引方便学生学习查阅。

3. 体现成果导向教育思想，满足学分银行认证要求

“职教20条”第八条指出“加快推进职业教育国家‘学分银行’建设，从2019年开始，探索建立职业教育个人学习账号，实现学习成果可追溯、可查询、可转换”。学习成果认定是学分银行实施的基础，为此，本书每一个项目最后，都设计了一个学习成果认定考核方案，供师生参考选择。

4. 适应“1+X”证书制度，内容选取参考职业技能等级标准

在“1”的基础上，针对职业要求进行拓展和补充，将汽车职业技能等级标准有关内容及要求有机融入教材中，实现课证融通。

5. 体现“专业＋思政＋创新”时代要求，实现三育融合

本书每个任务的页脚采用蕴含思政元素和创新元素的标语式语句，寓教于警示励志语言——标语彰显式。本书选定红旗品牌轿车的自主发展作为创新和思政主题，按此主题选取编辑五个故事，每个项目一个主题故事，寓教于故事之中——主题镶嵌式。每个任务拓展训练中紧密结合任务内容通过思维导图将思政元素和创新元素融入其中，寓教于水乳交融之中——星火相融式，实现了在专业教育中突出“人的底色”与创新素质的培养目标。

6. 辅以信息化数字资源，教材内容立体呈现

本书配套开发设计了教学工作页、教学课件、任务工单、习题作业及视频动画等数字资源，方便师生学习查阅。

7. 图文并茂，职业知识表格化处理，突出“手册式”功能

本书编写时选用了大量图例，文字力求简练、通俗，内容简明扼要，职业知识表格化处理，表达直接易懂，便于快速查阅。

8. 新增新技术、新工艺、新规范，增强教材时效性

本书在选用学习载体和学习内容时，充分考虑涡轮增压、缸内直喷、可变气门升程等既成熟可靠，又代表现阶段我国汽车行业发展的最新成就的汽车发动机新技术，增强了教材的时效性。

9. 校企双元合作开发，校企双主编，充分融入职业要素

本书共五个项目，由吉林电子信息职业技术学院教授/高级工程师邹玉清、大连禾众汽车销售服务有限公司高级工程师/高级技师全晓龙编著。邹玉清编写了项目一～四，全晓龙编写了项目五。

本书由北京中汽恒泰教育科技有限公司总工程师弋国鹏、吉林市磊π汽车修理行技术总监王磊、吉林市英之捷汽车服务有限公司技术总监宋海成审稿。参加审稿的各位老师对全书进行了认真细致的审阅，并提出了宝贵的意见和建议，在此表示衷心的感谢！

由于编者水平有限，书中难免有疏漏之处，恳请广大读者批评指正。

编著者

2021年8月

目录

视频 / 动画目录

项目一　检修气缸盖和配气机构

一、项目描述

完成 2014 款卡罗拉 1.6 L GL-i 轿车 1ZR-FE 发动机气缸盖和配气机构检修作业。

二、项目要求

符合 2014 款卡罗拉 1.6 L GL-i 轿车 1ZR-FE 发动机技术要求与标准，正确使用工具，完成如下检修作业：

（1）检修气门驱动组；

（2）检修气门传动组；

（3）检修气门组和气缸盖。

三、学习目标

（1）准确陈述气缸盖和配气机构、气门驱动组、气门传动组、气门组的组成（或结构）及功用；

（2）准确陈述气门驱动组检修作业方法；

（3）准确陈述气门传动组检修作业方法；

（4）准确陈述气门组和气缸盖检修作业方法；

（5）规范地对气门驱动组进行检修作业；

（6）规范地对气门传动组进行检修作业；

（7）规范地对气门组和气缸盖进行检修作业；

（8）养成自觉遵守技术标准和要求规定、规范操作、安全、环保、“5S”作业的好习惯；

（9）形成劳动是立身之本的劳动观；

（10）认识到向别人学习就是创新。

四、学习载体

2014 款卡罗拉 1.6 L GL-i 轿车 1ZR-FE 发动机气缸盖和配气机构如下图。

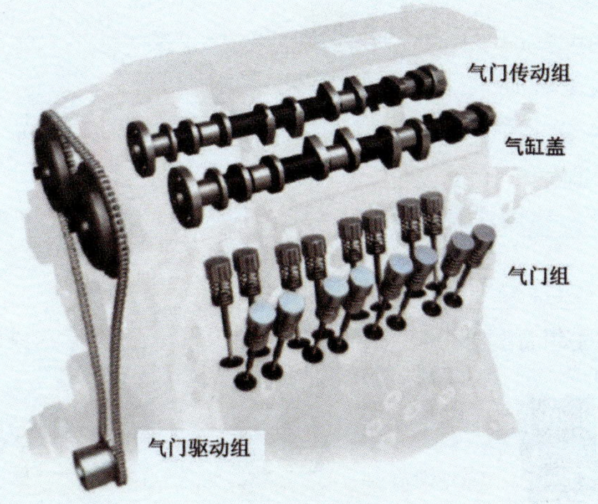

2014 款卡罗拉 1.6 L GL-i 轿车 1ZR-FE 发动机气缸盖和配气机构

气缸盖主要功用是配气机构的安装基体。

配气机构主要由气门驱动组、气门传动组和气门组三部分组成。其功用是按照发动机每一气缸内进行的工作循环和点火顺序要求，定时开启和关闭各气缸的进、排气门，使新鲜的可燃混合气（汽油机）或空气（柴油机）能及时进入气缸，废气能及时从气缸排出；在压缩与做功行程中，保证燃烧室密封。

学习笔记

视频

1-1 配气机构组成

视频

1-2 配气机构功用

学习笔记

任务一　检修气门驱动组

职业行动

步骤一：作业准备

1. 作业场地

选择带有消防设施的作业场地。

2. 设备设施

2014 款卡罗拉 1.6 L GL-i 轿车 1ZR-FE 发动机台架、工具车、零件车、吹气枪、垃圾桶。

3. 工量辅具（见表 1-1-1）

表 1-1-1　检修气门驱动组工量辅具

套筒扳手组合套具	曲轴带轮固定工具	结合法兰固定工具
指针式扭力扳手	曲轴带轮拉马	一字螺丝刀
预置力式扭力扳手	开口扳手	游标卡尺

职业知识

气门驱动组

组成	凸轮轴正时齿轮；正时链条；VVT总成；曲轴正时齿轮
功用	• 通过正时链条及正时齿轮使曲轴驱动凸轮轴转。 • 通过 VVT（可变气门正时，Variable Valve Timing）总成调节凸轮相位。

配气机构传动方式

齿形带传动	链条传动	齿轮传动
凸轮轴正时带轮；张紧轮；正时齿形带；曲轴正时带轮	凸轮轴正时链轮；正时链条；链条张紧器导板；曲轴正时链轮	凸轮轴正时齿轮；曲轴正时齿轮

视频

1-3 气门驱动组组成

劳动是立身基础。

学习笔记

续表

塑料锤	弹簧测力计	磁力吸棒
壁纸刀		

4. 耗材

清洁布、泡沫清洁剂、专用密封胶、防松胶。

步骤二：拆卸气门驱动组

1. 拆卸气缸盖罩与气缸盖罩衬垫

（1）拆卸气缸盖罩

① 使用棘轮扳手，按照正确的拆卸顺序分多次拧松气缸盖罩13个固定螺栓。

② 用手取下螺栓。

③ 使用磁力吸棒取出密封垫圈。

④ 用塑料锤柄轻轻撞击气缸盖罩，松动后用手取下。

⑤ 从凸轮轴轴承盖上拆下3个衬垫。

（2）拆卸气缸盖罩衬垫

用手取下气缸盖罩衬垫。

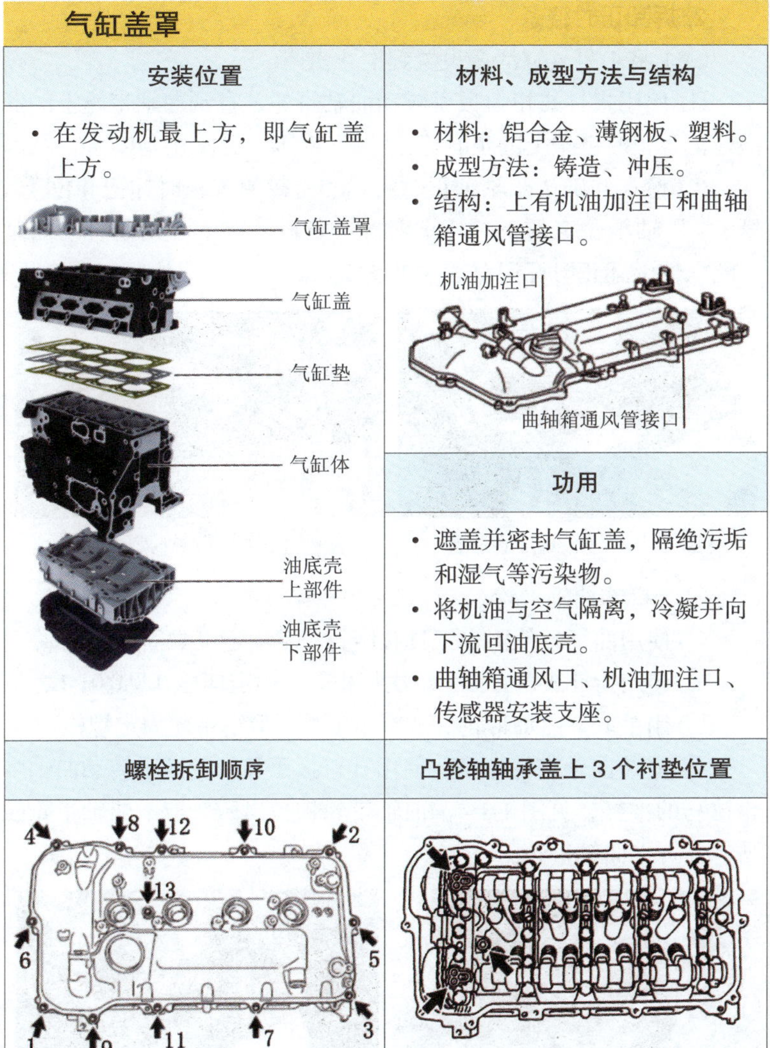

气缸盖罩

安装位置	材料、成型方法与结构
• 在发动机最上方，即气缸盖上方。 气缸盖罩 气缸盖 气缸垫 气缸体 油底壳上部件 油底壳下部件	• 材料：铝合金、薄钢板、塑料。 • 成型方法：铸造、冲压。 • 结构：上有机油加注口和曲轴箱通风管接口。 机油加注口 曲轴箱通风管接口
	功用
	• 遮盖并密封气缸盖，隔绝污垢和湿气等污染物。 • 将机油与空气隔离，冷凝并向下流回油底壳。 • 曲轴箱通风口、机油加注口、传感器安装支座。
螺栓拆卸顺序	**凸轮轴轴承盖上3个衬垫位置**
4 8 12 10 2 13 6 5 1 9 11 7 3	

学习笔记

2. 拆卸正时链条

（1）将 1 号气缸活塞设置到上止点

① 使用指针式扭力扳手转动曲轴带轮，直到曲轴带轮上的凹槽标记与正时链条上的正时标记“0”对准，见图 1-1-1。

② 检查并确认凸轮轴正时齿轮和链轮的各正时标记和位于 1 号、2 号轴承盖上的正时标记对准。若没有对准，则需转动曲轴一圈，使上述正时标记对准，见图 1-1-2。

图 1-1-1　对准正时标记

图 1-1-2　确认标记位置

（2）拆卸曲轴带轮

① 使用曲轴带轮固定工具和结合法兰固定工具固定曲轴。

② 使用指针式扭力扳手依次拧松带轮固定螺栓，见图 1-1-3。

③ 用手取下曲轴带轮拆装专用工具，取下带轮固定螺栓。

④ 安装曲轴带轮拉马，使用开口扳手和棘轮扳手转动曲轴带轮拉马的推杆，见图 1-1-4。曲轴带轮被拉出后，取下曲轴带轮拉马，并拆下曲轴带轮。

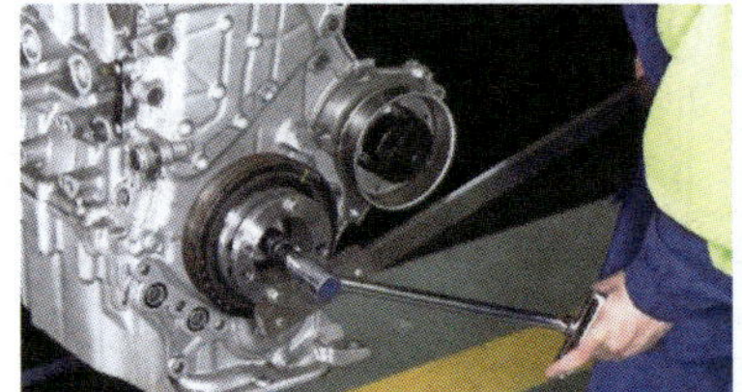

图 1-1-3　拧松带轮固定螺栓

图 1-1-4　转动曲轴带轮拉马

视频

1-4 拆卸正时链条（1）

视频

1-5 上止点和下止点

发动机上止点和下止点

• 上止点：活塞最高位置。	• 下止点：活塞最低位置。
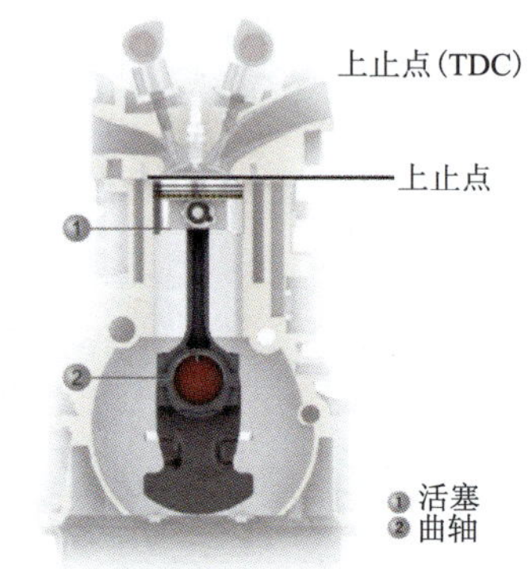	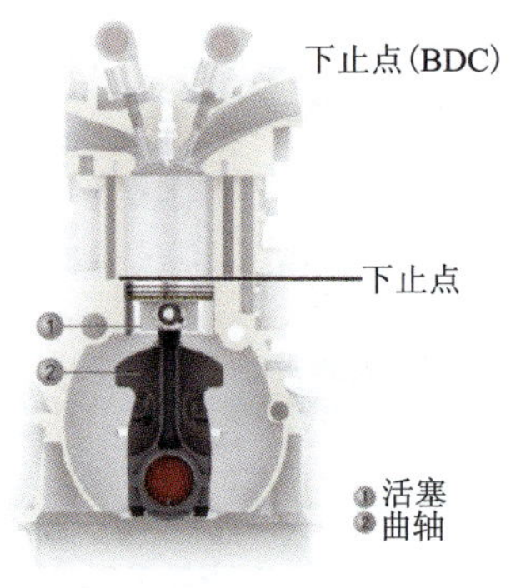

表 1-1-6 正时链条传动装置

组成	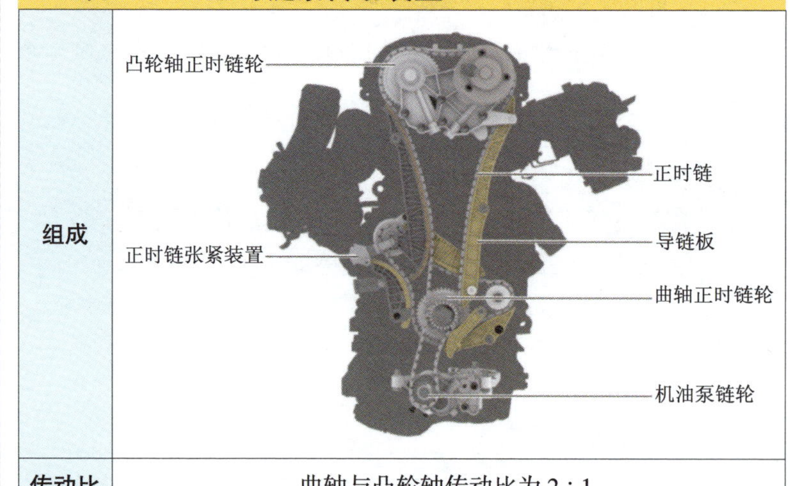
传动比	曲轴与凸轮轴传动比为 2∶1

劳动是立身基础。

（3）拆卸 1 号链条张紧器总成

① 使用指针式扭力扳手依次拧松张紧器固定螺母，见图 1-1-5。

② 拧松并取下固定张紧器的 2 个螺母，然后取下托架、张紧器和衬垫，见图 1-1-6。

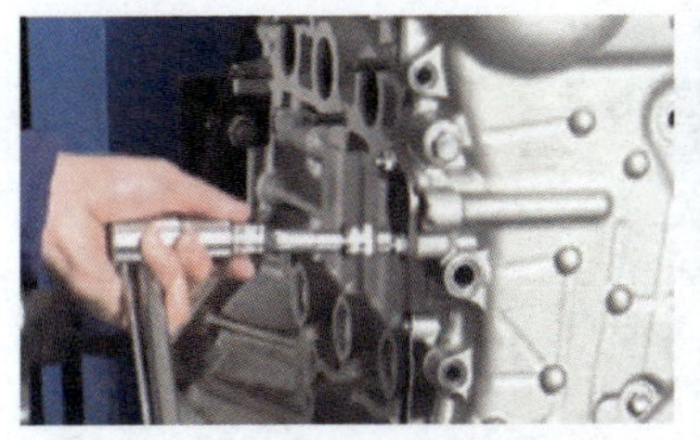

图 1-1-5　拧松张紧器固定螺母

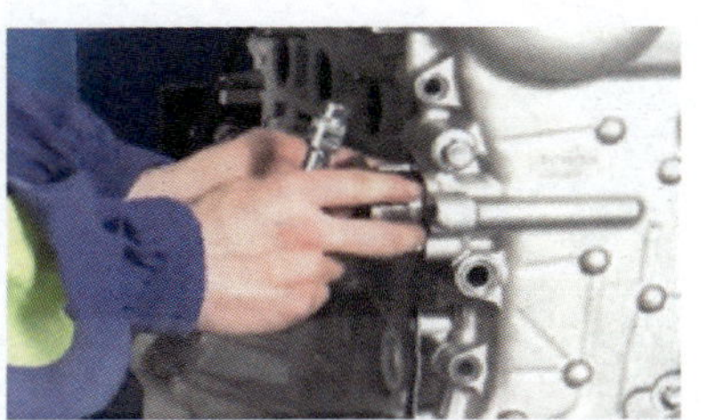

图 1-1-6　取下固定张紧器的螺母

（4）拆卸正时链条盖

① 使用指针式扭力扳手依次拆下链条盖 19 个固定螺栓，见图 1-1-7。

② 使用头部缠有胶带的一字螺丝刀撬动正时链条盖和气缸盖或气缸体之间的部位，拆下正时链条盖，见图 1-1-8。

图 1-1-7　拧松正时链条盖螺栓

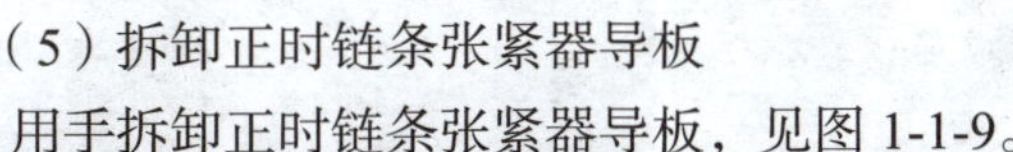

（5）拆卸正时链条张紧器导板

用手拆卸正时链条张紧器导板，见图 1-1-9。

图 1-1-8　撬动接触部位

图 1-1-9　拆卸正时链条张紧器导板

张紧系统作用

- 正时链条或正时带在中高速运转时会发生跳动，导致配气正时不准确，引起车辆费油、无力、爆燃等故障。当跳牙过多时，因为气门过早打开或过晚关闭还会使气门和上行的活塞碰撞损坏发动机。
- 为了能让正时链条或正时带保持合适的张紧度，既不因过松而跳牙，也不因过紧而发生损坏，由张紧器和张紧轮或导轨组成的张紧系统，提供指向链条或皮带的压力，避免皮带打滑，或防止链条松动、脱落，减轻链轮、链条磨损。

拆卸正时链条盖螺栓顺序

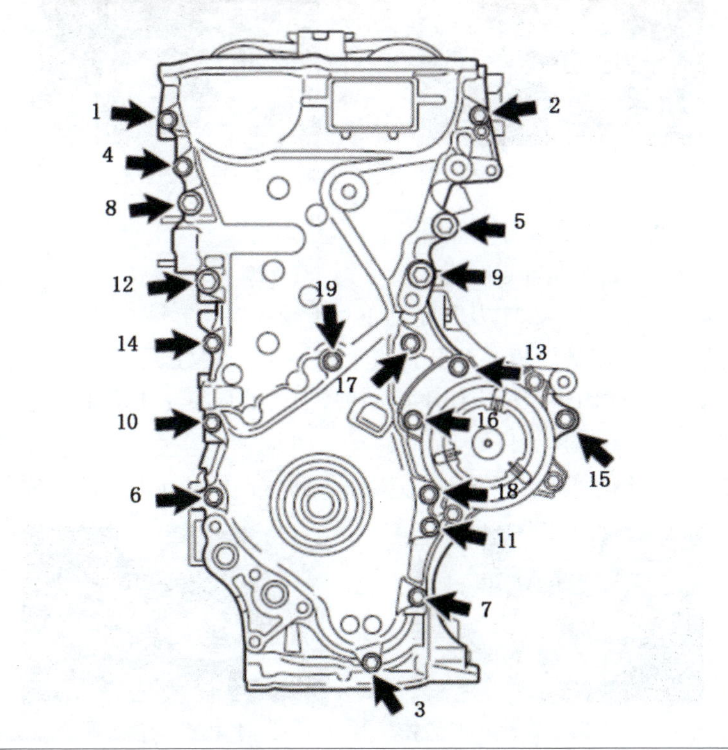

学习笔记

学习笔记

（6）拆卸 1 号链条振动阻尼器

使用指针式扭力扳手拆卸 1 号链条振动阻尼器 2 个螺栓，并用手取下，见图 1-1-10。

（7）拆卸正时链条

按照正确方法及要求拆卸正时链条。

（8）拆卸 2 号链条振动阻尼器

使用指针式扭力扳手拆卸 2 号链条振动阻尼器 2 个螺栓，并用手取下，见图 1-1-11。

图 1-1-10　拆卸 1 号链条振动阻尼器

图 1-1-11　拆卸 2 号链条振动阻尼器

（9）拆卸曲轴正时齿轮

用手取下曲轴正时齿轮，见图 1-1-12。

（10）拆卸 VVT 及凸轮轴正时齿轮总成

① 使用棘轮扳手和开口扳手拧松进气 VVT 及进气凸轮轴正时齿轮总成固定螺栓，用手拆卸进气 VVT 及进气凸轮轴正时齿轮总成，见图 1-1-13。

② 用同样方法拆卸排气 VVT 及进气凸轮轴正时齿轮总成。

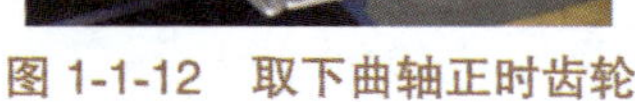

图 1-1-12　取下曲轴正时齿轮

图 1-1-13　拧松凸轮轴正时齿轮螺栓

视频

1-6 拆卸 VVT 总成

拆卸正时链条方法及要求	
· 放置链条 将正时链条从曲轴链轮上取下，并放置在曲轴正时齿轮上。 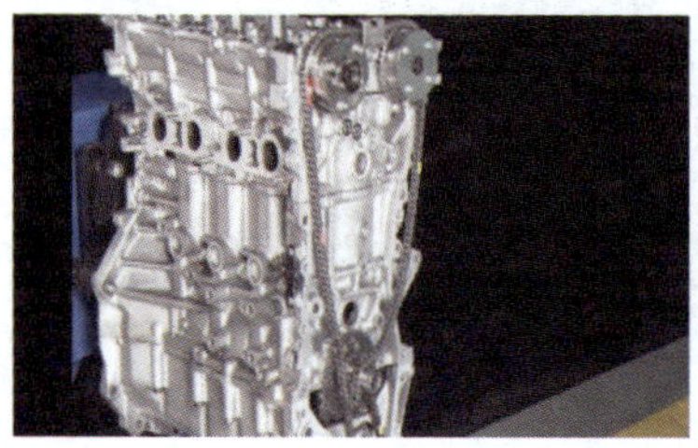	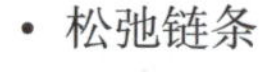· 松弛链条 用扳手固定住凸轮轴的六角头部分，并逆时针旋转凸轮轴正时齿轮总成。 
· 松开链条 将链条从凸轮轴正时齿轮上松开，错开若干齿后仍放置在凸轮轴正时齿轮上。 	· 拿下链条 确保链条从链轮上完全松开，顺时针转动凸轮轴，使其回到原来位置，拆下链条。 

劳动是立身基础。

步骤三：检修气门驱动组

1. 检修正时链条及相关部件

（1）检修正时链条

按照正确方法及要求检修正时链条。

（2）检修正时链条张紧器导板

① 使用游标卡尺测量正时链条张紧器导板磨损量，见图 1-1-14。

② 如果磨损量大于最大值，则更换。

（3）检修 1 号链条振动阻尼器

①使用游标卡尺测量 1 号链条振动阻尼器磨损量，见图 1-1-15。

②如果磨损量大于最大值，则更换。

（4）检修 2 号链条振动阻尼器

① 使用游标卡尺测量 2 号链条振动阻尼器磨损量，见图 1-1-16。

② 如果磨损量大于最大值，则更换。

（5）检修正时链条张紧器板

① 使用游标卡尺测量正时链条张紧器板磨损量，见图 1-1-17。

② 如果磨损量大于最大值，则更换。

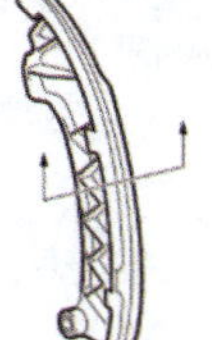
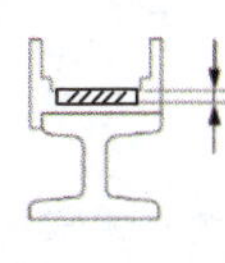

图 1-1-14 测量正时链条张紧器导板磨损

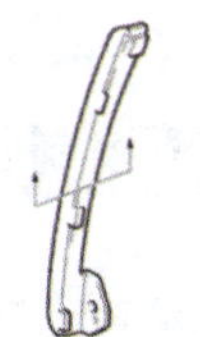
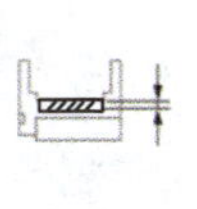

图 1-1-15 测量 1 号链条振动阻尼器磨损量

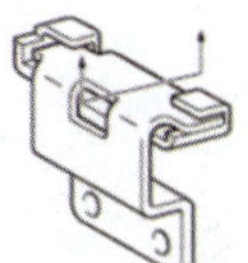
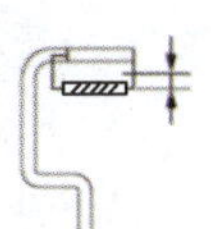

图 1-1-16 测量 2 号链条振动阻尼器磨损量

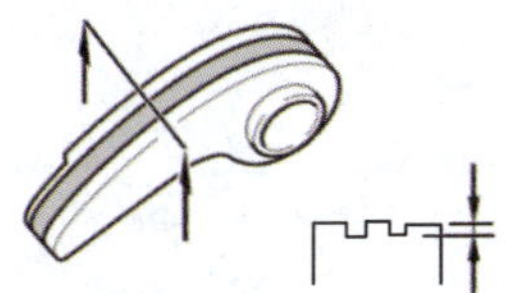

图 1-1-17 测量正时链条张紧器板磨损量

气门驱动组常见损伤形式及主要原因

损伤形式	主要原因
正时链条磨损	曲轴正时链轮和凸轮轴正时链轮在高强度金属链作用下保持高速同步运转，磨损快，温度高，长时间造成正时链条和链轮之间的磨损，严重时正时链条会断裂，链轮会断齿。
正时链条伸长	
正时链条断裂	
链轮断齿	
链轮磨损	

检修正时链条方法及要求

- 检具：弹簧测力计。
- 作用于正时链条上的拉力：147 N。
- 量具：游标卡尺。
- 测量长度：15 个链节。
- 测量位置：任意 3 个位置。
- 更换条件：平均伸长量>最大伸长量

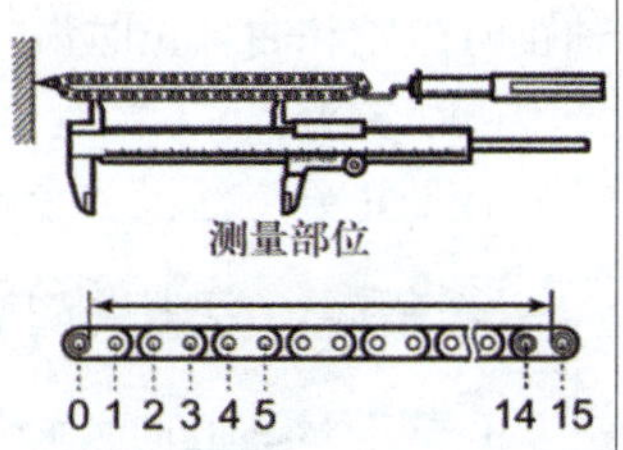

检修气门驱动组技术标准

项目	标准
正时链条最大伸长量	115.2 mm
正时链条张紧器导板最大磨损量	1.0 mm
1 号链条振动阻尼器最大磨损量	1.0 mm
2 号链条振动阻尼器最大磨损量	1.0 mm
正时链条张紧器板最大磨损量	1.0 mm
进、排气凸轮轴正时齿轮最小直径	96.8 mm
曲轴正时齿轮最小直径	51.1 mm

学习笔记

学习笔记

（6）检修正时链条张紧器

按照正确方法及要求检修正时链条张紧器。

检修正时链条张紧器方法及要求

• 检查柱塞移动是否平稳 用手指提起棘轮爪。 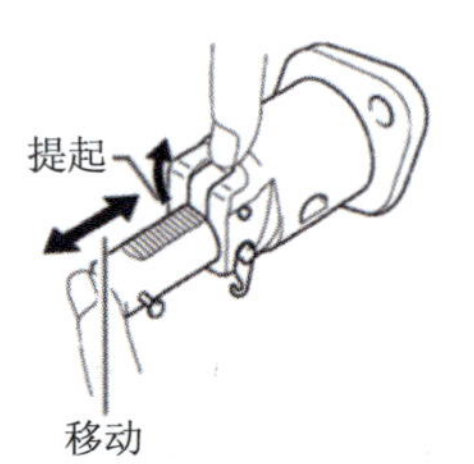 	• 检查棘轮爪将柱塞锁止是否就位 松开棘轮爪，用手指推不发生移动。 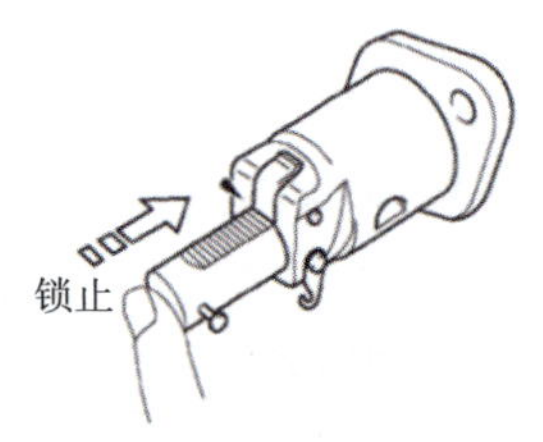

2. 检修正时齿轮及 VVT 控制机构

（1）检修正时齿轮

① 将正时链条绕在进气凸轮轴正时齿轮，使用游标卡尺测量绕着正时链轮的进气凸轮轴正时齿轮直径，见图 1-1-18。

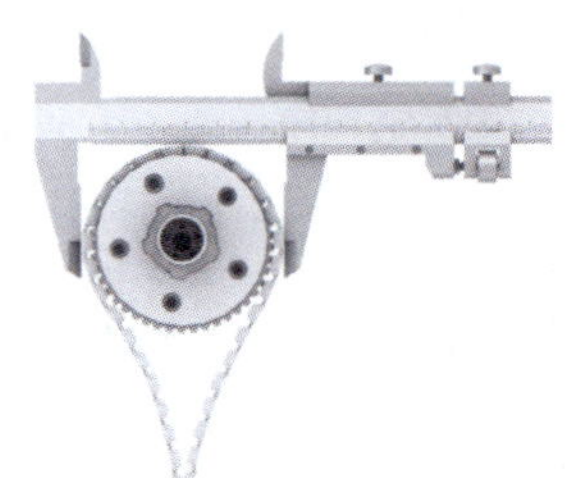

图 1-1-18　测量绕着正时链轮的正时齿轮直径

② 如果测得值小于最小值，则同时更换正时链条和进气凸轮轴正时齿轮。

③ 采用同样方法检修排气凸轮轴正时齿轮和曲轴正时齿轮。

（2）检修 VVT 控制机构

按照正确方法及要求检修 VVT 控制机构。

检修 VVT 控制机构方法及要求

• 密封刺孔 用清洁布清洁轴承盖 VVT 机油孔油垢，用胶带密封，并刺一个孔。	
• 施加压力 向孔中施加空气压力，进气凸轮轴为 150 kPa，排气凸轮轴为 200 kPa。	
• 转动齿轮 在 26.5° ~ 28.5° 可移动范围内逆时针转动进气凸轮轴正时齿轮2 ~ 3次（排气凸轮轴范围为 19° ~ 21°）检查凸轮轴正时齿轮转动是否顺畅。	

步骤四：安装气门驱动组

1. 安装凸轮轴正时齿轮和 VVT 总成

（1）安装进气凸轮轴正时齿轮和 VVT 总成

① 安装进气凸轮轴正时齿轮和 VVT 总成，旋入固定螺栓，见图 1-1-19。

图 1-1-19　用手旋入固定螺栓

② 使用开口扳手固定进气凸轮轴，再用扭力扳手拧紧至标准扭力值，见图 1-1-20。

（2）安装排气凸轮轴正时齿轮和 VVT 总成

方法与安装进气凸轮轴正时齿轮和 VVT 总成相同。

图 1-1-20　拧紧至标准扭力值

视频
1-7 检查 VVT 控制机构

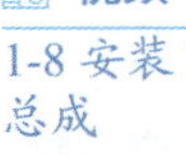

视频
1-8 安装 VVT 总成

劳动是立身基础。

2. 安装正时链条及相关部件

（1）安装 1 号链条振动阻尼器

用手安装 1 号链条振动阻尼器，旋入 2 个固定螺栓，再用扭力扳手拧紧至标准扭力值，见图 1-1-21。

图 1-1-21　安装 1 号链条振动阻尼器

（2）安装 2 号链条振动阻尼器

用手安装 2 号链条振动阻尼器，旋入 2 个固定螺栓，再用扭力扳手拧紧至标准扭力值，见图 1-1-22。

图 1-1-22　安装 2 号链条振动阻尼器

（3）安装曲轴正时齿轮

用手放上曲轴正时齿轮，并将曲轴正时齿轮上的键槽对准曲轴上的正时齿轮键，确保安全可靠，见图 1-1-23。

图 1-1-23　安装曲轴正时齿轮

（4）安装正时链条

按照正确方法及要求安装正时链条。

（5）安装正时链条张紧器导板

用手安装正时链条张紧器导板，并确保正时链条和正时链条张紧器导板结合正确，见图 1-1-24。

图 1-1-24　安装正时链条张紧器导板

安装正时链条的方法及要求	
• 放置正时链条 用手将正时链条穿过 1 号振动阻尼器，确保正时链条标记位于发动机前侧；将正时链条上橙色标记与正时标记对准；将链条放到正时齿轮上，不要使链条缠绕在正时齿轮周围。	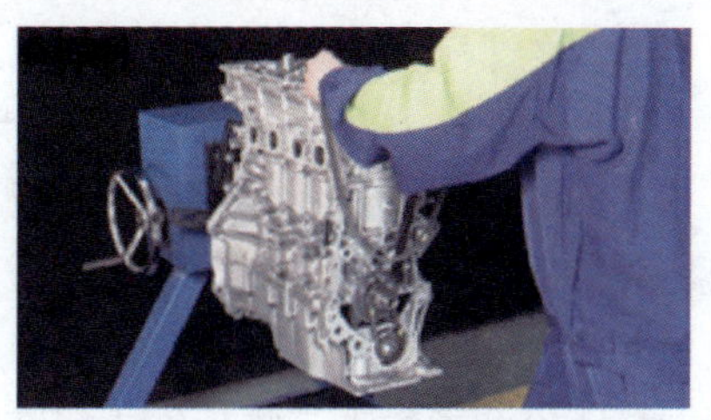
• 对准正时标记 用扭力扳手固定住进气凸轮轴的六角头部，用开口扳手逆时针转动进气凸轮轴正时齿轮，使正时链条上的橙色标记和凸轮轴正时齿轮正时标记对准。	
• 张紧正时链条 用扳手固定住排气凸轮轴的六角头部分，缓慢地顺时针旋转凸轮轴正时齿轮，防止链条错位。	
• 安装正时链条 用手将正时链条上的橙色标记和曲轴正时齿轮正时标记对准，并将正时链条安装到曲轴正时齿轮上。将第一缸活塞压缩至上止点，重新检查每个正时标记。	

学习笔记

视频

1-9 安装正时链条（1）

视频

1-10 安装正时链条（2）

学习笔记

（6）安装正时链条盖

① 对准正时链条盖的安装位置，安装正时链条盖。

② 在螺栓 1 位置放入密封垫圈，用手旋入固定螺栓。

③ 对螺栓 18、19 涂防松胶，用手旋入固定螺栓。

④ 按照正时链条盖螺栓安装顺序依次紧固，并使用扭力扳手紧固至标准扭矩。

（7）安装 1 号链条张紧器总成

① 松开棘轮爪，将挂钩固定在销上，完全推入柱塞至压缩位置，并确保凸轮固定在柱塞的第一个齿上，若挂钩松开柱塞，需重新固定，见图 1-1-25。

图 1-1-25　推入柱塞

② 将 1 号链条张紧器安装到安装孔上，并安装 2 个固定螺母，使用扭力扳手紧固至标准扭矩，见图 1-1-26。

图 1-1-26　紧固 1 号链条张紧器螺母

③ 逆时针转动曲轴，然后从挂钩上断开柱塞锁销。

④ 顺时针转动曲轴，确认柱塞伸出。

（8）安装曲轴带轮

① 用手将曲轴带轮对正曲轴上的固定键，然后完全推入曲轴带轮，安装曲轴带轮固定螺栓。

② 使用安装曲轴带轮专用工具固定曲轴，使用扭力扳手紧固曲轴带轮固定螺栓至标准扭矩，见图 1-1-27。

图 1-1-27　安装曲轴带轮

安装正时链条盖螺栓顺序及扭矩标准

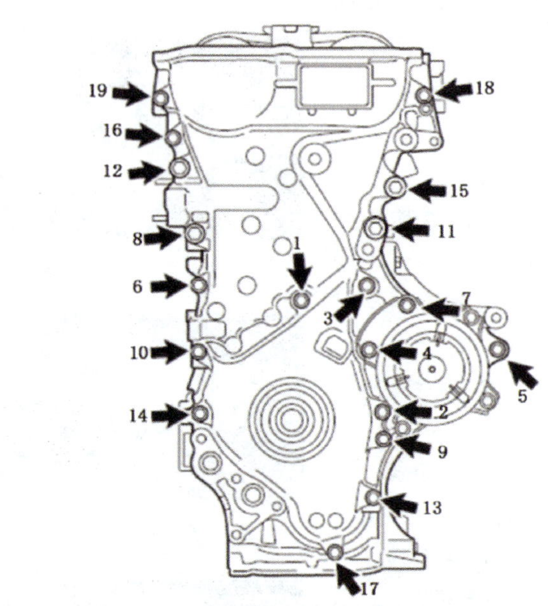

螺栓 8、11、12、15 扭矩为 51 N•m；螺栓 1 扭矩为 10 N•m；其余螺栓扭矩为 26 N•m

1 号链条张紧器结构

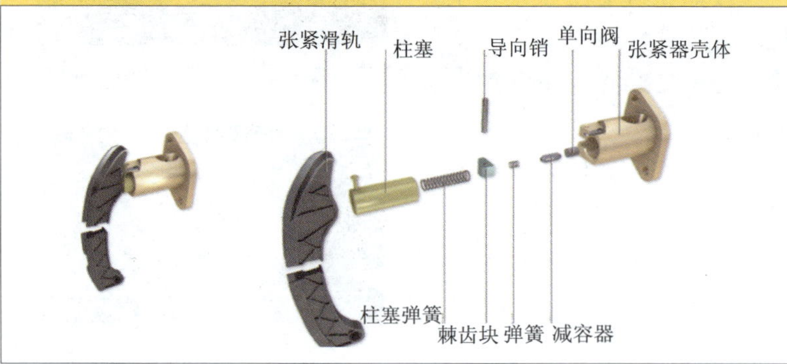

视频

1-11 安装正时链条（3）

劳动是立身基础。

3. 安装气缸盖罩衬垫及气缸盖罩

（1）安装气缸盖罩衬垫

① 使用清洁布清除气缸盖罩接触面所有机油。

② 用手将气缸盖罩衬垫安装至气缸盖罩，见图 1-1-28。

（2）安装气缸盖罩

① 用手将 3 个新衬垫安装至 1 号凸轮轴轴承盖，见图 1-1-29。

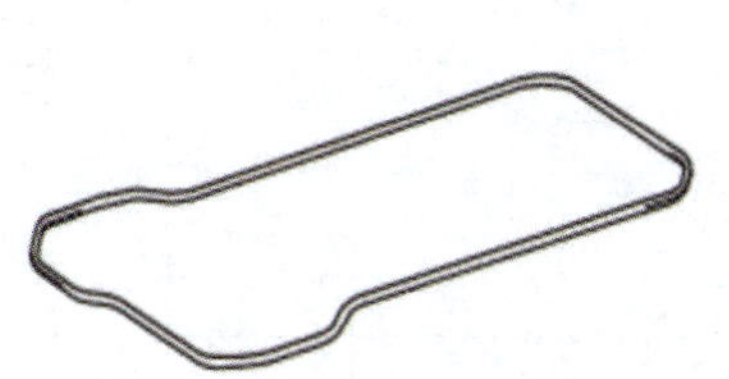

图 1-1-28　气缸盖罩衬垫

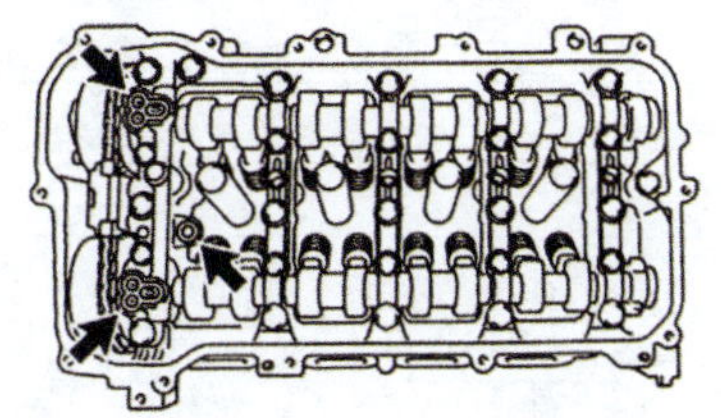

图 1-1-29　安装 3 个新衬垫

② 在规定区域涂抹密封胶，见图 1-1-30。

③ 用手安装气缸盖罩。

（3）紧固气缸盖罩螺栓

① 用手安装 1 号位置 1 个新密封垫圈。

② 分别使用棘轮扳手和扭力扳手按正确顺序紧固 13 个气缸盖罩螺栓至标准扭矩，见图 1-1-31。

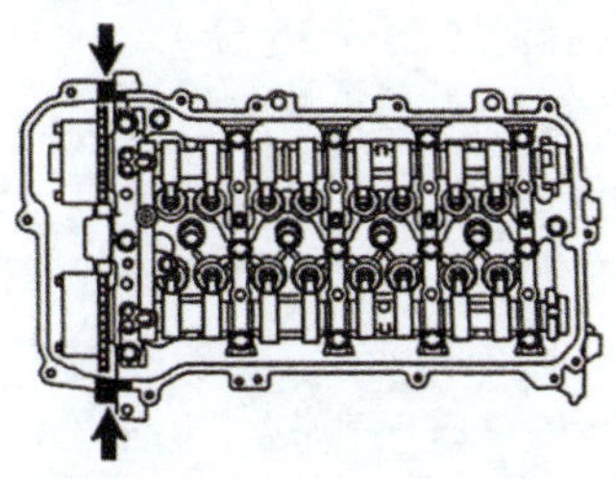

图 1-1-30　在规定区域涂抹密封胶

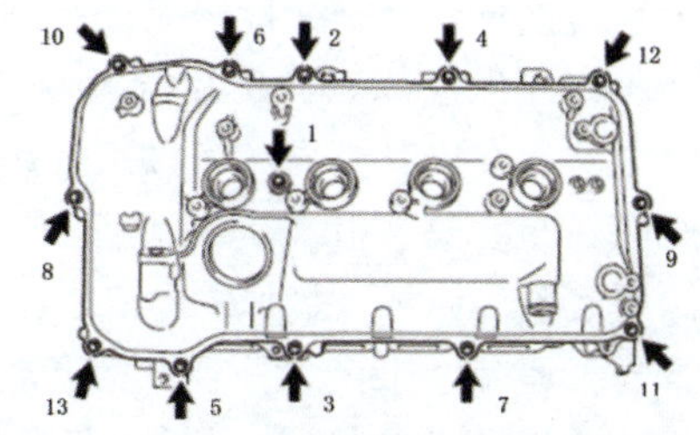

图 1-1-31　紧固气缸盖罩螺栓顺序

安装气门驱动组技术标准及要求

技术标准	进、排气凸轮轴正时齿轮和 VVT 总成紧固螺栓扭矩	54 N•m
	1 号链条振动阻尼器紧固螺栓扭矩	21 N•m
	2 号链条振动阻尼器紧固螺栓扭矩	10 N•m
	1 号链条张紧器紧固螺母扭矩	10 N•m
	曲轴带轮紧固螺栓扭矩	190 N•m
	气缸盖罩紧固螺栓扭矩	10 N•m
要求	• 安装曲轴正时齿轮时，齿轮上的键槽必须与曲轴上的键对准，确保安装可靠。 • 安装正时链条时，要确保标记板位于发动机前侧。 • 放置链条时，必须将链条放置在凸轮轴正时齿轮上，禁止放在齿轮周围。 • 第一缸活塞压缩至上止点时，要重新检查每个正时标记。 • 安装 1 号链条张紧器时，确保凸轮固定在柱塞的第一个齿上，并使挂钩穿过销。	

学习笔记

学习笔记

任务测评

一、知识测评

确定本任务关键词，按重要程度排序并举例解读。根据自己对重要信息捕捉、排序、表达、创新和划分权重能力进行自评，见表 1-1-2。（满分 100 分）

表 1-1-2　检修气门驱动组知识测评表

序号	关键词	举例解读	评分自定
1			
2			
3			
4			
5			
总分			

二、能力测评

对表 1-1-3 所列作业内容，操作规范即得分，操作错误或未操作即零分。（满分 100 分）

表 1-1-3　检修气门驱动组能力测评表

序号	能力点	配分	得分
1	拆卸气门驱动组	20	
2	检修正时链条及相关部件	30	
3	检修正时齿轮及 VVT 控制机构	20	
4	安装气门驱动组	30	
总分		100	

三、素养测评

对表 1-1-4 所列素养点，做到即得分，未做到即零分。（满分 100 分）

表 1-1-4　检修气门驱动组素养测评表

序号	素养点	配分	得分
1	设备和工具安全检查	20	
2	车辆安全防护	20	
3	工具清洁校准存放	20	
4	工量辅具、零部件、油水液体“三不落地”	20	
5	工位“5S”	20	
总分		100	

四、拓展训练

（1）请列举出在检修气门驱动组过程中易出现的问题，分析产生问题的原因并制定解决问题的措施。（满分 25 分）

（2）现发现，伴随着 2014 款卡罗拉 1.6 L GL-i 轿车 1ZR-FE 发动机运转，可清楚听见有节奏的撞击声，初步判断为正时齿轮个别齿损坏。试制定检修流程并进行检修。（满分 25 分）

（3）红旗轿车自诞生起就寄托了无数国人的家国情怀，1958 年，一汽在极其简陋的条件下，用时 33 天，生产了新中国第一辆红旗轿车，这一壮举完美地诠释了中国人民勤劳、勇敢和智慧的深厚底蕴。诗经《魏风·十亩之间》：“十亩之间兮，桑者闲闲兮。行与子还兮。十亩之外兮，桑者泄泄兮。行与子逝兮。”描写了采桑女欢乐劳动的场景，恩格斯说：“劳动创造了人本身”，劳动是立身之本传承于中华民族血脉绵延不绝，改革开放 40 多年的伟大成就又一次证明了这一点。

劳动是立身基础。

请按照下列思维导图格式（见图 1-1-32），对检修气门驱动组的学习收获进行总结，特别对气门驱动组技术进化做一个概要阐述，同时结合自身以及身边事谈谈对“劳动是立身之本”的理解。（满分 50 分）

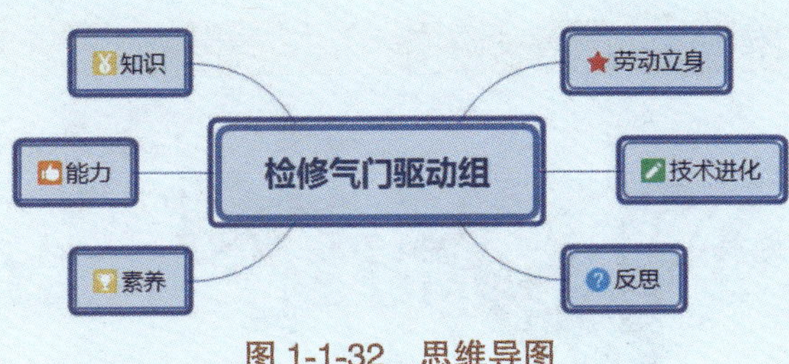

图 1-1-32　思维导图

学习笔记

学习笔记

任务二　检修气门传动组

职业行动

步骤一：作业准备

1. 作业场地

选择带有消防设施的作业场地。

2. 设备设施

2014 款卡罗拉 1.6 L GL-i 轿车 1ZR-FE 发动机台架、工具车、零件车、吹气枪、垃圾桶。

3. 工量辅具（见表 1-2-1）

表 1-2-1　检修气门传动组工量辅具

套筒扳手组合套具	指针式扭力扳手	预置力式扭力扳手
百分表及磁性表座	外径千分尺及支架	V 形架

4. 耗材

清洁布、泡沫清洁剂、塑料测隙规。

职业知识

气门传动组

组成	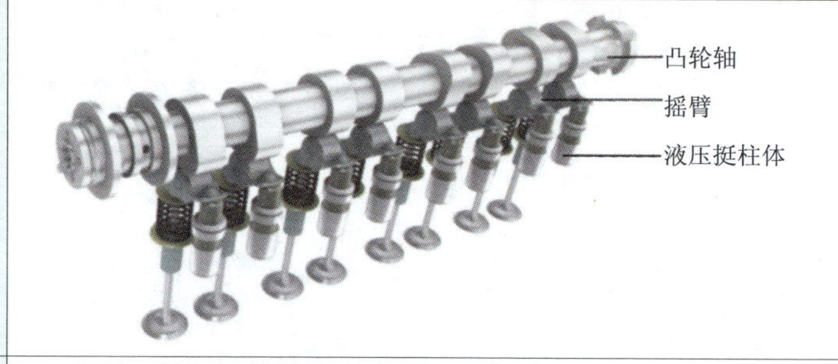
功用	• 使进、排气门能够按照发动机工作需要在规定时刻开闭。 • 保证进、排气门能够有足够开度。

配气机构凸轮轴布置形式

凸轮轴上置式	凸轮轴中置式	凸轮轴下置式

视频

1-12 气门传动组组成

向别人学习就是创新。

步骤二：拆卸气门传动组

1. 拆卸凸轮轴

（1）拆卸凸轮轴轴承盖

① 使用棘轮扳手按照正确拆装顺序，分多次依次拧松 10 个轴承盖螺栓，见图 1-2-1。

② 用手旋出 10 个轴承盖螺栓，按顺序摆放到零件车上。

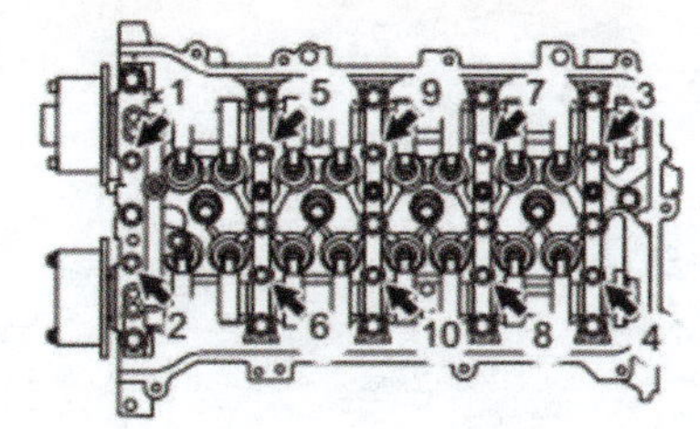

图 1-2-1　拆卸凸轮轴轴承盖 10 个螺栓顺序

③ 在曲轴的连杆轴颈处于水平状态时，按照正确拆装顺序，分多次依次拧松 15 个轴承盖螺栓，见图 1-2-2。

④ 用手旋出 15 个轴承盖螺栓，按顺序摆放到零件车上。

⑤ 用手取下 5 个凸轮轴轴承盖，按顺序摆放到零件车上，见图 1-2-3。

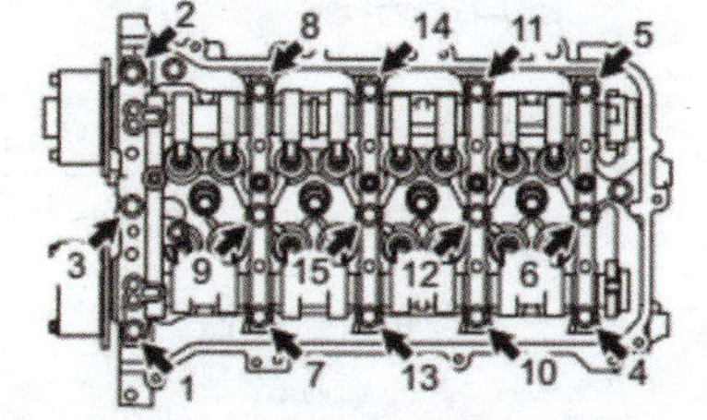

图 1-2-2　拆卸凸轮轴轴承盖 15 个螺栓顺序

（2）拆卸凸轮轴

用双手分别取下进、排气凸轮轴，见图 1-2-4。

图 1-2-3　用手取下 5 个凸轮轴轴承盖

图 1-2-4　双手分别取下进、排气凸轮轴

凸轮轴

结构

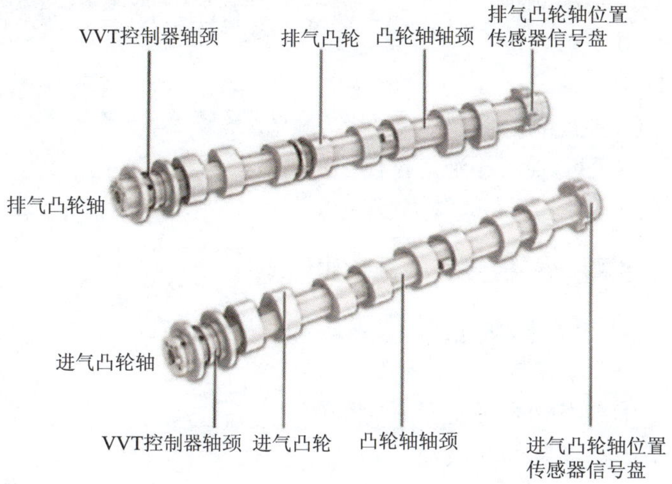

VVT控制器轴颈　排气凸轮　凸轮轴轴颈　排气凸轮轴位置传感器信号盘

排气凸轮轴

进气凸轮轴

VVT控制器轴颈　进气凸轮　凸轮轴轴颈　进气凸轮轴位置传感器信号盘

功用

发动机曲轴驱动凸轮轴旋转，凸轮轴将力传递给摇臂，使气门按一定的工作次序和配气相位及时开闭，并保证气门有足够的升程。

凸轮轴是由发动机曲轴驱动而旋转，将力传递给摇臂

其他缸气门关

1缸气门开

学习笔记

视频　1-13 拆卸凸轮轴

视频　1-14 凸轮轴结构

视频　1-15 凸轮轴功用

向别人学习就是创新。

学习笔记

2. 拆卸摇臂与液压挺柱

（1）拆卸摇臂

用手取下 16 个摇臂，见图 1-2-5。

（2）拆卸液压挺柱

用手拆卸 16 个液压挺柱。

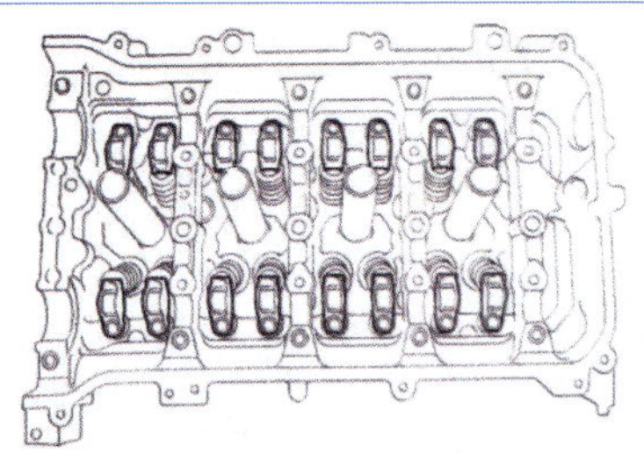
图 1-2-5　摇臂位置

步骤三：检修气门传动组

1. 检修凸轮轴

（1）检查凸轮轴轴颈直径

① 使用外径千分尺在轴颈两个不同截面和同一截面的轴向和径向两个位置测量轴颈直径，见图 1-2-6。

② 若测得值小于标准最小值，则需检查油膜间隙。

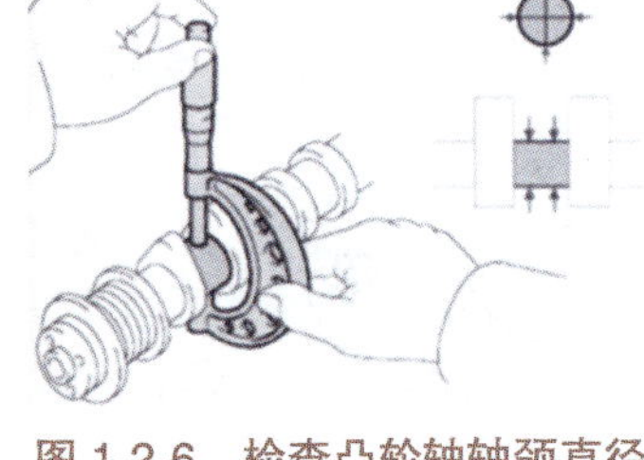
图 1-2-6　检查凸轮轴轴颈直径

（2）检查凸轮轴径向圆跳动

① 用清洁布清洁凸轮轴轴颈、百分表测头。

② 将凸轮轴放置在 V 形架上，在凸轮轴中心轴颈上调整百分表测头，压下量为 1 ～ 2 mm。

③ 轻轻转动凸轮轴一周，读取百分表变动量，见图 1-2-7。

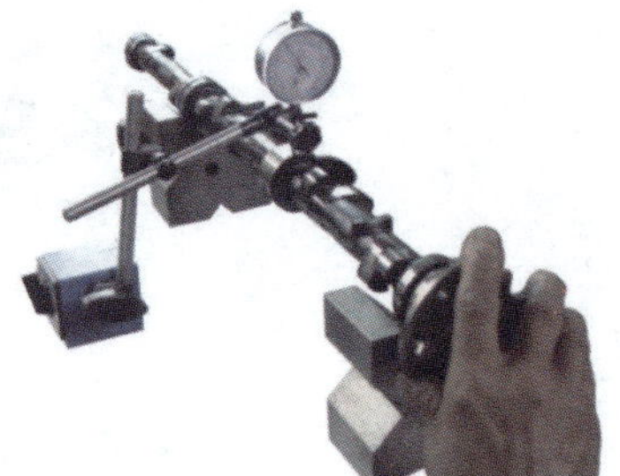
图 1-2-7　检查凸轮轴径向圆跳动

④ 若测得值超出标准值，需更换凸轮轴。

视频 1-16 摇臂结构

视频 1-17 摇臂功用

视频 1-18 凸轮轴检测方法

摇臂

结构	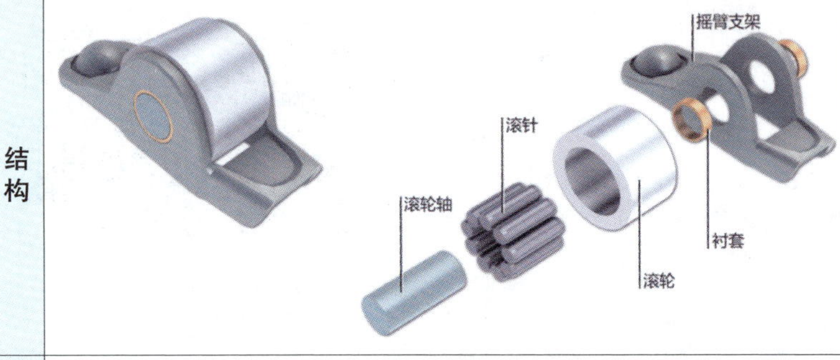
功用	将凸轮轴的旋转运动转变为摇臂的上下摆动，从而控制气门的开启。

凸轮轴常见损伤、主要原因及危害

常见损伤	凸轮高度与凸轮表面磨损、凸轮轴弯曲、凸轮轴轴颈磨损。
主要原因	• 自然磨损。因长期工作中接触造成的不可避免的摩擦磨损。 • 异常磨损。因机油泵供油压力不足、润滑油道堵塞造成润滑油无法到达凸轮轴，或轴承盖紧固螺栓拧紧力矩过大造成润滑油无法进入凸轮轴间隙等原因造成。 • 增加磨损。因气门机构各零件配合间隙过小、气门弹簧弹力过强等原因增加的磨损。 • 操作不当。因未按操作规范进行检修而造成凸轮轴弯曲甚至断裂。
危害	• 发动机功率下降，燃油消耗率增加。凸轮外形磨损后，使气门升起高度减小和气门开放重迭时间缩短，因而使气缸充气量不足，废气排不净，致使发动机功率下降，燃油消耗率增加。 • 凸轮轴轴颈和轴套发生偏磨。凸轮轴弯曲后，影响配气定时和气门升起高度，并使轴颈和轴套发生偏磨。

向别人学习就是创新。

（3）检查凸轮轴油膜间隙

① 双手将凸轮轴放到凸轮轴壳上。

② 截取相应长度的间隙规放在各凸轮轴轴颈上。

③ 按正确操作规程和标准扭矩安装凸轮轴轴承盖后拆下轴承盖。

④ 将压扁的间隙规最宽处与塑料间隙规封套上的刻度宽度进行比对，见图 1-2-8。

⑤ 如果测量值大于最大值，则更换凸轮轴。如有必要，则更换气缸盖。

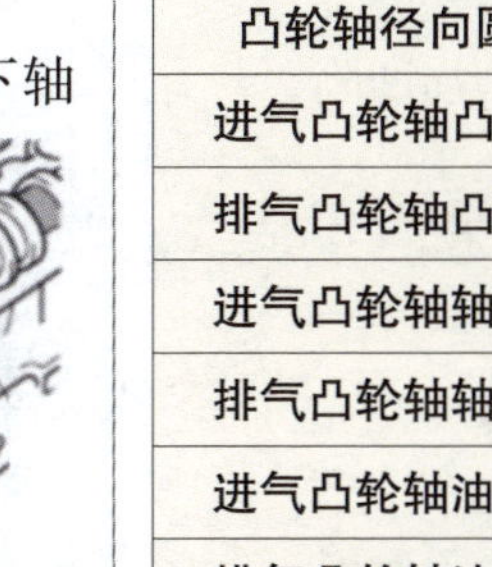

图 1-2-8　检查凸轮轴油膜间隙

（4）检查凸轮轴凸角高度

① 清洁、检查、校准外径千分尺。

② 使用外径千分尺在进气凸轮轴凸轮不同位置测量凸轮高度，见图 1-2-9。

③ 采用相同方法测量排气凸轮轴凸轮高度。若测得值小于标准最小值，需更换凸轮轴。

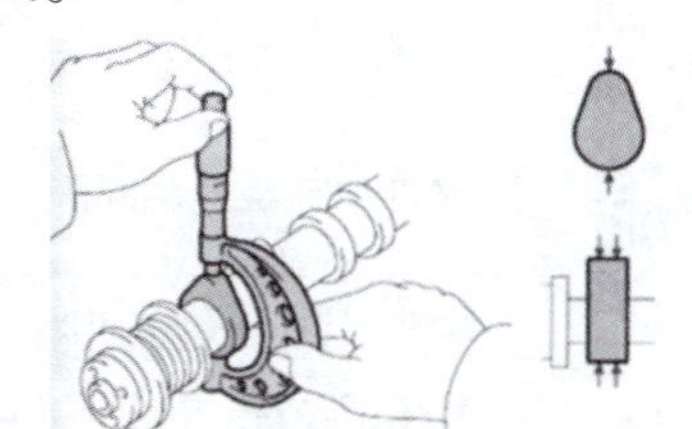

图 1-2-9　检查凸轮轴凸轮高度

（5）检查凸轮轴轴向间隙

① 按正确操作规程和标准扭矩安装凸轮轴。

② 在 VVT 总成的端面上调整百分表测头，压下量 1~2 mm。

③ 使用扁撬棍使凸轮轴沿轴向前后移动到不能动，读取百分表变动量，见图 1-2-10。若测量值大于最大值，则更换凸轮轴壳。如果止推面损坏，则更换凸轮轴。

图 1-2-10　检查凸轮轴轴向间隙

检修气门传动组技术标准

项目	标准值	极限值
凸轮轴径向圆跳动	—	最大 0.04 mm
进气凸轮轴凸轮高度	42.816~42.916 mm	最小 42.666 mm
排气凸轮轴凸轮高度	44.336~44.436 mm	最小 44.186 mm
进气凸轮轴轴颈直径	34.449~34.465 mm	—
排气凸轮轴轴颈直径	22.949~22.969 mm	—
进气凸轮轴油膜间隙	0.030~0.063 mm	最大 0.085 mm
排气凸轮轴油膜间隙	0.035~0.072 mm	最大 0.090 mm
凸轮轴轴向间隙	0.060~0.155 mm	最大 0.170 mm
摇臂滚轮表面磨损凹陷	—	最大 0.50 mm

凸轮轮廓曲线及同名凸轮夹角

凸轮轮廓曲线

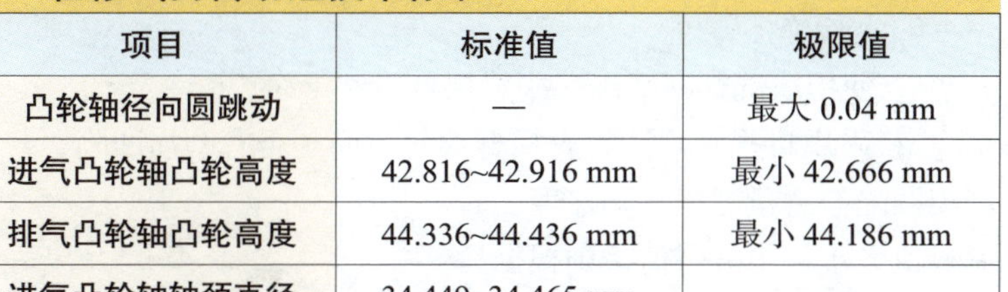

- 凸轮轮廓曲线决定气门开启与关闭过程的运动规律。
- 凸轮轮廓应能使气门开启与关闭的时刻符合配气相位的要求。
- 凸轮轮廓应能使气门升程满足发动机工作的需要。

同名凸轮夹角

四缸发动机同名凸轮夹角

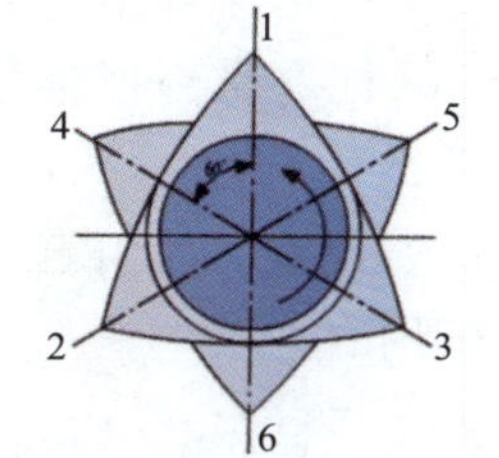

六缸发动机同名凸轮夹角

学习笔记

2. 检修摇臂与液压挺柱

（1）检修摇臂

① 使用清洗剂在清洗盆中将摇臂清洗干净。

② 采用目视直观法检查摇臂滚轮表面是否有磨损凹陷，若有磨损凹陷需测量磨损凹陷深度。若测量值大于最小极限值，则根据情况堆焊、修磨或更换。

③ 用手转动滚轮，检查转动是否平稳，见图 1-2-11。如果滚轮转动不平稳，则更换摇臂。

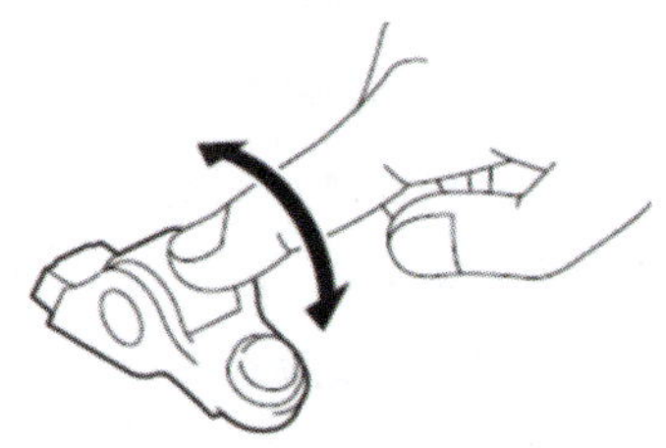

图 1-2-11　检查摇臂滚轮

（2）检修液压挺柱

① 在容器中倒入发动机机油。

② 将液压挺柱放入其中。

③ 将专用工具（SST）顶端插入液压挺柱柱塞中，并挤压柱塞中单向球。

④ 用手指捏住专用工具和液压挺柱，上下移动柱塞 5~6 次，确认柱塞是否能正常上下移动。

⑤ 放气后，拆下专用工具。然后用手指迅速且用力地按压柱塞，确认柱塞是否很难移动，见图 1-2-12。

⑥ 如果结果不符合规定，则更换液压挺柱。

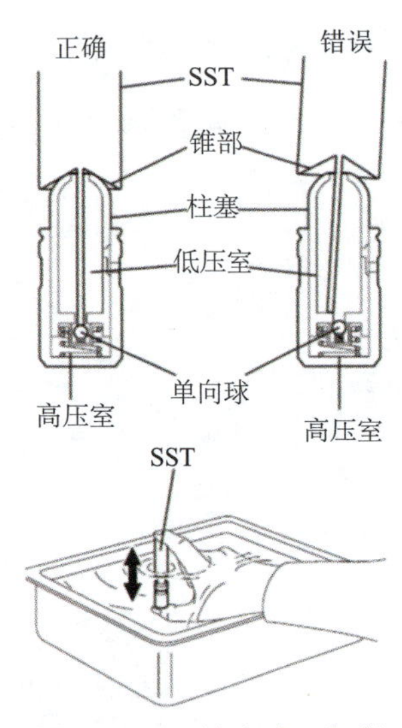

图 1-2-12　检查液压挺柱

液压挺柱	
结构	液压挺柱由柱塞、壳体、进油孔、单向阀、高压腔、柱塞弹簧组成。 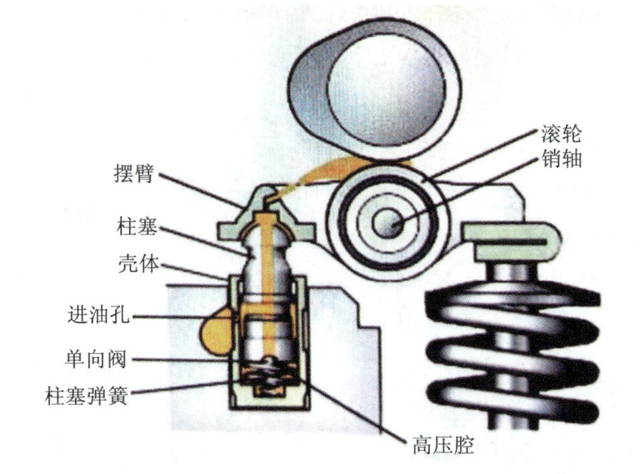
功用	能够自动补偿气门间隙。
优点	• 取消了调整气门间隙的零件，使结构大为简化。 • 简化了装配、使用和维修过程。 • 消除了由气门间隙引起的冲击和噪声。 • 减轻了气门传动组件之间的磨损。
工作原理	• 液压挺柱工作初始时，腔内无油压，挺柱柱塞处在最底部，挺柱与气门间隙较大，气门产生短时异响。 • 随着发动机运转，油压增加，挺柱内柱塞腔内充注油液，柱塞下行，挺柱有效工作长度增加，气门间隙减小，当挺柱与气门间隙达到很小时，挺柱不再运动。同时，挺柱内止回球阀使挺柱柱塞腔内的油压不能迅速排出，柱塞保持在原位不动并维持原有长度形成刚性，推动气门打开。 • 随着发动机的运转，气门间隙保持一定，消除了气门异响。

步骤四：安装气门传动组

1. 安装液压挺柱与摇臂

① 用手将液压挺柱与摇臂连接，将摇臂与气门杆盖连接，见图 1-2-13。

② 在液压挺柱端部和气门杆盖上部涂抹发动机机油。

图 1-2-13　气门摇臂安装后位置

2. 安装凸轮轴

（1）安装 1 号凸轮轴轴承

① 使用清洁布清洁进、排气凸轮轴轴承。

② 将凸轮轴轴承安装在凸轮轴轴承座合适位置。

（2）安装凸轮轴

① 使用吹气枪清洁凸轮轴、凸轮轴轴承座及轴承座安装孔上的污物。

② 安装进、排气凸轮轴至凸轮轴壳合适位置，确保凸轮轴锁销位置正确，见图 1-2-14。

③ 在进、排气凸轮轴轴颈、凸轮轴壳上，涂抹一薄层发动机机油。

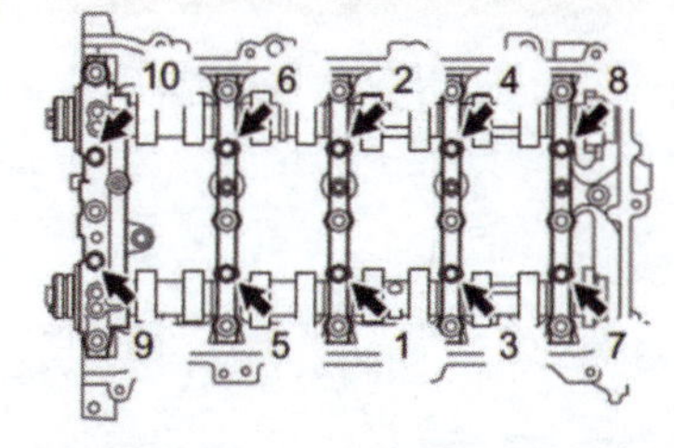

图 1-2-14　凸轮轴锁销位置

（3）安装凸轮轴轴承盖

① 使用吹气枪清洁凸轮轴轴承盖、凸轮轴轴承。

② 依次安装 5 个凸轮轴轴承盖，确保凸轮轴轴承盖的标记和位置正确。

③ 依次旋入 10 个凸轮轴轴承盖固定螺栓，按照正确顺序使用棘轮扳手和扭力扳手分次拧紧至标准扭矩。

④ 依次旋入 15 个凸轮轴轴承盖固定螺栓，按照正确顺序使用棘轮扳手和扭力扳手分次拧紧至标准扭矩。

凸轮轴轴承位置要求

使用游标卡尺测量凸轮轴轴承两侧边缘与凸轮轴轴承座边缘间距离，距离之差小于 0.7 mm，即 $|A-B|<0.7$ mm。

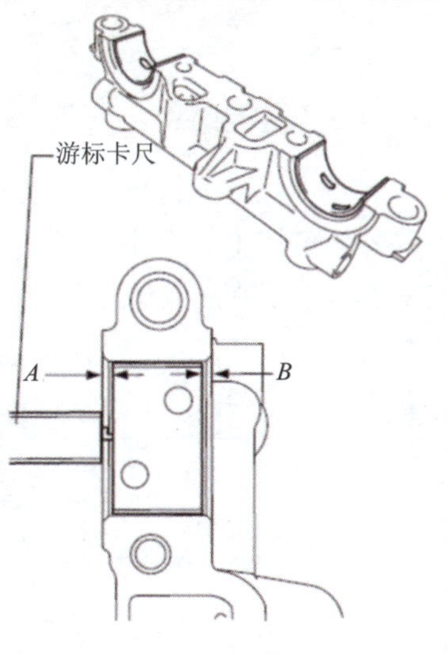

凸轮轴固定螺栓紧固顺序

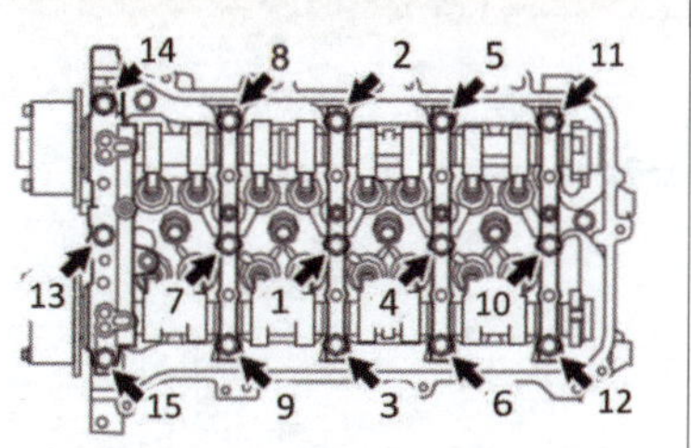

安装气门传动组技术标准

项目	标准
10 个凸轮轴轴承盖固定螺栓扭矩	16 N•mm
15 个凸轮轴轴承盖固定螺栓扭矩	27 N•mm

学习笔记

视频　1-19 安装凸轮轴

学习笔记

任务测评

一、知识测评

确定本任务关键词，按重要程度排序并举例解读。根据自己对重要信息捕捉、排序、表达、创新和划分权重能力进行自评，见表 1-2-2。（满分 100 分）

表 1-2-2　检修气门传动组知识测评表

序号	关键词	举例解读	评分自定
1			
2			
3			
4			
5			
总分			

二、能力测评

对表 1-2-3 所列作业内容，操作规范即得分，操作错误或未操作即零分。（满分 100 分）

表 1-2-3　检修气门传动组能力测评表

序号	能力点	配分	得分
1	拆卸气门传动组	20	
2	检修凸轮轴	30	
3	检修摇臂与液压挺柱	20	
4	安装气门传动组	30	
总分		100	

三、素养测评

对表 1-2-4 所列素养点，做到即得分，未做到即零分。（满分 100 分）

表 1-2-4　检修气门传动组素养测评表

序号	素养点	配分	得分
1	设备和工具安全检查	20	
2	车辆安全防护	20	
3	工具清洁校准存放	20	
4	工量辅具、零部件、油水液体“三不落地”	20	
5	工位“5S”	20	
总分		100	

四、拓展训练

（1）请列举出在检修气门传动组过程中易出现的问题，分析产生问题的原因并制定解决问题的措施。（满分 25 分）

（2）现发现，伴随着 2014 款卡罗拉 1.6 L GL-i 轿车 1ZR-FE 发动机运转，可清楚听见有节奏的“嗒嗒”声，发动机怠速时较为明显，但在中速以上时响声会减弱或消失，初步判断为液压挺柱产生异响。试制定检修流程并进行检修。（满分 25 分）

（3）第一辆红旗轿车车身是用榔头敲打出来的。钣金高手陈富贵师傅在既没有图样，更没有生产模板，只是参照克莱斯勒轿车车身的情况下，无所畏惧，带着几名徒弟昼夜不停，一锤子一榔头，只用了短短二十几天时间，硬是把整个红旗车身给敲了出来。一分耕耘一分收获，陈师傅是光荣的，因为光荣只会给予不怕劳动的人。

向别人学习就是创新。

请按照下列思维导图格式（见图 1-2-15），对检修气门传动组的学习收获进行总结，特别对气门传动组技术进化做一个概要阐述，同时结合自身以及身边事谈谈对“劳动光荣”的理解。

图 1-2-15　思维导图

学习笔记

学习笔记

任务三　检修气门组与气缸盖

职业行动

步骤一：作业准备

1. 作业场地

选择带有消防设施的作业场地。

2. 设备设施

2014 款卡罗拉 1.6 L GL-i 轿车 1ZR-FE 发动机台架、工具车、零件车、吹气枪、垃圾桶。

3. 工量辅具（见表 1-3-1）

表 1-3-1　检修气门组与气缸盖工量辅具

套筒扳手组合套具	气门弹簧压缩器	磁力吸棒
指针式扭力扳手	气门油封拆装专用工具	铲刀
预置力式扭力扳手	枕木	游标卡尺

职业知识

气门组

组成	气门锁片、气门弹簧、气门油封、弹簧座、气门导管、气门
功用	通过各气门组件的作用实现进气、排气和对气缸密封。

配气机构按气门数量分类

二气门式	四气门式	五气门式
进气门　排气门	进气门　排气门	进气门　排气门

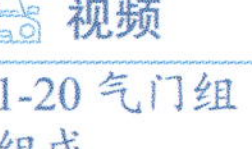
视频

1-20 气门组组成

劳动是财富源泉。

续表

塑料锤	外径千分尺及支架	刷子
直角尺	百分表及磁性表座	内测卡规
塞尺	机油壶	铅笔

4. 耗材

清洁布、泡沫清洁剂、发动机机油、红丹。

步骤二：拆卸气门组与气缸盖

1. 拆卸气缸盖与气缸垫

（1）拆卸气缸盖

① 按照气缸盖固定螺栓拆卸顺序，分别使用指针式扭力扳手、棘轮扳手依次拧松气缸盖固定螺栓，见图 1-3-1。

② 用手旋出气缸盖固定螺栓。

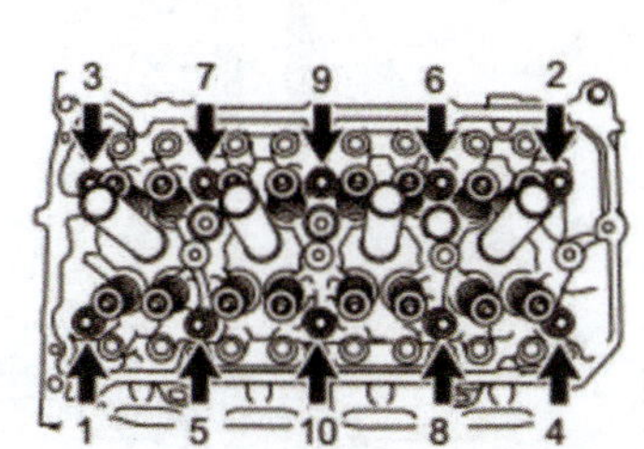

图 1-3-1　气缸盖固定螺栓拆卸顺序

气缸盖

上面结构

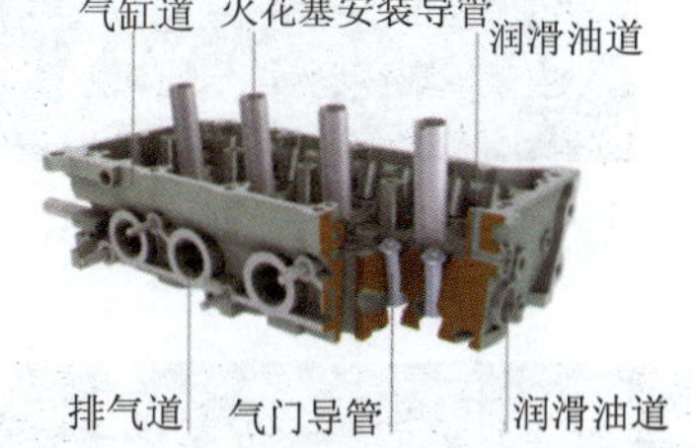

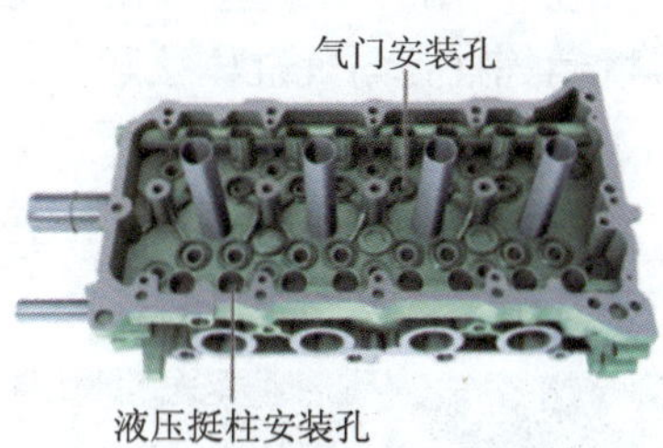

下面结构

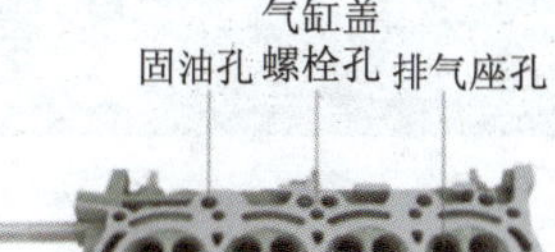

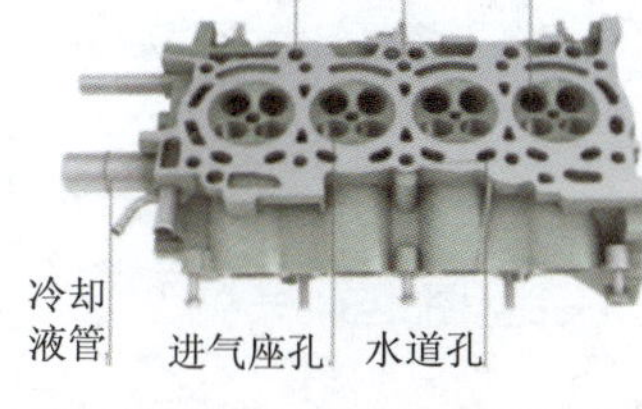

功用

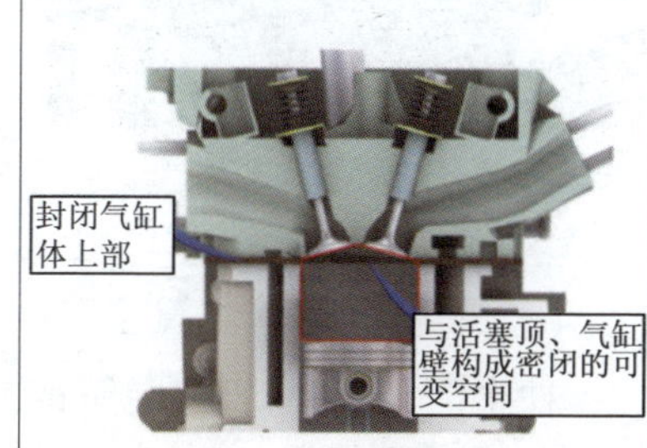

拆卸气缸盖要求

- 在常温下拆卸气缸盖。
- 按正确的气缸盖螺栓拆卸顺序进行拆卸，否则可能导致气缸盖翘曲或开裂。
- 一字螺丝刀头部要缠上胶带。撬动时要小心，不要损坏气缸盖与气缸体接触面，并保证受力方向垂直于气缸盖与气缸体接触面向上。
- 枕木垫上布，以免碰坏气缸盖表面。
- 气缸盖要平稳放置，避免掉落损伤。
- 使用铲刀分离气缸垫时，不要损坏气缸体接触面。

学习笔记

视频

1-21 拆卸气缸盖与气缸垫

视频

1-22 气缸盖结构

视频

1-23 气缸盖功用

学习笔记

③ 使用磁力吸棒拆卸气缸盖固定螺栓垫圈，见图 1-3-2。

④ 使用一字螺丝刀在规定位置撬动气缸盖与气缸体接触面，见图 1-3-3。

⑤ 双手抬下气缸盖，平稳放置在枕木上，见图 1-3-4。

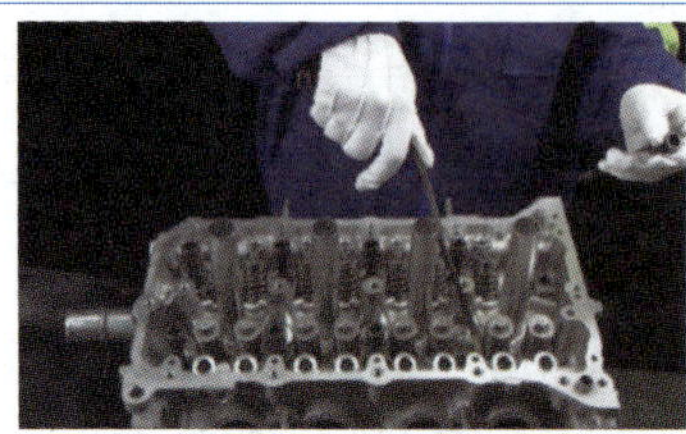
图 1-3-2 吸出螺栓垫圈

图 1-3-3 撬动气缸盖与气缸体接触面

图 1-3-4 将气缸盖平稳放置在枕木上

（2）拆卸气缸垫

使用铲刀将气缸垫从气缸体上铲下，见图 1-3-5。

2. 拆卸气门组

（1）取出气门锁片

安装气门弹簧压缩器，旋紧气门弹簧压缩器手柄直至露出锁片。使用磁力吸棒依次取出每个气门中的2个气门锁片，见图 1-3-6。

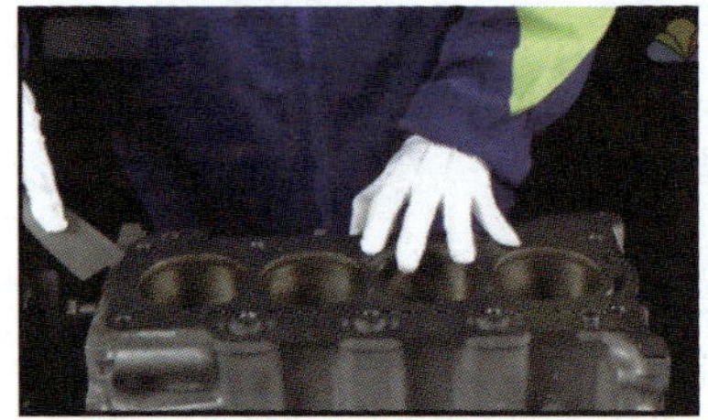
图 1-3-5 拆卸气缸垫

图 1-3-6 取出气门锁片

视频

1-24 拆卸气门组

视频

1-25 气门锁片功用

视频

1-26 气门弹簧功用

气门锁片功用

使气门与气门座紧密贴合，防止气门在运动过程中脱落。

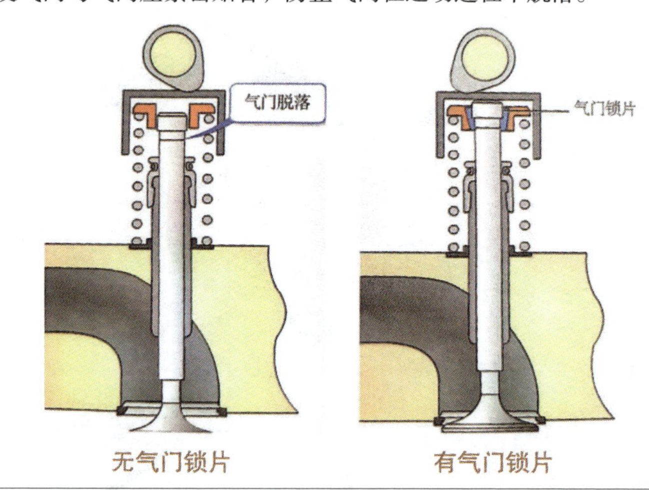

气门弹簧功用

使气门及时关闭，保证气门与气门座紧密贴合，防止气门发生跳动。

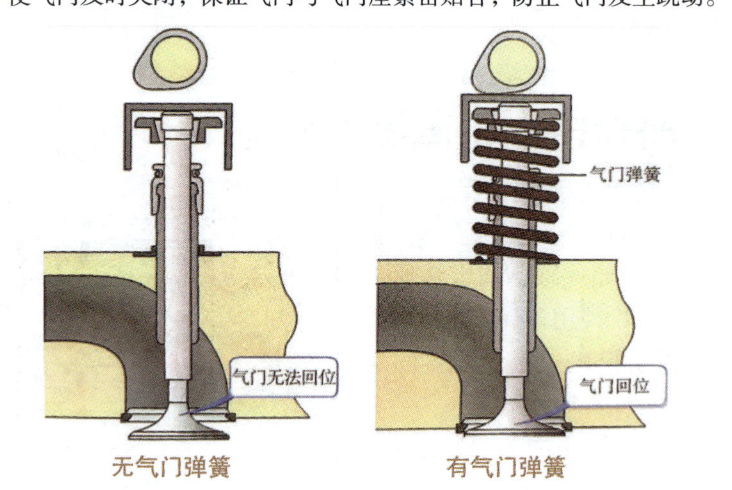

劳动是财富源泉。

（2）取出气门弹簧座和气门弹簧

拆下气门弹簧压缩器，用手依次取出气门弹簧座和气门弹簧，见图 1-3-7、图 1-3-8。

图 1-3-7　取出气门弹簧座

图 1-3-8　取出气门弹簧

（3）拆卸气门

将气缸盖侧立放置在枕木上，依次取出进、排气门，见图 1-3-9。

（4）拆卸气门油封

将气缸盖平放在枕木上，用尖嘴钳拆下气门油封，见图 1-3-10。

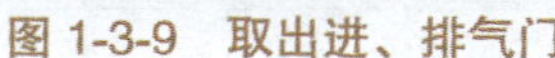

图 1-3-9　取出进、排气门

图 1-3-10　拆卸气门油封

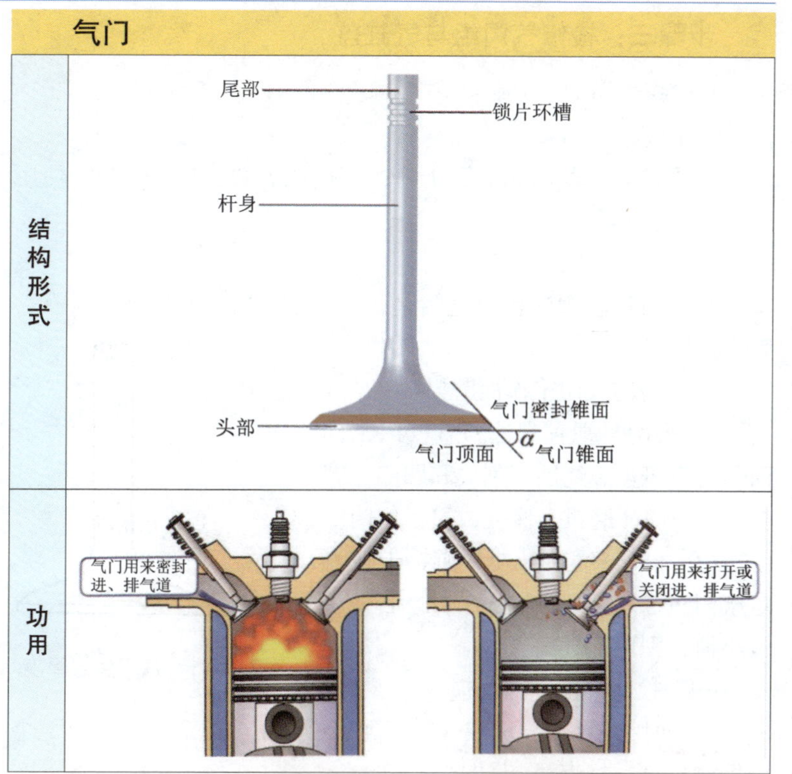

气门油封功用

- 防止机油进入进、排气管，避免机油流失。
- 防止汽油与空气的混合气体以及排放废气泄漏。
- 防止发动机机油进入燃烧室。

学习笔记

视频

1-27 气门功用

学习笔记

步骤三：检修气门组与气缸盖

1. 检修气门

（1）清洁气门

使用铲刀将气门积炭刮干净，使用刷子彻底清洁气门，使用清洁布擦拭干净。

（2）检修气门外观

采用目视直观法检查气门是否有裂纹、破损和烧蚀。若有，则更换气门。

（3）检修气门工作面磨损

① 采用目视直观法检查气门工作面是否有斑点、烧蚀、刻痕和凹陷。若有，在气门光磨机上修复或更换气门。

② 气门修磨后，使用游标卡尺测量气门边缘厚度，见图 1-3-11。若低于最小值，则更换气门。

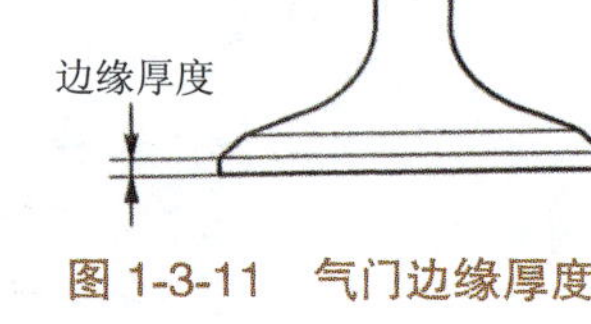

图 1-3-11　气门边缘厚度

（4）检修气门杆部磨损

① 使用外径千分尺在气门杆上、中、下 3 处和每处垂直 2 个位置测量气门杆直径，见图 1-3-12。

② 若测量值小于最小标准值，则需检查与气门导管的油膜间隙。

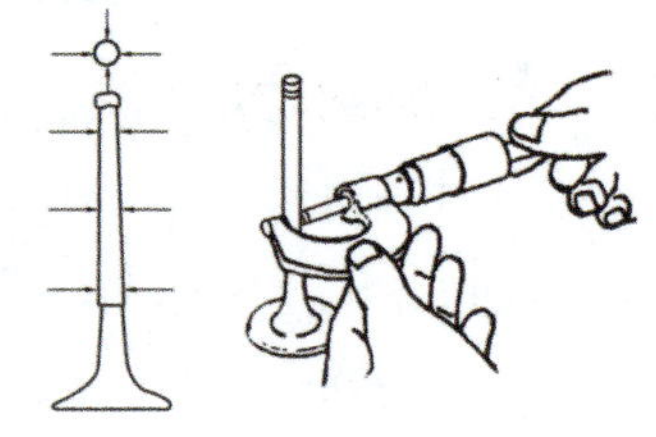

图 1-3-12　测量气门杆直径

（5）检修气门杆端面磨损

① 采用目视直观法，若能看到明显的端面凹陷，可用光磨机修磨。

② 或将气门放在两个 V 形架上，百分表测头抵在气门杆端面压下量 1~2 mm，转动气门杆一周，记录百分表变动量。若测量值大于标准最大值，则用光磨机修磨。

视频

1-28 检查气门

气门组常见损伤形式及主要原因

损伤形式	主要原因
磨损	• 气门和气门座圈磨损。受高温、高压气体冲击和承受工作过程中机械负荷，产生烧蚀和磨损。气门与气门座圈的工作斜面，由于气门不停地开启和关闭，相互撞击、敲打，承受反复的冲击负荷，引起工作斜面的磨损、起槽、斑点和凹陷。 • 气门杆部和气门导管磨损。气门杆部在气门导管内运动时不断摩擦，润滑条件又差，加上窜进的灰尘磨料，使两者均受到磨损。气门导管内进入积炭结胶，加速气门杆与导管间的磨损。 • 气门头部偏磨。气门杆与气门导管受磨损后，使配合间隙增大，气门杆在管内晃动使气门歪斜，引起气门头部的偏磨。 • 气门杆尾端磨损。气门杆尾端与摇臂之间相互撞击，使两者都受到磨损。
弯曲	• 气门杆弯曲。气门顶部受气缸内气体压力、气门杆尾端受凸轮通过挺柱的撞击；气门顶与活塞碰撞；气门杆尾端面与摇臂间的间隙过小，受热膨胀后，顶住气门杆尾端；气门或气门座圈工作面与气门杆不同心，气门座与气门导管不同心；气门杆弯曲后，形成气门顶部的歪斜和偏置。 • 气门弹簧弯曲。气门弹簧经过长期使用后，由于受力压缩产生塑性变形，造成弹性疲劳，还会出现自由长度缩短、弹力不足等现象。
断裂	• 气门杆断裂。气门与气门座圈的偏磨、气门弹簧安装错误等。 • 气门头部断裂。配气相位错乱，气门头部与活塞相撞；气门弹簧弹力下降，气门不能及时复位等。 • 气门弹簧断裂。弹性疲劳、不等距弹簧安装颠倒等。

劳动是财富源泉。

③ 使用游标卡尺检查气门全长。若测得值小于最小标准值，则更换气门。

（6）检修气门杆弯曲

① 将气门支承在 2 个相距 100 mm 的 V 形架上。

② 将百分表测头抵在气门杆中间，压下量为 1~2 mm。转动气门杆一圈，百分表变动量即为气门杆弯曲度，见图 1-3-13。

③ 将百分表测头抵住气门头平面，转动气门一圈，变动量即为气门头部倾斜度误差。

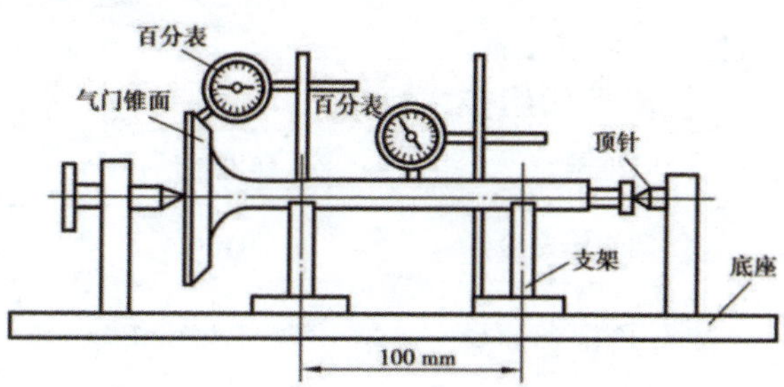

图 1-3-13　检查气门杆弯曲

④ 若测量值超过标准值，则应更换气门。

2. 检修气门导管油膜间隙

（1）清洁气门导管

（2）检修气门导管油膜间隙

① 使用内测卡规测量气门导管内径，与标准值比较，判断是否合格。

② 用气门导管内径测量值减去气门直径值，即为气门导管油膜间隙。

③ 将气门提起至气缸盖平面 15 mm 左右，将百分表架固定于气缸盖上，百分表测头触点抵住气门顶部边缘处，来回推动气门。百分表指针摆动量即为气门导管油膜间隙，见图 1-3-14。

图 1-3-14　检查气门导管油膜间隙

④ 若计算值或测量值大于标准值，则应更换气门或气门导管。

气门导管功用

导向作用

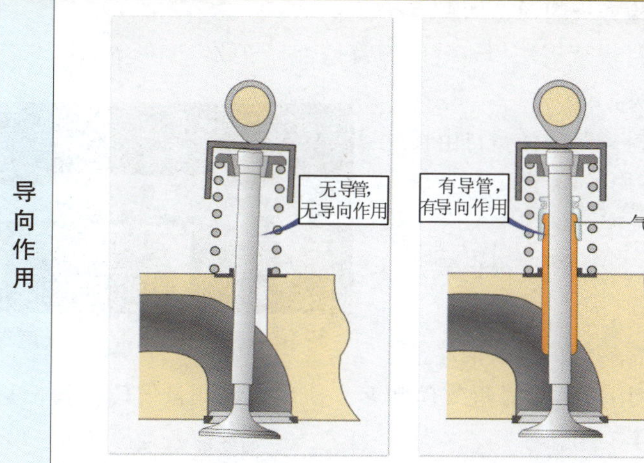

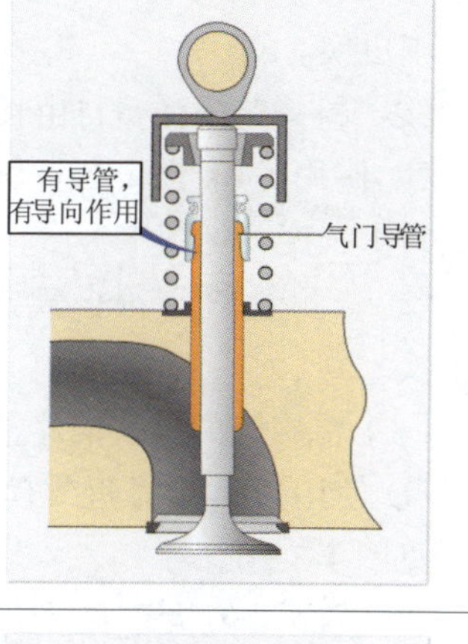

散热作用

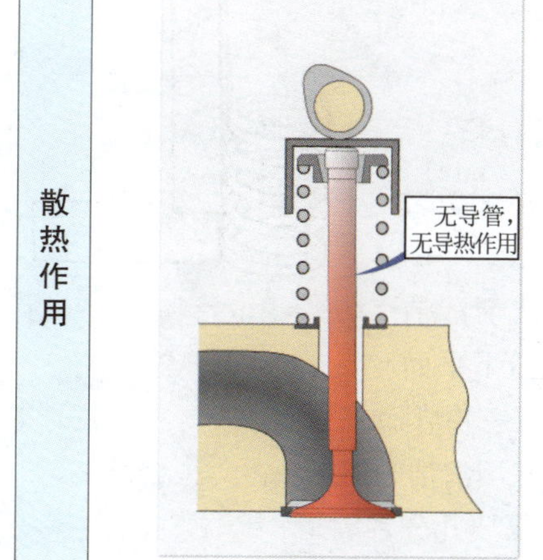

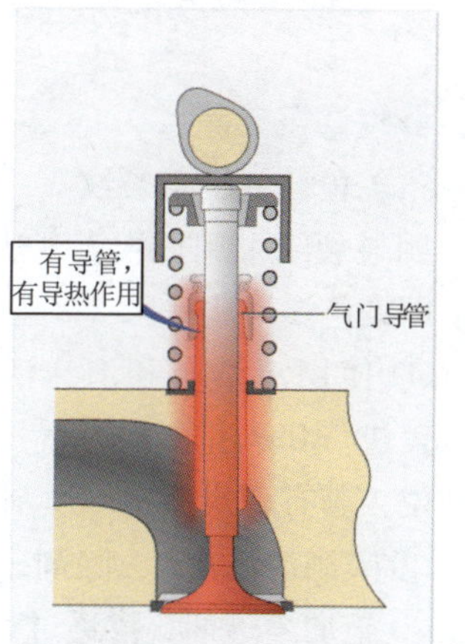

学习笔记

视频

1-29 气门导管功用

学习笔记

3. 检修气门弹簧

（1）检查气门弹簧外观

采用目视直观法检查气门弹簧是否有裂纹、变形等缺陷。若有，则更换。

（2）检修气门弹簧自由长度

① 使用游标卡尺测量气门弹簧自由长度，见图 1-3-15。

② 若测量值不符合规定，则更换。

图 1-3-15　气门弹簧自由长度

（3）检修气门弹簧偏移量

① 使用直角尺靠近气门弹簧，使用塞尺测量气门弹簧偏移量，见图 1-3-16。

② 若测量值大于最大标准值，则更换。

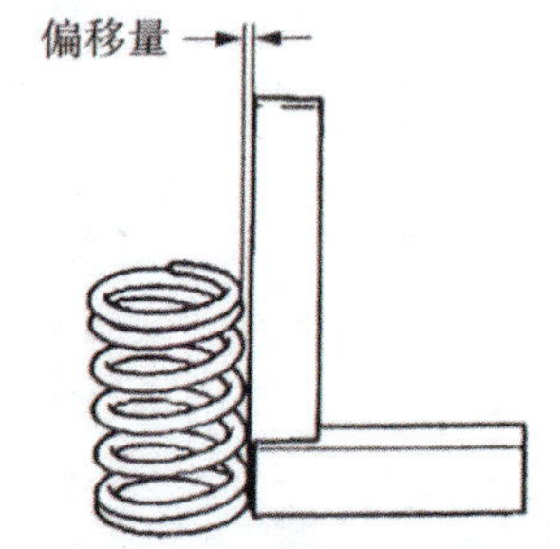

图 1-3-16　测量气门弹簧偏移量

4. 检修气缸盖

（1）检修气缸盖裂纹

明显裂纹采用目视直观法，细微裂纹采用染色渗透法。

① 使用清洁布和泡沫清洁剂清洁气缸盖进气口、排气口及气缸盖下平面等部位，若有积炭使用木质刮刀一并清除。

② 喷洒清洁剂 / 去除剂，并用清洁布擦干。

③ 施加渗透剂，渗透过程需要几分钟。

④ 将清洁剂 / 去除剂喷在擦拭布上，将残留的渗透剂擦拭干净。

⑤ 薄薄地、均匀地喷洒显像剂。若出现一条鲜亮的红线显示在白色的显像剂背景上，表示存在裂纹，则需更换。

视频

1-30 检查气门弹簧

视频

1-31 气门弹簧结构形式

气门弹簧结构形式

圆柱弹簧	双弹簧	变螺距弹簧	锥弹簧

检修气门组技术标准

项目	标准值	极限值
气门边缘厚度	1.0 mm	最小值 0.5 mm
进气门气门杆直径	5.470~5.485 mm	最大值 5.485 mm，最小值 5.470 mm
排气门气门杆直径	5.465~5.480 mm	最大值 5.480 mm，最小值 5.465 mm
气门杆端面跳动	—	最大值 0.03 mm
进气门全长	109.34 mm	最小值 108.84 mm
排气门全长	108.25 mm	最小值 107.75 mm
气门弯曲度	—	最大值 0.05 mm
气门倾斜度	—	最大值 0.03 mm
气门导管内径	5.510~5.530 mm	最大值 5.530 mm，最小值 5.510 mm
进气气门导管油膜间隙	0.025~0.060 mm	最大值 0.080 mm
排气气门导管油膜间隙	0.030~0.065 mm	最大值 0.085 mm
气门弹簧自由长度	53.36 mm	—
气门弹簧偏移量	—	最大值 1.0 mm

劳动是财富源泉。

（2）检修气缸盖腐蚀和螺纹孔损坏

① 使用清洁布和泡沫清洁剂清洁气缸盖和螺纹孔。

② 采用目视直观法观察气缸盖是否存在腐蚀和螺纹孔损坏。

③ 腐蚀不严重的非关键部位或无配件更换时，可采用钻孔铆填金属等方法修复；腐蚀如发生在水道等关键部位影响发动机正常工作，则必须更换。

④ 当螺纹孔螺纹损坏多于 2 牙时，需要修复。

（3）检修气缸盖下平面翘曲变形

① 使用清洁布清洁刀口尺、塞尺和气缸盖下平面。

② 将刀口尺垂直放置在气缸盖下平面被检测位置上，透过光亮找出最大间隙。

③ 选用塞尺 0.05 mm 的钢片塞入间隙，见图 1-3-17。使用相同的方法依次在该位置上至少选取 5 处进行检测，并按要求在气缸盖下平面 6 个位置进行检测，见图 1-3-18。若通过，需要修复或更换气缸盖。

图 1-3-17　测量气缸盖平面度

5. 检修气门座

（1）清理气门座

用 45° 气门座绞刀将气门座重新抛光，去掉适量金属以清理气门座，见图 1-3-19。

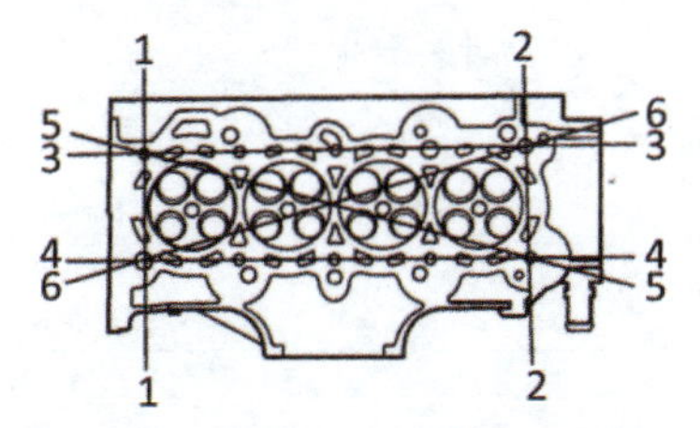

图 1-3-18　测量气缸盖平面度位置

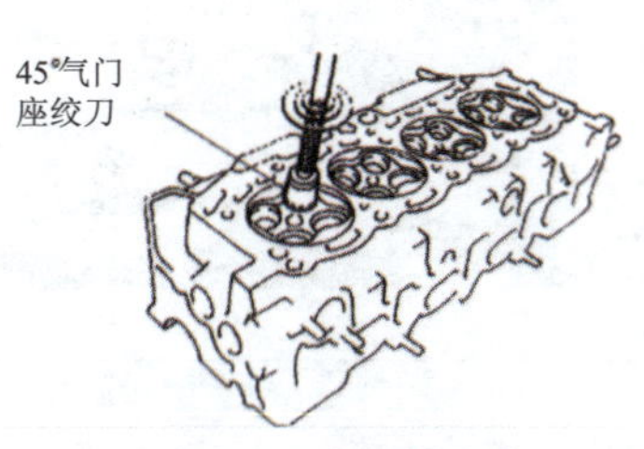

图 1-3-19　清理气门座

气缸盖常见损伤形式及主要原因

损伤形式	主要原因
气缸盖裂纹	• 在发动机过热时突然添加冷水，遭受热应力突变。 • 铸造时受残余应力的影响及壁厚不均、强度不足。
气缸盖腐蚀	• 使用了不符合要求的冷却液。
气缸盖螺纹孔损坏	• 装配时螺栓没有拧紧。 • 使用了螺纹已经损坏的螺栓。 • 螺栓的拧紧力矩过大。 • 非贯通螺孔内有脏污，致使螺栓拧入时顶坏螺纹。
气缸盖下平面翘曲变形	• 工作时受热不均。 • 拆装时螺栓拧松或拧紧顺序不符合规定。 • 装配时螺栓拧紧力矩不均、过大或过小。 • 螺纹孔有堵塞，螺栓不能贯穿螺纹孔，出现虚假拧紧。

气缸盖下平面度技术标准

最大平面度公差	0.05 mm

检测气缸盖下平面度要求

- 使用塞尺时，不能戴手套并要保持手的干净、干燥，否则将会弄污塞尺影响测量精度。
- 不能强行把塞尺塞入测量间隙，以免塞尺弯曲或折断。
- 使用刀口尺时，要轻拿轻放，避免损伤刀刃。
- 测量时，刀口尺要横放后再竖起，且要垂直测量平面。
- 检查时，刀口尺不能在气缸盖上拖动。
- 在观察测量时，视线要与被测平面平齐。

学习笔记

视频 

1-32 测量气缸盖平面度

学习笔记

（2）检查气门落座位置

① 在气门表面涂抹薄薄一层普鲁士蓝（或铅白）。

② 轻压气门至气门座，不转动气门。

③ 检查气门落座位置，见图 1-3-20。若气门面的蓝色颜料绕着气门中心呈 360°，则表示气门同轴，否则应更换气门。若气门座上的蓝色颜料绕着气门座中心呈 360°，则表示导管与表面同轴，否则应更换气门。

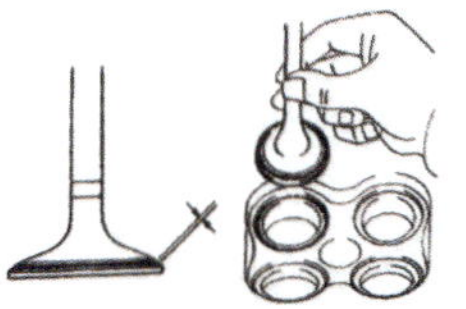

图 1-3-20　检查气门落座位置

④ 检查气门座接触面位置，见图 1-3-21。若在气门锥面中间偏下，其宽度为 1.0~1.4 mm，则表示合格，否则应修正气门座。若离气门锥面太高，用 30° 与 45°气门座铰刀修正气门座。若离气门锥面太低，见图 1-3-22，用 60°与 45°气门座铰刀修正气门座。

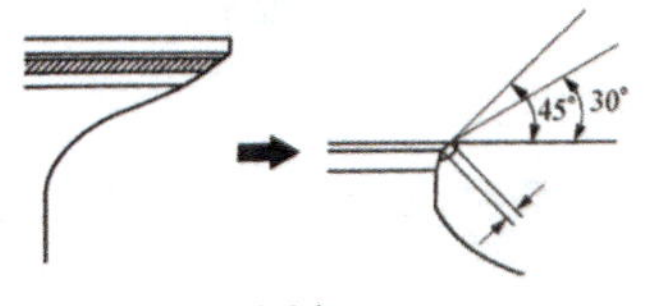

图 1-3-21　检查气门座接触面位置

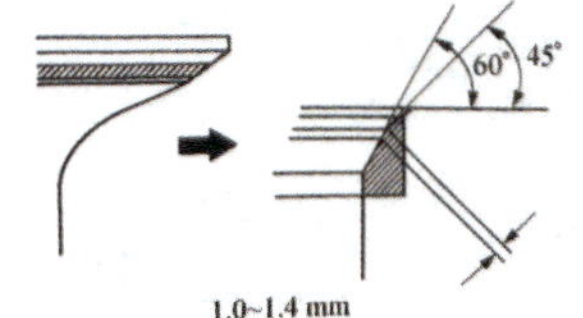

图 1-3-22　气门落座偏低位置

步骤四：安装气门组及气缸盖

1. 安装气门油封

（1）清洁气门油封

使用吹气枪清洁新的气门油封，在新的气门油封上涂抹一薄层发动机机油。

（2）压入气门油封

使用安装气门油封专用工具将灰色气门油封压入进气门导管，将黑色气门油封压入排气门导管，见图 1-3-23。

图 1-3-23　安装气门油封

视频

1-33 安装气门组

气门座手工研磨方法

• 涂抹粗研磨膏。 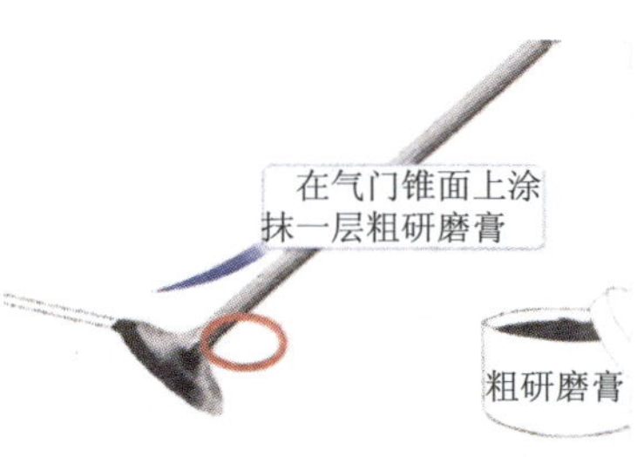 	• 涂抹机油，插入气门导管。 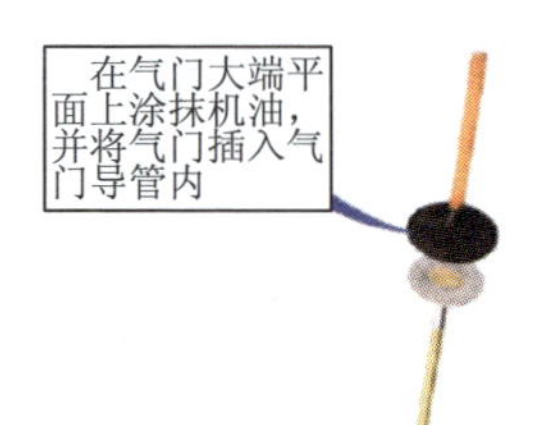
• 粗磨。用气捻子吸住气门旋转，轻拍气门座，直到出现一条完整、清晰接触环带。 	• 清除粗研磨膏，涂抹细研磨膏。 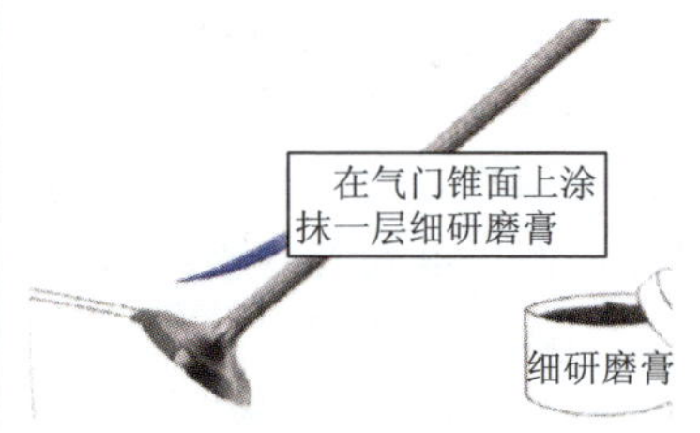
• 细磨。继续研磨，直至接触环带呈均匀灰瓦色。 	• 滴上机油，继续研磨。 • 检查研磨效果。

劳动是财富源泉。

学习笔记

2. 安装气门

（1）清洁表面及气门导管

①将气缸盖侧立在垫木上。

②使用吹气枪清洁表面及气门导管。

（2）装入气门

①依次在进、排气门的气门杆端处涂抹一薄层发动机机油。

②按顺序插入气门座孔，装入气门导管，见图 1-3-24。

图 1-3-24　装入气门

3. 安装气门弹簧及气门锁片

（1）安装气门弹簧

①将气缸盖平放在垫木上。

②依次装入气门弹簧及弹簧座，见图 1-3-25。

图 1-3-25　安装气门弹簧及弹簧座

（2）安装气门锁片

①使用气门弹簧压缩器压紧气门弹簧，直至露出气门端部环槽。

②使用一字螺丝刀装入气门锁片，见图 1-3-26。

图 1-3-26　安装气门锁片

③缓慢松开气门弹簧压缩器使 2 个气门锁片可靠落座。

④取下气门弹簧压缩器。

⑤使用塑料锤轻敲气门杆顶部，确保气门锁片、气门弹簧等安装到位，见图 1-3-27。

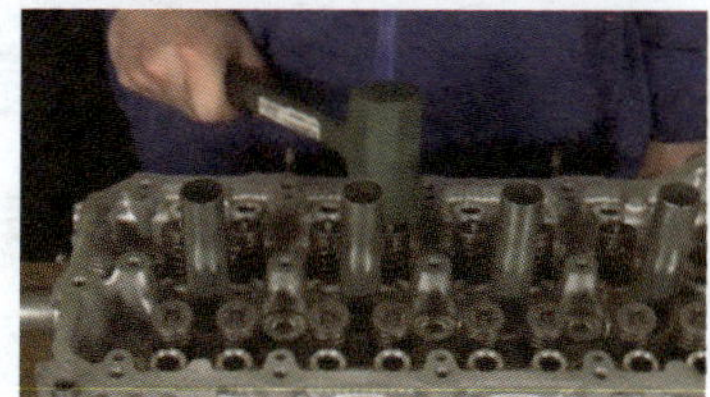

图 1-3-27　轻敲气门杆顶部

气门密封性检验方法	
线性检验法	在气门工作面用软铅笔每隔 4 mm 划上一条线，将划好线的气门插入气门导管内与气门座紧密贴合，旋转 1/4 圈，取出气门，检查气门上所划线条情况。若线条全部切断，表示密封性很好；若线条未全部切断，说明密封不良。 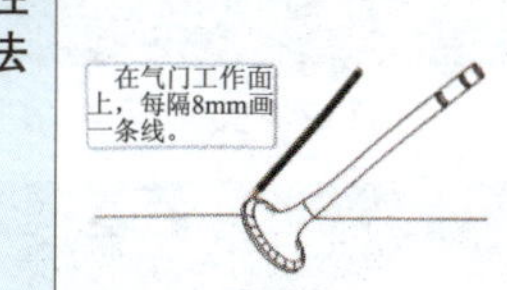 （a）在气门工作面划线 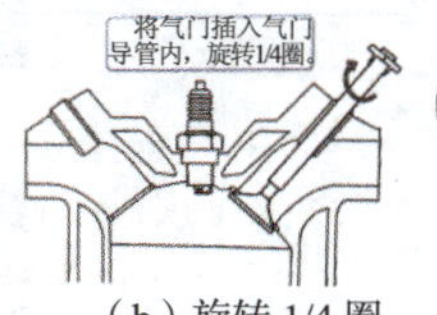 （b）旋转 1/4 圈 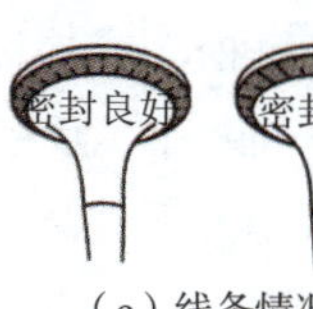  （c）线条情况
拍打检验法	将气门插入气门导管内与气门座紧密贴合，轻轻敲击气门顶部，取出气门，查看接触带。若有明显明亮连续接触环痕，表示密封性很好；若接触环痕断续，说明密封不良。
红丹检验法	在气门工作面上涂抹一层红丹（四氧化三铅），将气门插入气门导管内与气门座紧密贴合，旋转 1/4 圈，取出气门，检查气门座上红丹情况。若红丹布满气门座工作表面无间断且十分整齐，表示密封性很好；若红丹有间断又不整齐，说明密封不良。
浸油检验法	将气门插入气门导管内与气门座紧密贴合，把煤油或汽油浇在气门顶面上，5 min 后内视气门与气门座接触处是否有渗漏现象。若无，表示密封性很好；若有，说明密封不良。
气压检验法	将气门密封性检验仪的空气筒紧紧地压在装有气门的气门座上，捏动橡皮胶气囊，使空气筒内具有 58.8~68.6 kPa 压力时，停留 30 s，检查气压表变化情况。若 30 s 内气压值降低不大于 20%，表示密封性很好；若超过 20%，说明密封不良。 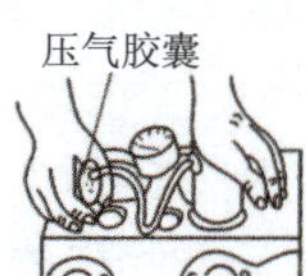

学习笔记

4. 安装气缸盖与气缸垫

（1）安装气缸垫

① 使用吹气枪清洁气缸体油道、水道及螺栓孔，见图 1-3-28。

② 转动定位销，检查是否牢固，如有松动或损坏及时更换。

③ 将新气缸垫放置在气缸体上，将印有零件号的一面朝上，见图 1-3-29。

（2）安装气缸盖

① 对准定位销，将气缸盖平稳放置在气缸体上，轻轻晃动气缸盖，确保气缸盖与气缸体完整结合，见图 1-3-30。

② 安装气缸盖螺栓垫圈。

③ 按原来顺序将气缸盖固定螺栓放入螺栓孔中。

④ 使用棘轮扳手按照气缸盖螺栓的拧紧顺序分几次预紧气缸盖螺栓。

⑤ 将扭力扳手调节扭矩至 49 N•m，使用扭力扳手按照同样的拧紧顺序紧固气缸盖螺栓。

⑥ 用红色油漆在气缸盖前端做标记，使用指针式扭力扳手按照同样的拧紧顺序旋转紧固 90°，再旋转紧固 45°，见图 1-3-31。

图 1-3-28 清洁气缸体

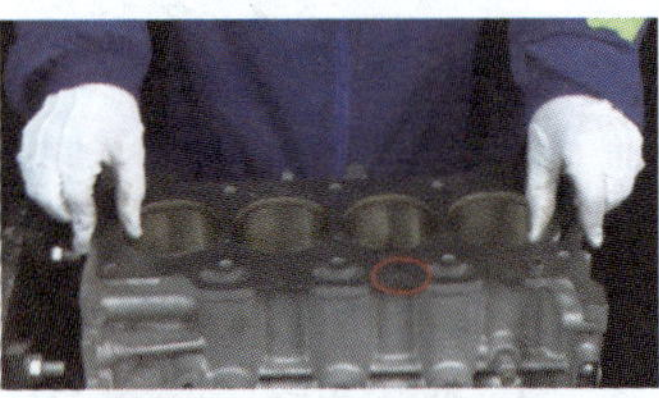

图 1-3-29 安装气缸垫

图 1-3-30 对准定位销

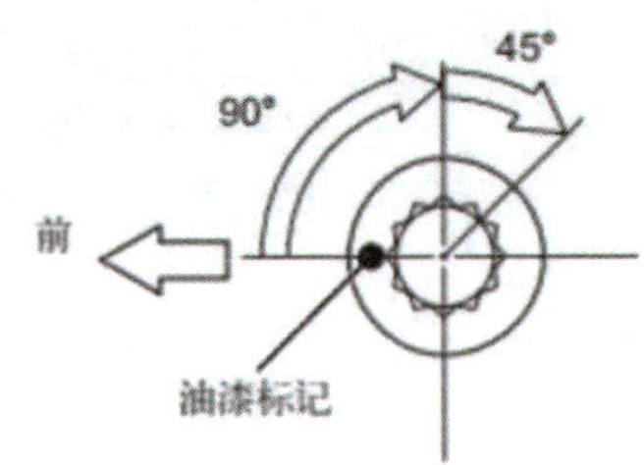

图 1-3-31 气缸盖螺栓定扭后再 90°、+45° 紧固

视频

1-34 安装气缸盖与气缸垫

视频

1-35 气缸垫功用

气缸垫功用

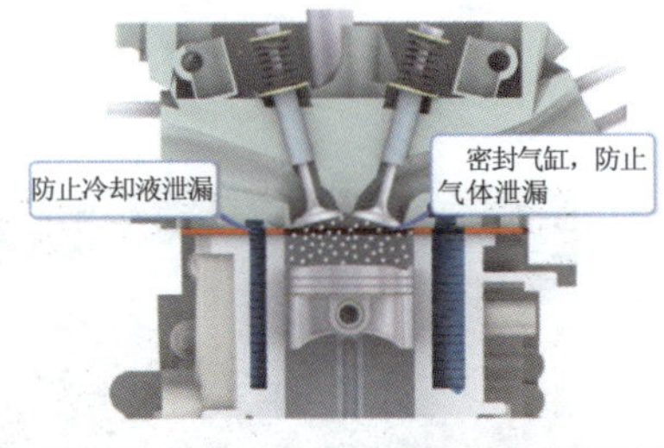

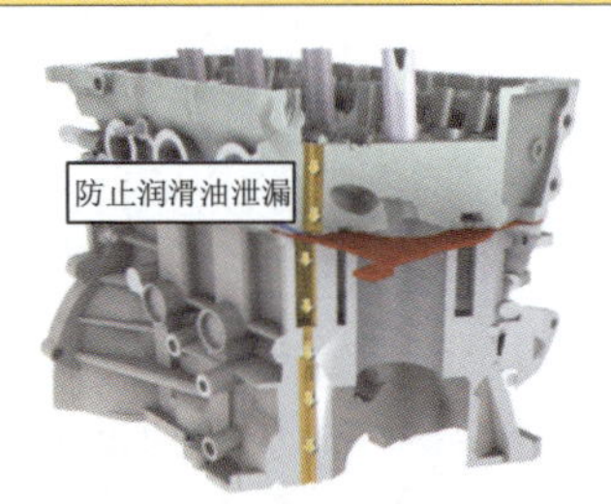

气缸垫检查标准

- 检查气缸垫的零件型号是否和原厂一致。
- 检查气缸垫表面是否平整，包边贴合是否牢固，是否有划痕、凹陷、褶皱及锈污等现象。
- 如若不符，及时更换。

安装气缸盖要求

- 安装气缸盖前需清洁与检测气缸盖结合面。
- 在对准定位销时，气缸盖不要滑动，以免定位销损伤气缸盖下平面。
- 紧固气缸盖固定螺栓时，按照从中间向两端对角的顺序并分多次拧紧。
- 检查确认油漆标记与前端成 135° 角。

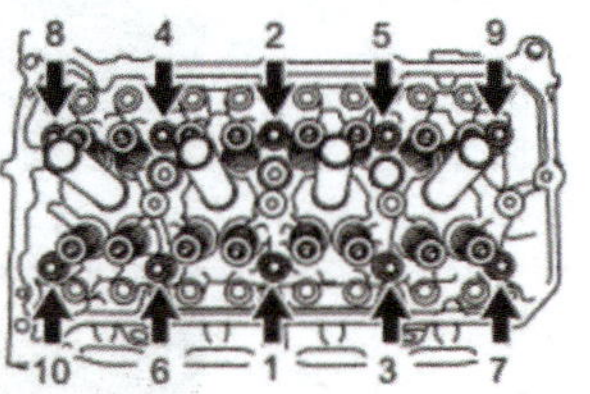

气缸盖紧固螺栓扭矩技术标准

气缸盖紧固螺栓扭矩	49 N•m+90° +45°

任务测评

一、知识测评

确定本任务关键词，按重要程度排序并举例解读。根据自己对重要信息捕捉、排序、表达、创新和划分权重能力进行自评，见表 1-3-2。（满分 100 分）

表 1-3-2　检修气门组与气缸盖知识测评表

序号	关键词	举例解读	评分自定
1			
2			
3			
4			
5			
总分			

二、能力测评

对表 1-3-3 所列作业内容，操作规范即得分，操作错误或未操作即零分。（满分 100 分）

表 1-3-3　检修气门组与气缸盖能力测评表

序号	能力点	配分	得分
1	拆卸气门组与气缸盖	20	
2	检修气门	20	
3	检修气门导管油膜间隙	10	
4	检修气门弹簧	20	
5	检修气缸盖	10	
6	安装气门组与气缸盖	20	
总分		100	

三、素养测评

对表 1-3-4 所列素养点，做到即得分，未做到即零分。（满分 100 分）

表 1-3-4　检修气门组与气缸盖素养测评表

序号	素养点	配分	得分
1	设备和工具安全检查	20	
2	车辆安全防护	20	
3	工具清洁校准存放	20	
4	工量辅具、零部件、油水液体“三不落地”	20	
5	工位“5S”	20	
总分		100	

四、拓展训练

（1）请列举出在检修气门组过程中易出现的问题，分析产生问题的原因并制定解决问题的措施。（满分 25 分）

（2）现发现，伴随着 2014 款卡罗拉 1.6 L GL-i 轿车 1ZR-FE 发动机怠速运转时发出连续不断的、有节奏的“啪啪啪”的金属敲击声，转速增高时，响声也随之增高，温度变化和单缸断火时，响声不减弱，初步判断气门落座异响。试制定检修流程并进行检修。（满分 25 分）

（3）自 1958 年 8 月 3 日下午 1 时第一辆红旗样车驶出车间诞生以来，红旗品牌至今在中国已家喻户晓，在最新世界品牌实验室发布的 2020 年“中国 500 最具价值品牌”榜单中，名列 63 名。作为最能代表中国汽车产业发展的轿车品牌，红旗的诞生与发展，凝结着一代又一代红旗人的青春与情结，凝聚着历代红旗人用敬业、精益、专注和创新的劳动创造的价值。

学习笔记

请按照下列思维导图格式（见图 1-3-32），对检修气门组与气缸盖的学习收获进行总结，特别对气门组与气缸盖的技术进化做一个概要阐述，同时结合自身以及身边事谈谈对“劳动价值”的理解。（满分 50 分）

图 1-3-32　思维导图

劳动是财富源泉。

学习笔记

学习考评

一、考评项目

根据所学，请对 2019 款卡罗拉 1.2T S-CVT 运动版 9NR-FTS 发动机气缸盖和配气机构进行检修，完成考评报告。

二、实施准备

1. 学生准备

学生在按照教学进度计划，已经完成了以下学习任务并达到了 75 分以上，可进行该学习考评的实施。

（1）理解并完成学习考评需要的相关知识和方法的学习，得分大于 75 分。

（2）运用学习考评需要的相关知识和方法进行作业，得分大于 75 分。

（3）按时、按质、按量完成相应作业，得分大于 80 分。

（4）具有自觉遵守技术标准和要求规定、规范操作、安全、环保、“5S”作业、团结协作的好习惯，得分大于 80 分。

（5）能制定 2019 款卡罗拉 1.2T S-CVT 运动版 9NR-FTS 发动机气缸盖和配气机构检修方案。

2. 教师准备

（1）在安排学生实施学习考评前，通过课堂问题研讨、作业、实训和考核及其他方式，确认学生已经具备了实施学习考评所需的知识、能力和素养，并确保学生在安全状态下独立进行。

（2）对协助教师进行测评的学生进行测评和监督方法的培训，确保测评结果的准确性和公平性。

（3）准备好测评记录。

三、验证方法与标准

（1）每位测评人员负责对 2 名学生进行定点、全过程的监控和测评。

（2）详细记录学生在实施学习考评过程中的相关信息、数据、结果、操作方法、完成时间，以及出现错误、事故等情况。

（3）学习考评的作业过程和数据记录等，要求在 90 min 内完成，时间不足，可在即将结束时，口述剩余部分的作业方法。

（4）考核内容及评分标准见下表。

考核内容及评分标准

序号	评分项	得分条件	评分标准	配分	扣分
1	安全 /5S/ 态度	□ 1. 能进行工位 5S 操作 □ 2. 能进行设备和工具安全检查 □ 3. 能进行车辆安全防护操作 □ 4. 能进行工具清洁校准存放操作 □ 5. 能进行三不落地操作	未完成 1 项扣 3 分，扣分不得超 15 分	15	
2	专业技能能力	□ 1. 能正确拆卸气门驱动组 □ 2. 能正确拆卸气门传动组 □ 3. 能正确拆卸气门组 □ 4. 能正确拆卸气缸盖 □ 5. 能正确清洗、清洁气缸盖和配气机构零件 □ 6. 能正确检查和更换正时链条及相关部件 □ 7. 能正确检查和更换正时齿轮及 VVT 控制机构 □ 8. 能正确检查和更换凸轮轴	未完成 1 项扣 5 分，扣分不得超 50 分	50	

学习笔记

续表

序号	评分项	得分条件	评分标准	配分	扣分
2	专业技能能力	□ 9. 能正确检查和更换检修摇臂与液压挺柱 □ 10. 能正确检查和更换气门 □ 11. 能正确检查和更换气门导管 □ 12. 能正确检查和更换气门弹簧 □ 13. 能正确检查和更换气缸盖和气缸盖衬套 □ 14. 能正确安装气缸盖和气门组，并按规定紧固螺栓 □ 15. 能正确安装气门传动组，并按规定紧固螺栓 □ 16. 能正确安装气门驱动组，并按规定紧固螺栓	未完成 1 项扣 5 分，扣分不得超 50 分	50	
3	工具及设备的使用能力	□ 1. 能正确选用维修工具 □ 2. 能正确使用维修工具拆装 □ 3. 能正确使用测量工具 □ 4. 能正确使用专用工具 □ 5. 能熟练使用办公软件	未完成 1 项扣 5 分，扣分不得超 10 分	10	
4	资料、信息查询能力	□ 1. 能正确使用维修手册查询资料 □ 2. 能正确使用用户手册查询资料 □ 3. 能在规定时间内查询所需资料 □ 4. 能正确记录查询资料章节页码 □ 5. 能正确记录所需维修信息	未完成 1 项扣 2 分，扣分不得超 10 分	10	
5	数据判读和分析能力	□ 1. 能判断正时链条及相关部件是否需要维修或更换 □ 2. 能判断凸轮轴是否需要维修或更换 □ 3. 能判断摇臂和液压挺柱是否需要维修或更换	未完成 1 项扣 5 分，扣分不得超 10 分	10	

续表

序号	评分项	得分条件	评分标准	配分	扣分
5	数据、判读和分析能力	□ 4. 能判断气门是否需要维修或更换 □ 5. 能判断气门导管是否需要维修或更换 □ 6. 能判断气门弹簧是否更换 □ 7. 能判断气缸盖是否更换	未完成 1 项扣 5 分，扣分不得超 10 分	10	
6	表单填写与报告的撰写能力	□ 1. 字迹清晰 □ 2. 语句通顺 □ 3. 无错别字 □ 4. 无涂改 □ 5. 无抄袭	未完成 1 项扣 1 分，扣分不得超 5 分	5	
合计				100	

四、考评报告

说明：考评分为理论考评和实操考评，实操考评根据项目要求以及考评模板格式制定项目实施方案，方案经教师审核合格后，方可进行实操考核。考评报告模板详见附录 A。

学习笔记

拓展阅读——红旗轿车的诞生

痛点

1958 年，毛泽东主席成为乘坐新中国第一辆自主研发的东风牌轿车的第一批贵宾，由于“东风”小轿车为普通民用轿车，车身很小，不适合作为国家领导人乘坐的专用车。于是，一汽人决定为毛泽东主席以及其他国家领导人研制国产专用车。

过程

1958 年 7 月 1 日，研制项目正式启动，开启了我国高级轿车的研发史。

制作车身需要先按图样制作一整套的模具，然后再用这些模具，多次压制才能最终成型。但时间紧迫，在没有模具的情况下，一汽人大胆决定手工制作车身。由于车身弧度精密，整车要用榔头敲，需要极其高超的钣金手艺，为此特意从上海请来了长期修理外国轿车、经验十分丰富的陈富贵师傅。在没有图样的情况下，他带着两名徒弟，自己在地上放样，日夜连班倒，全凭手摸榔头敲，只用了二十几天，硬是把整个车身给敲了出来。7 月 20 日，白车身完成。这是汽车史上从来没有过的创举。

在红旗整个项目团队日夜公关相互配合下，经过总装、调试，1958 年 8 月 3 日下午 1 时，第一辆红旗牌样车终于驶出了装配车间，33 天的努力，红旗轿车奇迹般地诞生了。第一辆红旗样车，手绘第一辆红旗样车如右图。

第一辆红旗样车

手绘第一辆红旗样车

思考

第一辆红旗轿车的诞生体现了中国汽车人什么精神？

学习笔记

项目二　检修气缸体和曲柄连杆机构

一、项目描述

完成 2014 款卡罗拉 1.6 L GL-i 轿车 1ZR-FE 发动机气缸体和曲柄连杆机构检修作业。

二、项目要求

符合 2014 款卡罗拉 1.6 L GL-i 轿车 1ZR-FE 发动机技术要求与标准，正确使用工具，完成如下检修作业：

（1）检修活塞连杆组；

（2）检修曲轴飞轮组；

（3）检修气缸体。

三、学习目标

（1）准确陈述气缸体和曲柄连杆机构、活塞连杆组、曲轴飞轮组的组成（或结构）及功用；

（2）准确陈述活塞连杆组检修作业方法；

（3）准确陈述曲轴飞轮组检修作业方法；

（4）准确陈述气缸体检修作业方法；

（5）规范地对活塞连杆组进行检修作业；

（6）规范地对气门传动组进行检修作业；

（7）规范地对气缸体进行检修作业；

（8）养成自觉遵守技术标准和要求规定、规范操作、安全、环保、“5S”作业的好习惯；

（9）树立辛勤劳动为荣、好逸恶劳为耻的正确思想观念；

（10）认识到解决问题就是创新。

四、学习载体

2014 款卡罗拉 1.6 L GL-i 轿车 1ZR-FE 发动机气缸体和曲柄连杆机构如下图。

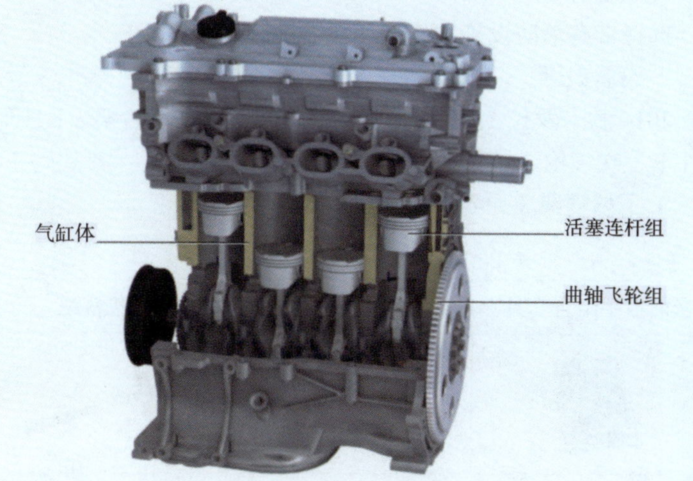

2014 款卡罗拉 1.6L GL-i 轿车 1ZR-FE 发动机气缸体和曲柄连杆机构

气缸体是发动机的主体，主要功用是将各个气缸和曲轴箱连成一体，是安装活塞、曲轴以及其他零件和附件的支承骨架。

曲柄连杆机构主要由活塞连杆组和曲轴飞轮组两部分组成。其功用是把燃气燃烧作用在活塞顶部的压力转变为曲轴的转矩，对外输出机械能。

学习笔记

视频

2-1 曲柄连杆机构功用

学习笔记

任务一　检修活塞连杆组

职业行动

步骤一：作业准备

1. 作业场地

选择带有消防设施的作业场地。

2. 设备设施

2014 款卡罗拉 1.6 L GL-i 轿车 1ZR-FE 发动机台架、工具车、零件车、吹气枪、垃圾桶。

3. 工量辅具（见表 2-1-1）

表 2-1-1　检修活塞连杆组工量辅具

套筒扳手组合套具	铰刀	塑料锤
游标卡尺	预置力式扭力扳手	活塞环扩张器
活塞环压缩器	机油壶	外径千分尺及支架

职业知识

活塞连杆组组成与功用

组成	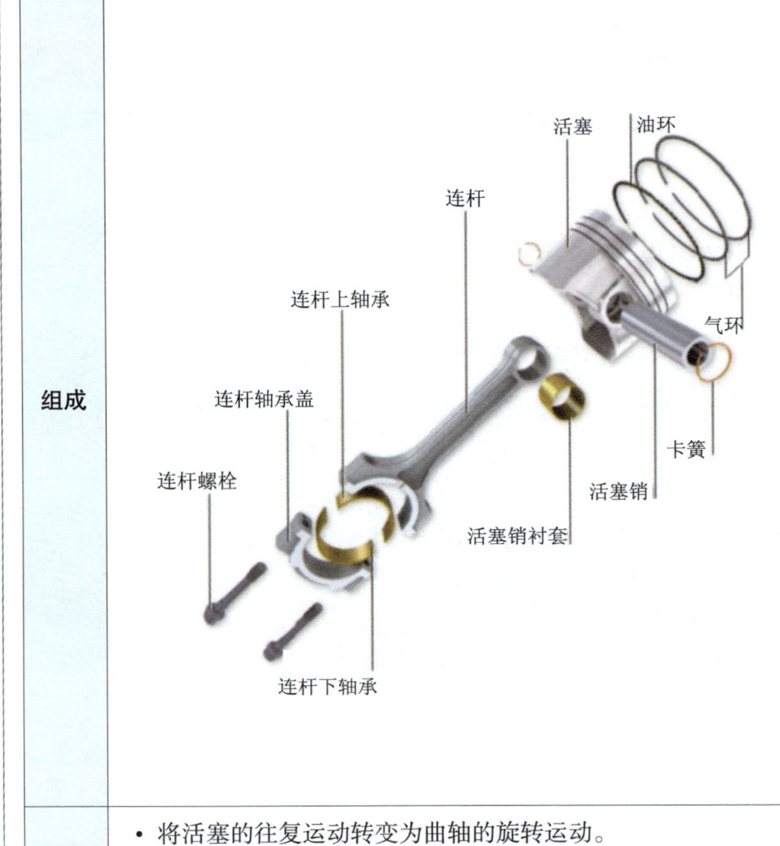
功用	• 将活塞的往复运动转变为曲轴的旋转运动。 • 将作用于活塞上的力转变为曲轴对外输出的扭矩。

视频

2-2 活塞连杆组组成

解决问题就是创新。

续表

塞尺	曲轴旋转套筒	指针式扭力扳手
卡簧钳	测径规	百分表及磁性表座

4. 耗材

清洁布、泡沫清洁剂、发动机机油、红色油漆、着色渗透探伤剂（清洁剂 / 去除剂、渗透剂、显像剂）、塑料间隙规。

步骤二：拆卸活塞连杆组

1. 确认活塞连杆组安装位置

活塞连杆组安装在气缸内，见图 2-1-1。

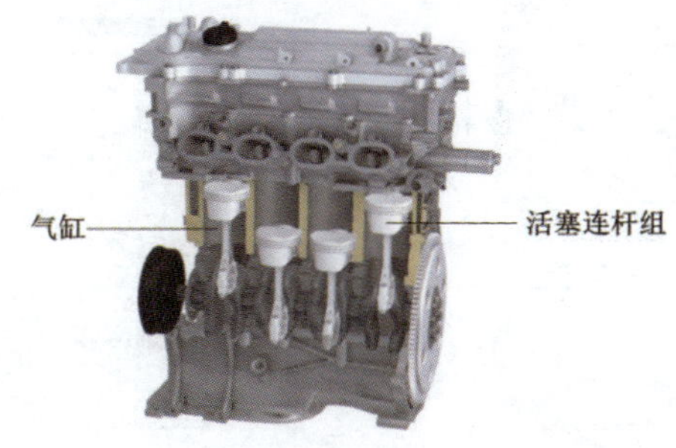

图 2-1-1　活塞连杆组安装位置

活塞结构与功用

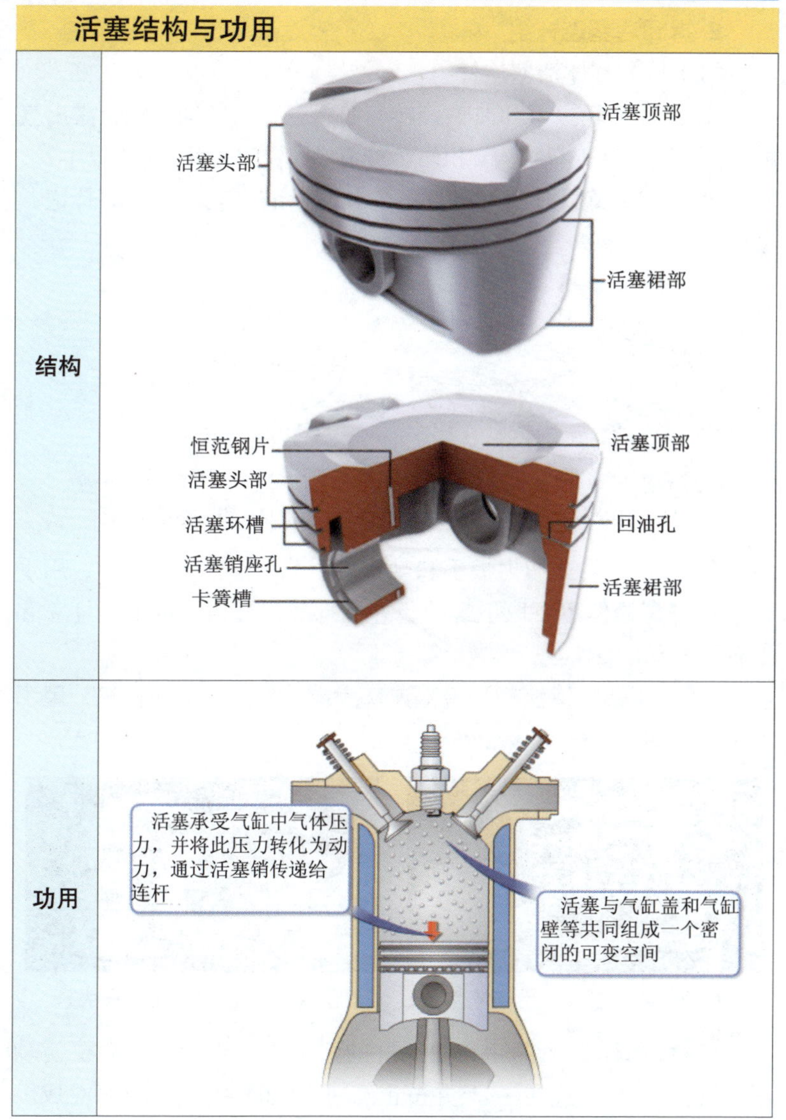

学习笔记

视频
2-3 活塞结构

视频
2-4 活塞功用

学习笔记

2. 拆卸活塞连杆组

（1）拆卸整体活塞连杆组

① 使用棘轮扳手和曲轴旋转套筒组合工具转动曲轴，露出气缸上部，检查是否有缸肩、积炭。如有，用铰刀去除，见图 2-1-2。

② 检查并确认连杆和连杆上的装配标记。若无，应做好标记，见图 2-1-3。

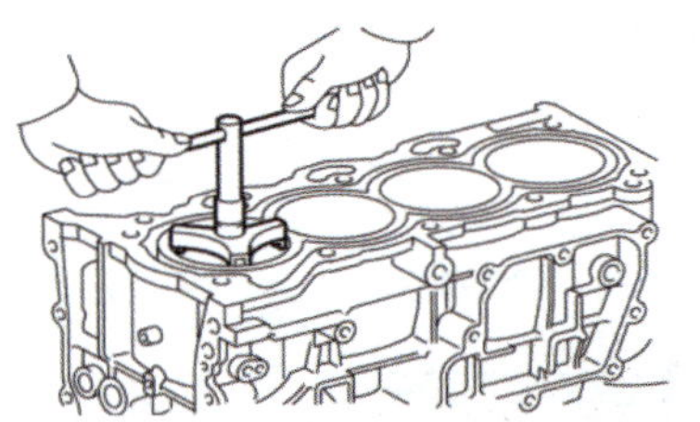

图 2-1-2　去除积炭

图 2-1-3　装配标记

③ 使用指针式扭力扳手和棘轮扳手分次拧松连杆螺栓，用手拧松连杆螺栓但不要取下螺栓，左右摇晃连杆盖，拆下连杆盖和下轴承，见图 2-1-4。

④ 使用塑料锤柄轻轻敲击连杆大端，推出活塞连杆组，用手取下，见图 2-1-5。

图 2-1-4　左右摇晃连杆盖

图 2-1-5　轻轻敲击连杆大端

⑤ 用同样方法拆卸其他气缸的活塞连杆组。拆卸后要使轴承、连杆和连杆盖连在一起，并按正确的顺序摆放活塞和连杆总成。

视频

2-5 拆卸活塞连杆组

视频

2-6 活塞顶部形状与应用

活塞顶部

	平顶	凹顶	凸顶
形状			
优点	吸热面积小，制造工艺简单	通过凹坑大小可调节发动机压缩比	利于完成换气过程
应用	汽油机	柴油机	两冲程汽油机

活塞裙部

常温下截面呈椭圆形形状	常温下呈上小下大形状

解决问题就是创新。

（2）分解活塞连杆组

① 使用活塞环扩张器拆下 2 个气环，见图 2-1-6。

② 用手拿下油环，见图 2-1-7。

图 2-1-6　拆卸气环

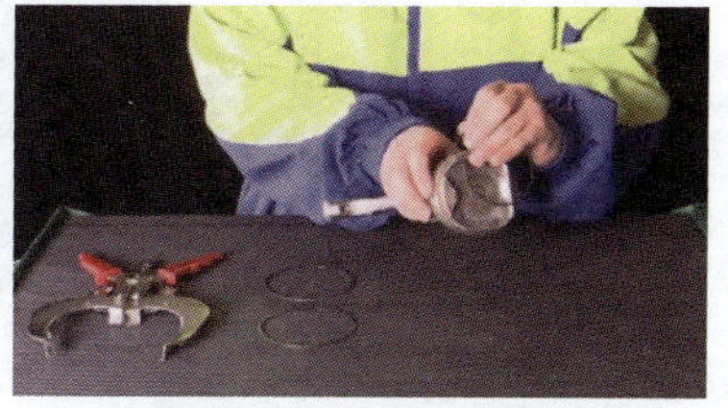

图 2-1-7　拆下油环

③ 使用尖嘴钳取出活塞销卡簧，见图 2-1-8。

④ 将活塞连杆组放入加热箱，将活塞加热至 80~90 ℃，见图 2-1-9。

⑤ 使用塑料锤和铜棒，轻轻敲出活塞销，见图 2-1-10

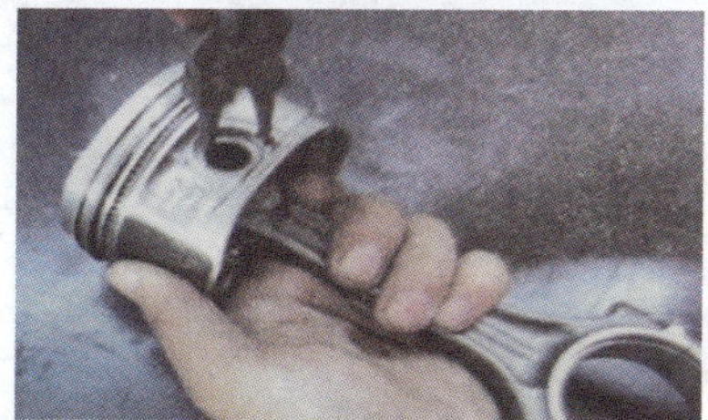

图 2-1-8　取出活塞销卡簧

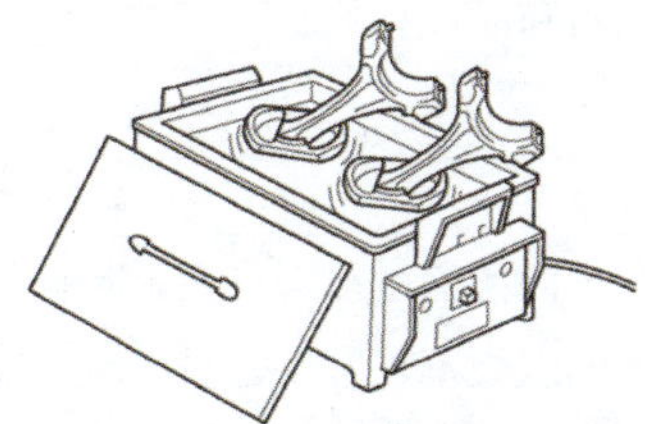

图 2-1-9　将活塞加热

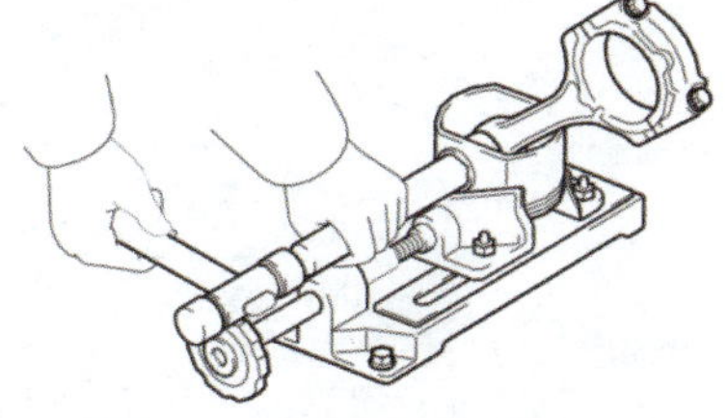

图 2-1-10　取出活塞销

⑥ 按正确的顺序摆放活塞连杆组组件。

连杆	
结构与各部分功用	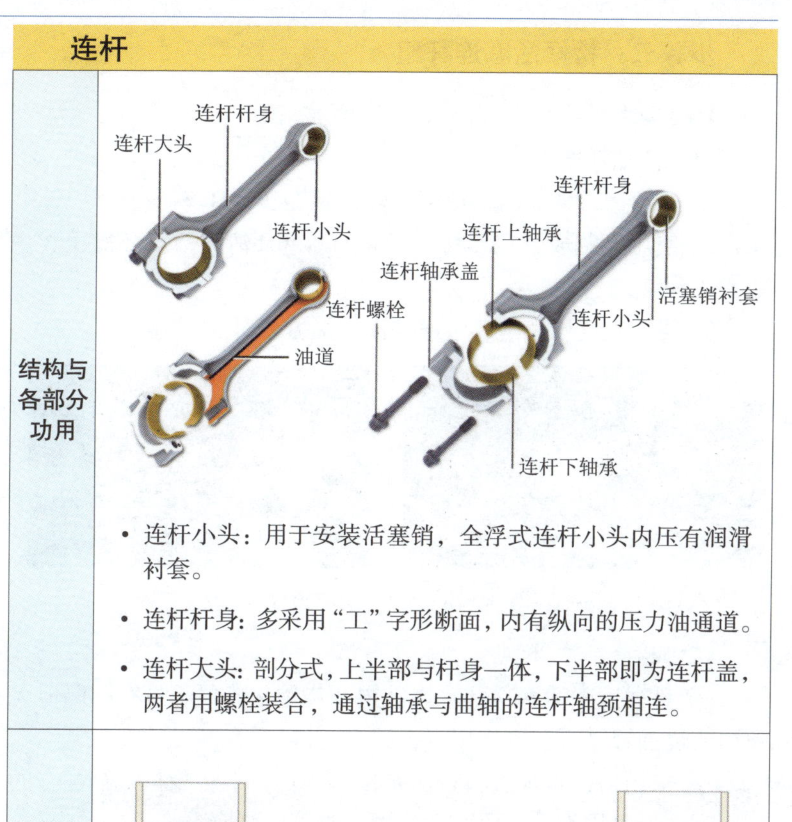 • 连杆小头：用于安装活塞销，全浮式连杆小头内压有润滑衬套。 • 连杆杆身：多采用“工”字形断面，内有纵向的压力油通道。 • 连杆大头：剖分式，上半部与杆身一体，下半部即为连杆盖，两者用螺栓装合，通过轴承与曲轴的连杆轴颈相连。
功用	进气行程，曲轴通过连杆拉动活塞做直线运动；而在做功行程中，活塞向下推力通过连杆使曲轴旋转 压缩、排气行程中，曲轴通过连杆推动活塞做直线运动

学习笔记

视频 

2-7 连杆功用

学习笔记

步骤三：检修活塞连杆组

1. 检修活塞

（1）清洁活塞

① 使用铲刀去除活塞顶部积炭，见图 2-1-11。

② 使用磨制成合适形状的折断旧活塞环清除活塞环槽积炭，见图 2-1-12。

③ 使用吹气枪和泡沫清洁剂清洁活塞。

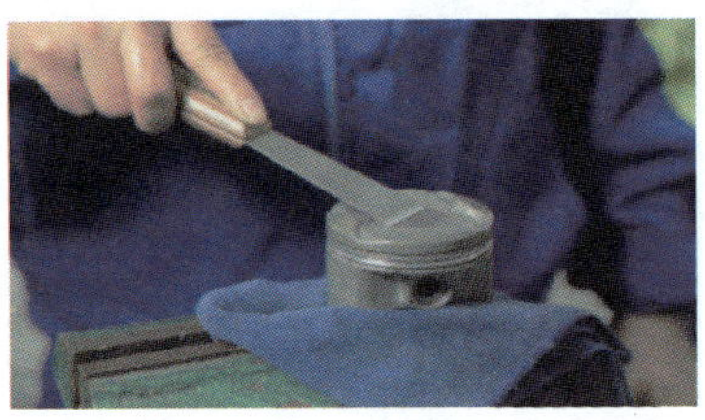

图 2-1-11　去除活塞顶部积炭

图 2-1-12　清除活塞环槽积炭

（2）检查活塞外观

① 目视检查活塞顶部碰撞破损和烧蚀，若顶部虽有凹陷但无裂损或烧蚀轻微可继续使用，否则应更换。

② 采用目视直观法检查活塞裙部刮伤，不影响与气缸配合的轻度刮伤，可用细砂布研磨后使用，否则应更换。

（3）检查活塞磨损

在距离活塞裙部 12.6 mm 处，用外径千分尺测量与活塞销孔成直角的活塞直径，若活塞直径不符合技术标准则更换，见图 2-1-13。

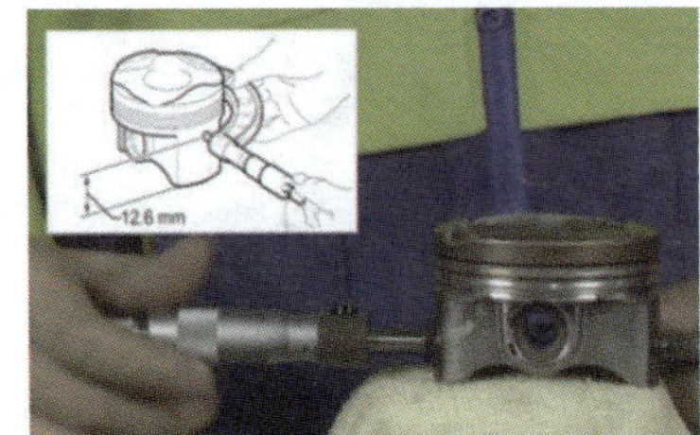

图 2-1-13　测量活塞直径

活塞常见损伤形式及主要原因

损伤形式	图示	主要原因
顶部积炭		汽油成分中的胶质与无法完全引爆的碳氢化合物在爆炸后，产生的微小炭粒未及时随废气排出而堆积在燃烧室内。
碰撞破损		气缸盖配合面过度返工、气门缩进量不正确、错误的气缸垫、气门控制时间错误、气门间隙过小。
顶部烧蚀		发动机在超负荷或爆燃条件下长时间工作，或与活塞的材料和设计有关。
裙部磨损		润滑油过多、点火中断引起的燃烧不正常、密封不良、冷启动装置故障。

活塞直径技术标准

基本尺寸	80.461~80.471 mm

视频

2-8 测量活塞直径

解决问题就是创新。

2. 检修活塞环

（1）测量活塞环端隙

① 用吹气枪清洁气缸壁，用清洁布清洁塞尺。

② 把 1 号气环平整放入气缸上部，见图 2-1-14。

图 2-1-14　活塞环平整放入气缸

③ 用未装活塞环的活塞将活塞环推至气缸底部，使其行程超过 50 mm，见图 2-1-15。

④ 根据 1 号气环标准端隙和最大间隙，选择塞尺 0.2 mm 和 0.5 mm 钢片塞进端隙。若 0.2 mm 未塞进或 0.5 mm 钢片轻松塞进，则更换。

图 2-1-15　将活塞环推入气缸底部

⑤ 根据 2 号气环和油环标准端隙和最大间隙选择塞尺钢片，用同样方法测量。

（2）测量活塞环侧隙

① 将 1 号气环放在活塞环槽内，轻轻转动一周，活塞环应能转动无阻，见图 2-1-16。若有阻碍，则更换。

② 用清洁布清洁塞尺，根据 1 号气环标准侧隙，选择塞尺 0.02 mm 和 0.07 mm 钢片塞进侧隙，见图 2-1-17。若 0.02 mm 未塞进或 0.07 mm 钢片轻松塞进，则更换。

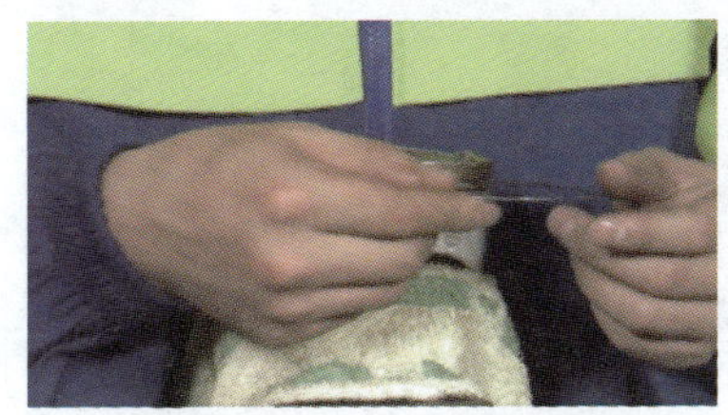
图 2-1-16　转动活塞环

图 2-1-17　转动活塞环

③ 根据 2 号气环和油环标准侧隙选择塞尺钢片，用同样方法测量。

活塞环

种类	功用
气环	
油环	

配合间隙

- 端隙。活塞环放入气缸后活塞两端的开口间隙。
- 侧隙。活塞环与活塞环槽上下方向上的间隙。
- 背隙。活塞环内圆面与环槽底之间的间隙。

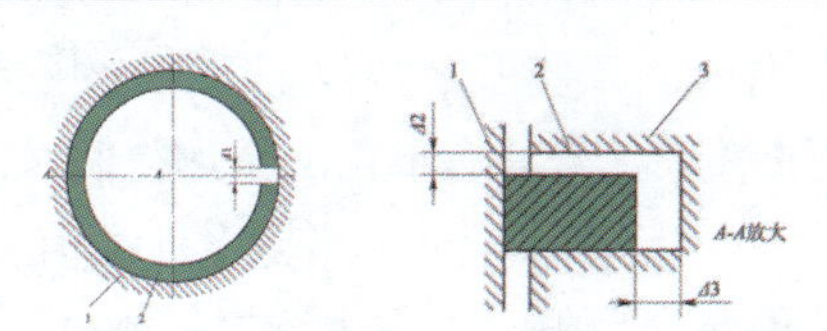
1—气缸；2—活塞环；3—活塞 Δ1—端隙；Δ2—侧隙；Δ3—背隙

活塞环配合间隙技术标准

活塞环	标准端隙	最大端隙	标准侧隙
1 号气环	0.2~0.3 mm	0.5 mm	0.02~0.07 mm
2 号气环	0.3~0.5 mm	0.7 mm	0.02~0.06 mm
油环	0.1~0.4 mm	0.7 mm	0.02~0.065 mm

视频

2-9 测量活塞环端隙

视频

2-10 测量活塞环侧隙

视频

2-11 活塞环种类

视频

2-12 活塞环功用

学习笔记

3. 检修连杆总成

（1）检查连杆外观

明显裂纹采用目视直观法，细微裂纹采用染色渗透法。

① 清洁连杆表面污物，检查连杆体、轴承盖表面是否有裂纹和损伤。若有裂纹，则更换；若有损伤，根据情况修理或更换。

② 检查轴承盖与轴承座是否密合，接合面是否有损伤，定位槽是否完整无损。若有，根据情况修理或更换。

（2）检修连杆弯扭变形

① 将连杆盖安装到连杆杆身，按规定力矩拧紧连杆盖固定螺栓。装入连杆轴承、活塞销，将连杆大头固定在连杆检测器定心轴上，见图 2-1-18。

② 把 3 点式量规 V 形槽贴紧活塞销，用塞尺测量连杆检测器平面与量规指销之间的间隙。

③ 若测得连杆检测器平面与量规 3 个指销之间间隙均在规定范围内，无变形；若仅上面 1 个指销测得间隙超出标准值，则有弯曲变形；若只有下面 2 个测得间隙超出标准值，则有扭曲变形；若 3 个指销测得间隙都超出标准值，则有弯扭变形。连杆的变形超出允许极限时，应进行校正或更换连杆。

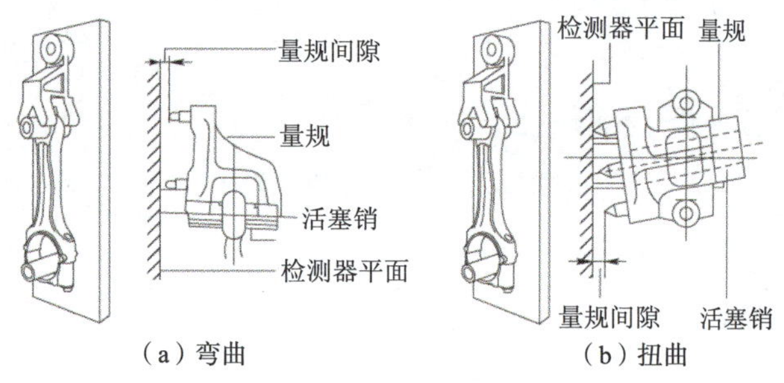

图 2-1-18 检测连杆弯扭变形

连杆常见损伤形式、危害及主要原因

损伤形式	危害	主要原因
杆身裂纹	裂纹扩展致使连杆断裂	连杆在工作过程中承受着方向、大小变化着的惯性力和冲击力而造成损伤。
大小头孔磨损	发动机产生松旷、异响	
连杆螺栓、螺栓孔损坏	严重会使发动机不能正常工作	
杆身弯扭变形	活塞歪斜造成偏磨、漏气和窜气	

连杆弯扭变形限度技术标准

连杆弯曲限度值	0.05 mm/100 mm
连杆扭曲限度值	0.12 mm/100 mm

连杆弯扭变形校正方法

弯曲校正	扭曲校正
• 用连杆校正器上的校弯工具压直。 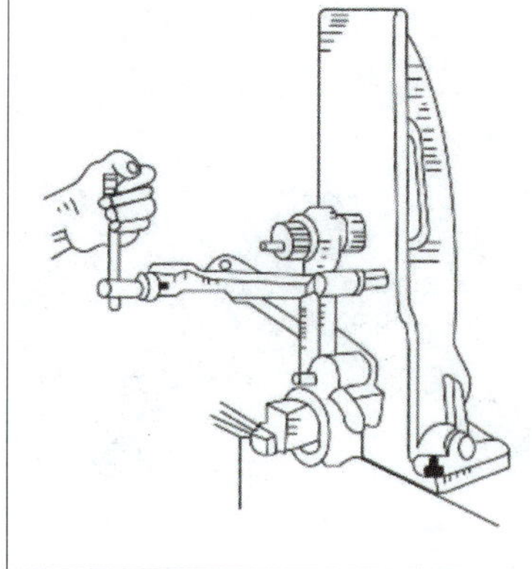	• 夹在台钳上，用连杆校正器上的校扭工具校正。 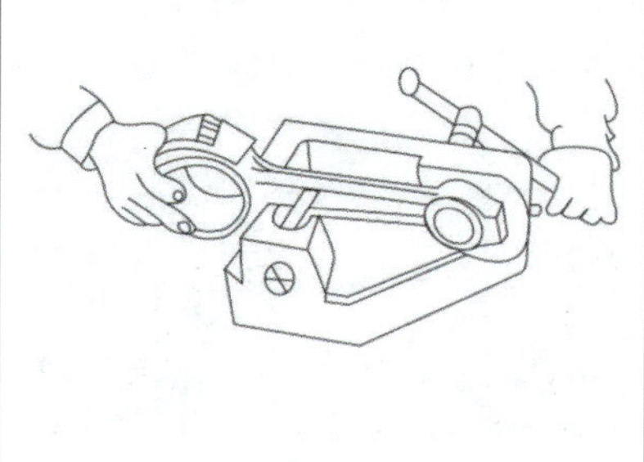

解决问题就是创新。

（3）检修连杆轴承

采用目视直观法检查连杆轴承是否有刮痕和划伤、裂纹和剥落、烧蚀和黏着、腐蚀和气蚀，若有，需更换连杆轴承。

（4）检测连杆轴承盖紧固螺栓

① 采用目视直观法检查连杆轴承盖紧固螺栓是否有裂痕或明显缺陷及变形，若有，应更换。

② 把连杆轴承盖紧固螺栓拧到连杆螺栓孔内，若不能很顺利地拧到底或配合间隙过大，有明显松旷应更换。

③ 用游标卡尺测量受力部分的直径，见图 2-1-19，如果小于标准值应更换。

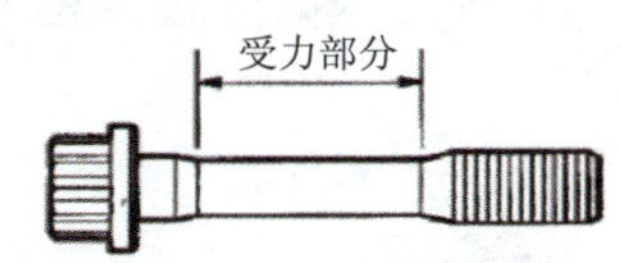

图 2-1-19　连杆轴承盖紧固螺栓受力部分

（5）检测连杆轴承轴向间隙

① 用清洁布清洁连杆轴颈、下轴承、连杆轴承盖外表面，并用吹气枪吹净。

② 先将磁性表座吸附在气缸体上，清洁百分表表头，使百分表表头紧贴在轴承盖的侧面上，然后对百分表预压（1 mm）、调零。

③ 用手前后移动连杆轴承盖同时观察百分表数值。连杆轴向间隙为百分表左右偏摆量。若轴向间隙大于最大值，则更换连杆总成。

（6）检测连杆轴承油膜间隙

① 在连杆轴颈、连杆下轴承涂抹少量润滑油。

② 按轴承宽度，切割塑料测隙规长度，并沿轴向放在连杆轴颈和连杆下轴承之间，见图 2-1-20。

③ 安装连杆轴承盖，按规定力矩拧紧连杆盖固定螺栓。

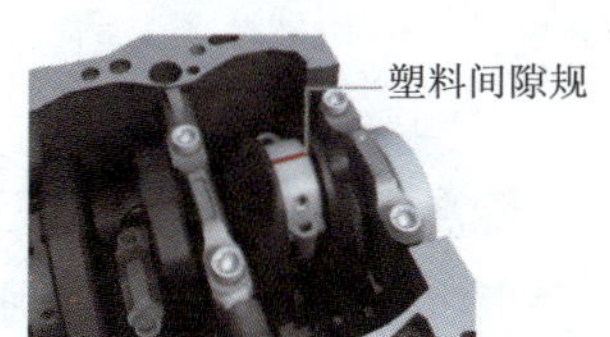

图 2-1-20　放入塑料测隙规

连杆轴承

结构	油槽　减摩合金　钢背　定位凸键
功用	起耐磨、连接、支承、传动作用，用以保护连杆轴颈及连杆大头。

连杆轴承常见损伤形式及主要原因

损伤形式	主要原因
间隙增大	• 随着发动机工作时间的增加而产生的自然磨损，造成连杆轴承与连杆盖和连杆大端之间间隙增大而产生金属敲击声响。
刮痕、划伤	• 表面刮痕是由于连杆轴颈表面粗糙，机油太脏，配合间隙过大所致； • 划伤是机油中有坚硬杂物，受到压力的挤压，造成轴承表面的划伤。
裂纹、剥落	• 轴承合金质量低，混有杂质，在“爆燃”情况下长时间工作； • 配合间隙过大，轴承长期工作而引起的疲劳损伤。
烧蚀、黏着	• 烧蚀是由于配合间隙过小，缺乏机油，或油质过低，温度过高所引起； • 黏着是由轴承缺油和间隙小而引起的擦伤，轴承表面材料被黏起；造成轴承的“拔丝”现象。
腐蚀、气蚀	• 机油中的腐蚀介质浸蚀轴承材料某些元素时，则会发生腐蚀情况； • 气蚀是油膜在振动下将轴承“孔”材料逐粒“挤出”，一般发生在非承载的半个连杆轴承处。

连杆轴承盖螺栓受力部分技术标准

标准直径	6.6~6.7 mm
最小直径	6.4 mm

学习笔记

学习笔记

④ 拆下连杆轴承盖。

⑤ 测量塑料间隙规的最宽处。若油膜间隙大于最大值，则更换连杆轴承。

4. 检修活塞销与活塞销孔配合间隙

（1）检测活塞销直径

① 清洁活塞销表面，检查是否有明显裂纹或异常磨损。

② 使用外径千分尺分别在活塞销的轴向和径向测量直径，见图 2-1-21。

③ 以同样方法测量活塞销上、中、下 3 个测量点。

（2）检测活塞销座孔直径

① 清洁活塞销座孔表面，检查是否有明显裂纹或异常磨损。

② 使用测径规分别在活塞销座孔的轴向和径向测量直径，见图 2-1-22。

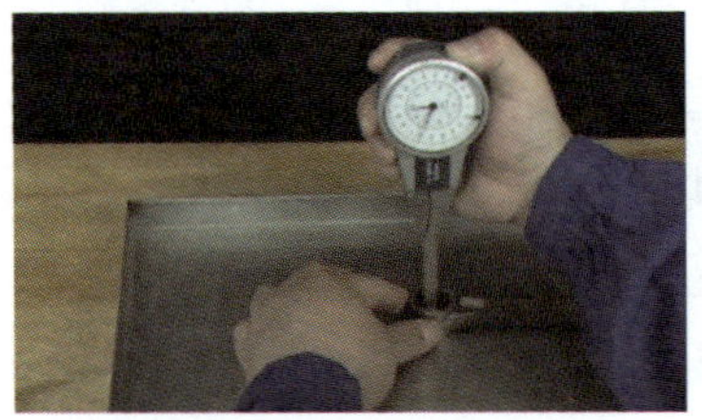

图 2-1-21　检测活塞销直径

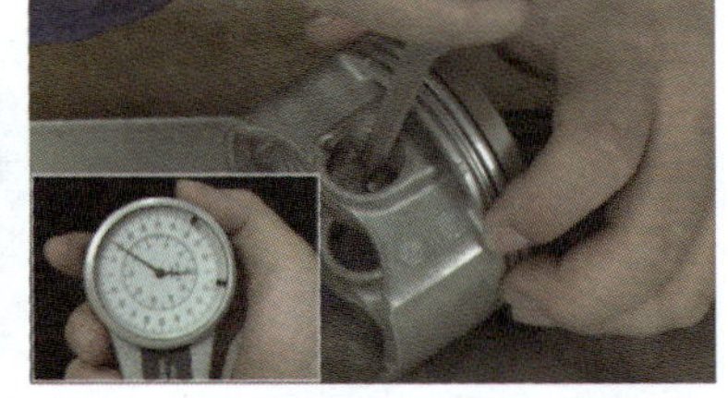

图 2-1-22　检测活塞销座孔直径

（3）检测连杆小头孔直径

① 清洁连杆小头孔表面，检查是否有明显裂纹或异常磨损。

② 使用测径规分别在连杆小头孔的轴向和径向测量直径，见图 2-1-23。

（4）检测配合间隙

判断活塞销与活塞销孔配合间隙、活塞销与连杆小头孔配合间隙是否符合标准，超过极限值更换活塞、活塞销或连杆。

图 2-1-23　检测连杆小头孔直径

视频

2-13 测量活塞销与活塞销孔配合间隙

连杆轴向间隙技术标准

标准值	0.160~0.342 mm
最大值	0.342 mm

连杆轴承油膜间隙

释义	连杆大端轴承孔的最大直径与连杆轴承的最小直径之差。
作用	在连杆轴颈与连杆轴承形成油膜，使连杆更好地转动和润滑。
控制量	过大或过小，都可能使润滑油不能很好地进入工作面而产生磨损。

连杆油膜间隙技术标准

标准值	0.030~0.062 mm
最大值	0.07 mm

活塞销

结构形式	圆柱形孔	截锥形孔	组合型孔
功用	将活塞和连杆连接在一起，将活塞承受的气体压力传给连杆。		

活塞销常见损伤及主要原因

磨损	发动机工作时，活塞销承受较大冲击力，且活塞销在销座孔和连杆衬套内自由转动，使得活塞销发生比较均匀的径向磨损。
松旷	当活塞销与活塞销座孔和连杆衬套的配合间隙超过一定数值时，即配合松旷，从而引发外部发动机的异响故障。

活塞销与活塞销孔配合间隙技术标准

活塞销与活塞销孔配合间隙	0.002 5~0.007 5 mm
活塞销与连杆小头孔配合间隙	0.01~0.04 mm

解决问题就是创新。

步骤四：安装活塞连杆组

1. 安装活塞销与连杆轴承

（1）安装活塞销

① 使用专用工具推入活塞销连接活塞与连杆。

② 使用尖嘴钳安装活塞销卡簧。

（2）安装连杆轴承

① 用手安装连杆轴承，见图 2-1-24。

② 使用游标卡尺测量连杆边缘和轴承盖边缘与连杆轴承边缘间的距离，若距离之差大于标准值应调整，见图 2-1-25。

图 2-1-24　安装连杆轴承

图 2-1-25　测量连杆边缘与连杆轴承边缘间距离

2. 安装活塞环组件

（1）安装油环

用手安装油环胀圈和油环刮片，见图 2-1-26。

（2）安装气环

使用活塞环扩张器安装 2 个气环，见图 2-1-27。

图 2-1-26　安装油环

图 2-1-27　安装气环

活塞销连接方式

连接方式	特点
全浮式	• 间隙配合。发动机在工作时，活塞销与活塞销座孔及连杆小头孔均为间隙配合，活塞销可在活塞销座孔及连杆小头孔内自由转动。 • 装有连杆衬套。在连杆小头内装有连杆衬套，以减少活塞销与连杆小头孔接触面磨损。更换活塞、活塞销同时必须更换连杆衬套。 • 装有卡簧。为防止活塞销窜动，必须在活塞销座孔两端装入卡簧。 • 活塞销磨损均匀。
半浮式	• 间隙与过盈配合。发动机在工作时，活塞销与活塞销座孔为间隙配合，与连杆小头孔为过盈配合，活塞销只能在活塞销座孔内自由转动。 • 不必安装连杆衬套。这样减少了连杆衬套的维修作业。 • 活塞销磨损不均匀。

安装连杆轴承技术标准

项目	标准
连杆边缘与连杆轴承边缘间距离两边之差绝对值 轴承盖边缘与连杆轴承边缘距离两边之差绝对值	$\lvert A-B \rvert \leqslant 0.7$ mm

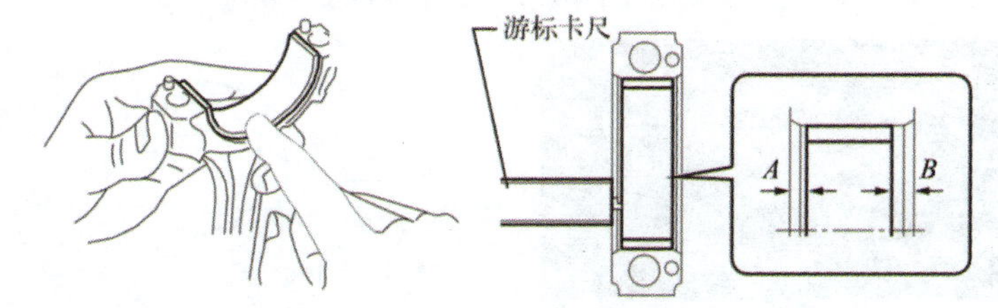

学习笔记

视频

2-14 安装活塞连杆组

解决问题就是创新。

学习笔记

3. 安装活塞连杆总成

① 在活塞、气缸壁、连杆轴承表面上涂抹发动机机油。

② 将曲轴连杆轴颈转动到下止点位置，对活塞连杆总成上的活塞环使用活塞环压缩器压缩后，按标记放入对应气缸，活塞销与曲轴的轴线方向垂直，并用塑料锤柄将活塞连杆总成推入气缸，见图 2-1-28、图 2-1-29。

图 2-1-28　压缩活塞环

图 2-1-29　推入气缸

4. 安装连杆盖和连杆盖固定螺栓

① 按标记安放连杆盖。

② 对连杆盖固定螺栓螺纹和螺栓头下部涂抹一薄层发动机机油。

③ 使用棘轮扳手分几次交替拧紧连杆盖固定螺栓。

④ 将扭力扳手调节扭矩至 20 N•m ，使用扭力扳手按照同样的拧紧顺序紧固气缸盖螺栓。

⑤ 用红色油漆在连杆盖前端做标记，使用指针式扭力扳手按照同样的拧紧顺序旋转紧固 90°，见图 2-1-30、图 2-1-31。

图 2-1-30　在连杆盖前端做标记

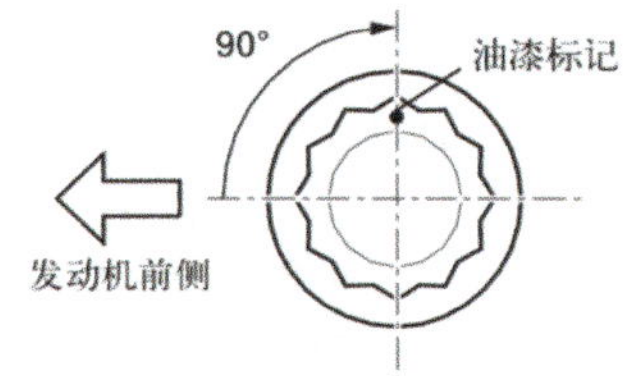

图 2-1-31　旋转紧固 90°

安装活塞环要求

• 安装两道气环代码标记位置

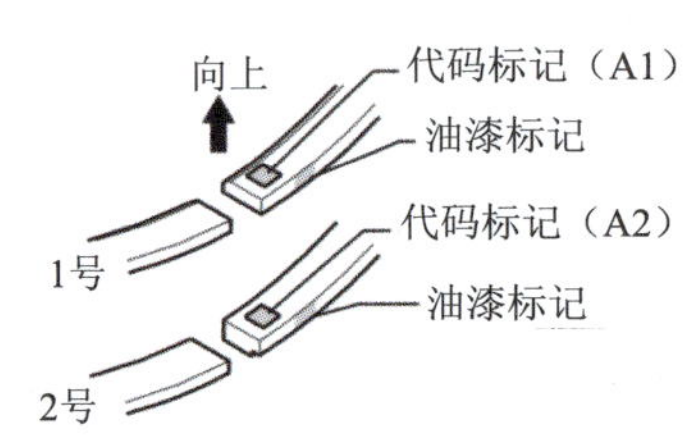

• 活塞环端口位置

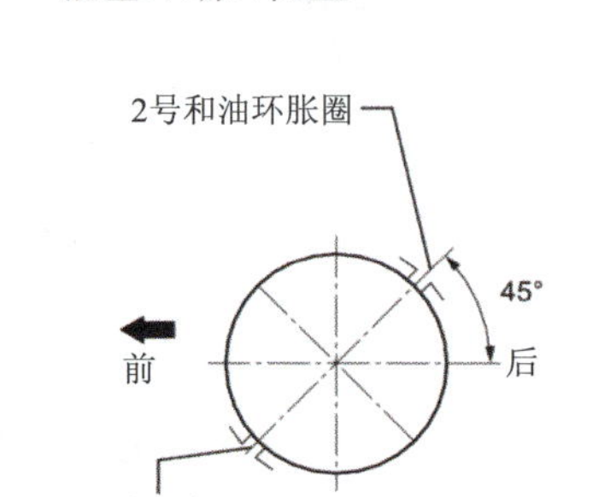

安装活塞连杆总成要求

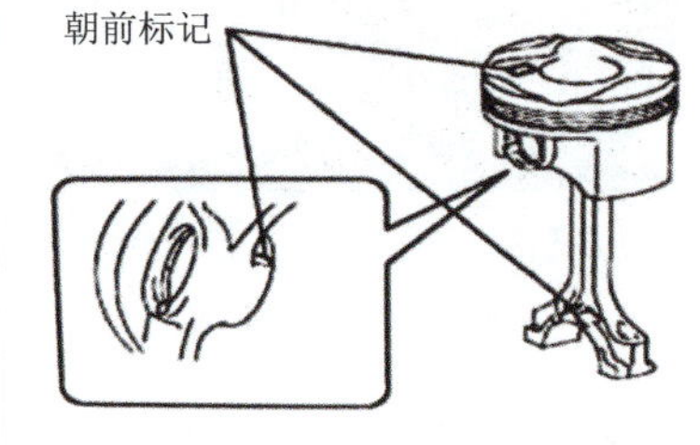

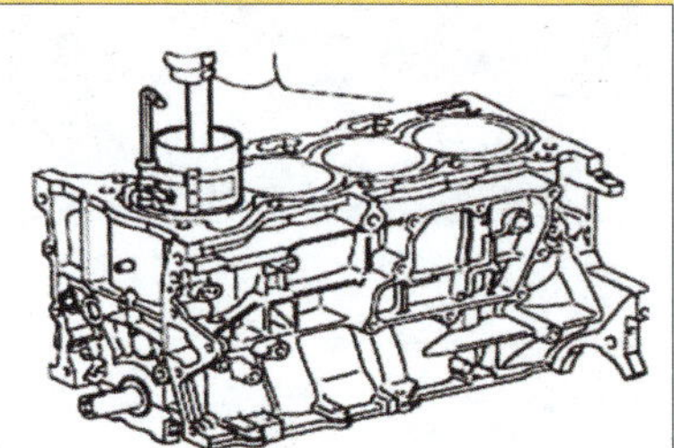

安装连杆盖要求

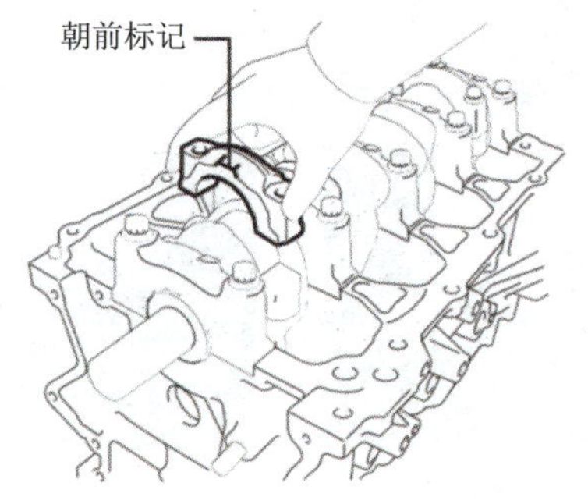

解决问题就是创新。

任务测评

一、知识测评

确定本任务关键词，按重要程度排序并举例解读。根据自己对重要信息捕捉、排序、表达、创新和划分权重能力进行自评，见表 2-1-2。（满分 100 分）

表 2-1-2　检修活塞连杆组知识测评表

序号	关键词	举例解读	评分自定
1			
2			
3			
4			
5			
总分			

二、能力测评

对表 2-1-3 所列作业内容，操作规范即得分，操作错误或未操作即零分。（满分 100 分）

表 2-1-3　检修活塞连杆组能力测评表

序号	能力点	配分	扣分	备注
1	拆卸活塞连杆组	10		
2	检修活塞	20		
3	检修活塞环	20		
4	检修连杆总成	20		
5	检修活塞销与活塞销孔配合间隙	10		
6	安装活塞连杆组	20		
总分		100		

三、素养测评

对表 2-1-4 所列素养点，做到即得分，未做到即零分。（满分 100 分）

表 2-1-4　检修活塞连杆组素养测评表

序号	素养点	配分	扣分	备注
1	设备和工具安全检查	20		
2	车辆安全防护	20		
3	工具清洁校准存放	20		
4	工量辅具、零部件、油水液体“三不落地”	20		
5	工位“5S”	20		
总分		100		

四、拓展训练

（1）针对活塞工作条件和受力情况，活塞结构上的控制措施有哪些？（满分 25 分）

（2）现发现 2014 款卡罗拉 1.6 L GL-i 轿车 1ZR-FE 发动机活塞有偏缸现象，即活塞上下运动时活塞靠气缸壁的左侧，致使活塞裙部发生磨损，发动机功率下降，油耗增加，发生“拉缸”。试分析与连杆组有关的原因，制定检修流程并进行检修。（满分 25 分）

（3）世界上最美好的东西都是由劳动创造的。第一辆红旗轿车体现了当时我国汽车技术的最高水平，一诞生就成了中国人民的骄傲。

学习笔记

请按照下列思维导图格式（见图 2-1-32），对检修活塞连杆组的学习收获进行总结，特别对活塞连杆组的技术进化做一个概要阐述，同时结合自身以及身边事谈谈对“辛勤劳动为荣，好逸恶劳为耻”的理解，分别找两个最贴近的两个字和四个字的词汇作为主题词，填入思维导图的空格中。（满分 50 分）

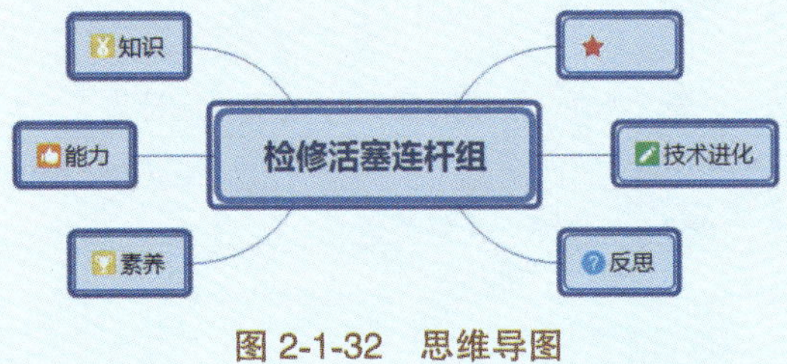

图 2-1-32　思维导图

解决问题就是创新。

任务二　检修曲轴飞轮组

职业行动

步骤一：作业准备

1. 作业场地

选择带有消防设施的作业场地。

2. 设备设施

2014 款卡罗拉 1.6 L GL-i 轿车 1ZR-FE 发动机台架、工具车、零件车、吹气枪、垃圾桶、平盘式静平衡机。

3. 工量辅具（见表 2-2-1）

表 2-2-1　检修曲轴飞轮组工量辅具

套筒扳手组合套具	曲轴带轮固定工具	结合法兰固定工具
拉拔器	指针式扭力扳手	V 形架
刀口尺	塞尺	外径千分尺及支架

职业知识

曲轴飞轮组

组成	曲轴皮带轮、橡胶环、摩擦盘、曲轴位置传感器信号转子、曲轴、止推垫片、主轴承上轴瓦、飞轮、螺栓、曲轴正时齿轮、机油泵驱动链轮、主轴承盖、主轴承盖螺栓、主轴承下轴瓦、齿圈、飞轮挡圈
功用	• 将活塞连杆组的往复直线运动转化为曲轴飞轮组的旋转运动。 • 承受连杆传来的力，产生绕自身轴线的旋转力矩，通过飞轮输送给底盘传动系统，以驱动汽车行驶。 • 驱动其他机构等。 直线运动　旋转运动

视频

2-15 曲轴飞轮组组成

学习笔记

续表

深度和高度游标卡尺	一字螺丝刀	机油壶
曲轴旋转套筒	预置力式扭力扳手	百分表及磁性表座

4. 耗材

清洁布、泡沫清洁剂、塑料测隙规。

步骤二：拆卸曲轴飞轮组

1. 确认曲轴飞轮组安装位置

曲轴飞轮组安装在曲轴箱内，见图 2-1-1。

图 2-2-1　曲轴飞轮组安装位置

视频
2-16 曲轴结构

视频
2-17 曲轴功用

曲轴	
结构	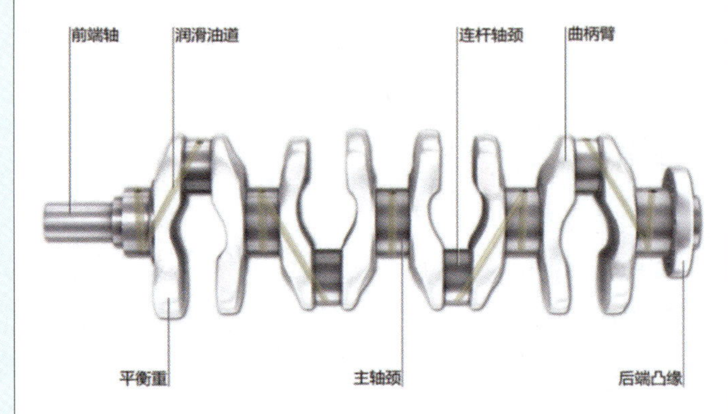
功用	• 承受活塞连杆组传来的力，产生绕曲轴轴线的力矩对外输出。
	• 为活塞连杆组的上行运动提供动力。

你会劳动吗？

2. 拆卸曲轴飞轮组

（1）拆卸飞轮

① 用曲轴皮轮固定工具和结合法兰固定工具固定曲轴，见图 2-2-2。

② 使用指针式扭力扳手按对角顺序拆卸飞轮螺栓，取下飞轮分总成，见图 2-2-3。

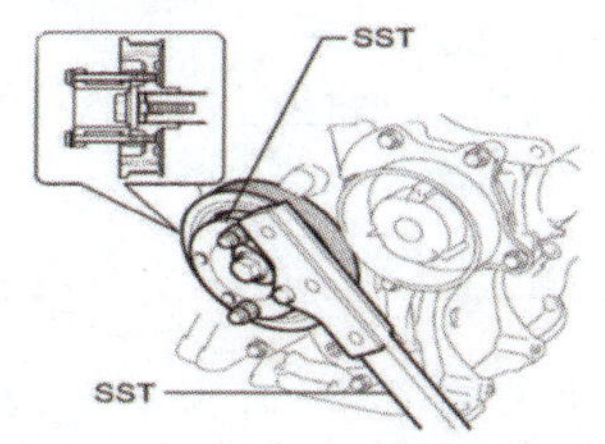

图 2-2-2　固定曲轴

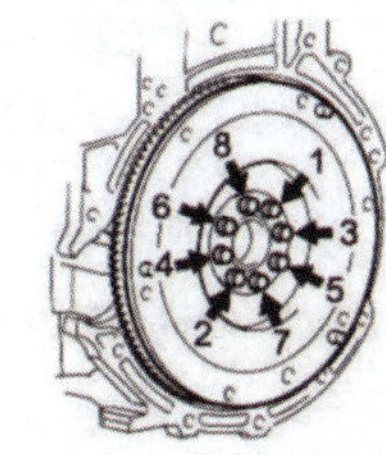

图 2-2-3　拆卸飞轮螺栓顺序

（2）拆卸曲轴

① 分别使用指针式扭力扳手、棘轮扳手依次扭松主轴承盖固定螺栓。

② 用手拧松主轴承盖固定螺栓，并按住 2 个主轴承盖固定螺栓轻轻晃动，取下主轴承盖，见图 2-2-4。

③ 依次从主轴承盖上拆下主轴承下轴瓦。

④ 双手水平取出曲轴放置在 V 形架上，见图 2-2-5。

图 2-2-4　轻轻晃动主轴承盖

图 2-2-5　将曲轴放置在 V 形架上

飞轮	
结构	飞轮挡圈 飞轮 飞轮挡圈 齿圈 飞轮固定螺栓
功用	储存做功行程的一部分动能，以克服其他行程中的阻力，使曲轴均匀旋转，使发动机具有克服短时超载的能力。

拆卸曲轴要求	
• 按照顺序，依次拧松主轴承盖螺栓。 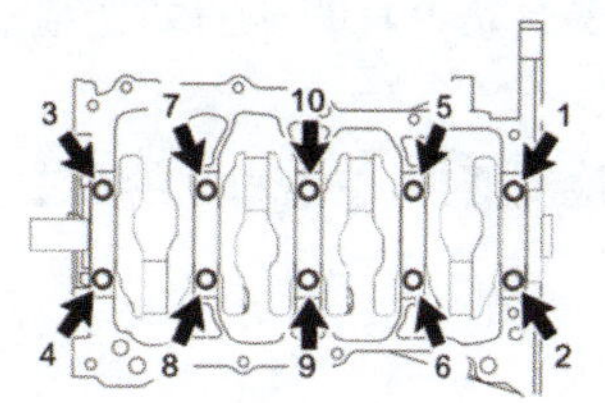 	• 前后施力，向上拉出主轴承盖。 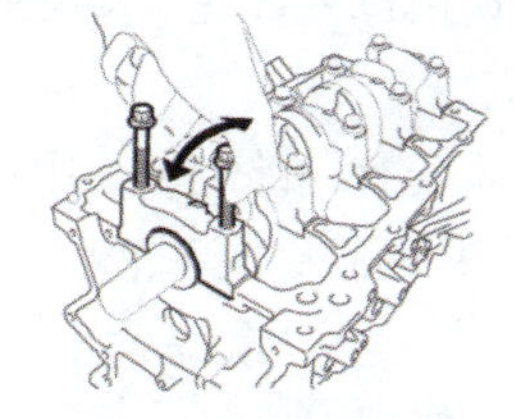
• 主轴承盖一组组件，顺序摆放。 	• 水平取出，平稳移动曲轴。 

视频

2-18 拆卸曲轴

视频

2-19 飞轮结构

学习笔记

（3）拆卸止推垫片和主轴承上轴瓦

从气缸体上用手依次拆下止推垫片、主轴承上轴瓦，见图 2-2-6、图 2-2-7。

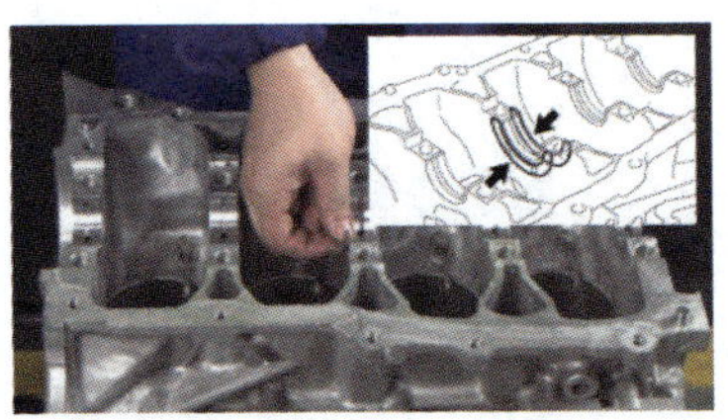

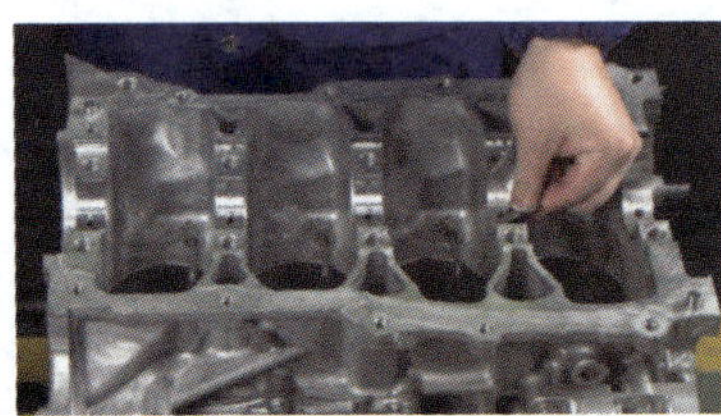

图 2-2-6　依次拆下止推垫片　　图 2-2-7　拆下主轴承上轴瓦

步骤三：检修曲轴飞轮组

1. 检修飞轮

（1）检查飞轮工作表面

① 清洁飞轮工作表面。

② 用目视直观法检查飞轮工作表面是否有明显的划伤沟槽或局部烧蚀。

③ 若有局部烧蚀，用游标卡尺检测磨损沟槽深度，超过极限值，应修平或更换飞轮。

（2）检查飞轮平面度

① 使用刀口尺、塞尺，取不少于 3 点，检查飞轮平面度。

② 若超出标准值，应修平或更换飞轮。

（3）检查飞轮齿圈

① 用目视直观法检查飞轮齿圈轮齿是否磨损严重或出现裂纹。

② 若有，将齿圈均匀加热至 50~200 ℃，然后轻轻敲下，再将新齿圈加热至 200 ℃，趁热压装到飞轮上。而后进行静平衡试验，达到标准允许的平衡量。

③与曲轴装合后进行动平衡试验，达到标准允许的不平衡量。

飞轮常见损伤形式及主要原因

损伤形式	主要原因
飞轮工作表面磨损	• 离合器在分离和结合瞬间，与飞轮工作表面产生相对滑动摩擦磨损。 • 驾驶操作不当、离合器无自由行程、离合器压盘压力不足等。 • 离合器摩擦片磨损到极限，露出的铆钉头将在飞轮表面刮成沟槽。 • 高速摩擦产生高温，产生局部烧灼结硬。
飞轮齿圈磨损	起动时，飞轮齿圈上的齿轮受到起动机齿轮的频繁撞击和滑移干摩擦，且齿轮啮合处夹杂着尘粒，使齿圈齿轮产生磨损或裂损剥落。

飞轮静平衡试验方法

- 固定平衡架底座。平衡架尺寸长宽高分别为 400 mm × 350 mm × 300 mm，用钳工水平仪调整平衡架，同一轴两端水平误差为 0.02 mm，两根水平轴之间为 0.04 mm。
- 将心轴固定在飞轮上。用一根心轴两侧直径为 40 mm，长为 200 mm，中间直径大端为（45+0.03）mm，小端直径为（45-0.03）mm。用铜棒将心轴紧紧固定在飞轮上。
- 观察飞轮转动情况。将心轴轻抬放在平衡架上任意角度，观察飞轮转动情况。如飞轮发生周向运动，则在反方向上放一重量为 60 g 的磁铁，根据转动快慢，确定磁铁距离心轴位置，直到飞轮不再转动为止，然后再旋转飞轮约 90° 角。用同样方法直到飞轮在平衡架上任意角度都能静止为止。
- 去料。将飞轮轻抬下，用 φ50 钻头去料，最大深度不大于 15 mm，视磁铁数目多少确定钻孔多少。去料后，将飞轮轻放在平衡架上，去掉 60 g 磁铁，如不在任意角度静止，同样去料，直到平衡为止，然后敲下心轴。

检修飞轮技术标准

项目	最大值
飞轮工作面沟槽深度	0.50 mm
飞轮工作面平面度	0.20 mm
飞轮静平衡平衡量	10 g · cm
飞轮动平衡不平衡量	100 g · cm

2. 检修曲轴

（1）检修曲轴裂纹

明显裂纹采用目视直观法，细微裂纹采用磁力探伤法或浸油敲击法。

若轴颈表面有细微的纵向裂纹应予以消除后使用；若是横向裂纹应更换。

磁力探伤步骤：

① 使用煤油或专用清洗液清洗曲轴，并用清洁布擦拭干净。

② 使用磁力探伤仪检查是否有裂纹。

浸油敲击步骤：

① 使用煤油或专用清洗液清洗曲轴，并用清洁布擦拭干净。

② 将曲轴放在煤油中浸泡 10 min 后，用清洁布擦拭干净，撒上白粉。

③ 用塑料锤分段轻轻敲击每道曲轴臂，如有明显油迹出现，则该处有裂纹。

（2）检修曲轴轴颈磨损

① 用清洁布清洁、检查和校准外径千分尺。

② 使用外径千分尺在主轴颈和连杆轴颈同一截面轴向和径向上进行直径测量，在同一曲轴主轴颈或连杆轴颈上至少测量两个截面直径，见图 2-2-8、图 2-2-9。若超过极限值，应更换。

③ 计算圆度误差和圆柱度误差。若超过极限标准，需对轴颈进行修磨。

图 2-2-8　测量主轴颈直径

图 2-2-9　测量连杆轴颈直径

曲轴常见损伤形式及主要原因

损伤形式	主要原因
轴颈磨损	• 曲轴高速旋转运动，轴颈表面承受较大交变载荷冲击作用，且有很高的滑动速度，散热条件差。
弯扭变形	• 弯曲变形。发动机在爆燃和超负荷等条件下工作，个别气缸不工作或不均衡，各道主轴承松紧度不一致，主轴承承孔同轴度偏差增大等使用不当和维修装配不当造成的。 • 扭曲变形。当个别气缸壁间隙过小或活塞热膨胀过大，活塞运动阻力将增大，曲轴运转不均匀，以至发展到活塞卡缸未及时发现以及超速、超载等烧瓦和个别活塞卡缸（涨缸）造成的。
裂纹与断裂	• 主要是由应力集中引起的，曲轴变形和修磨不慎也会使过渡区的应力陡增，加剧曲轴的疲劳断裂。
擦伤	• 机油不清洁，较大杂质在轴颈表面刮成沟痕。
烧蚀	• 润滑油短缺或选用不当，黏度太小，建立不起正常油膜，出现干摩擦。 • 轴与轴承配合间隙小，出现偏磨、破坏油膜。 • 轴与座孔不同轴，而一侧接触出现干摩擦烧伤。

曲轴轴颈测量位置及圆度和圆柱度计算

	主轴颈	连杆轴颈
测量位置		
计算	• 圆度误差：在同一截面上所测得的最大与最小直径差的一半。 • 圆柱度误差：在两个截面上所测得的最大与最小直径差的一半。	

学习笔记

视频 

2-20 检测曲轴轴颈磨损

学习笔记

（3）检修曲轴弯曲变形

① 校对 V 形架高度应一致。如不一致，应更换，见图 2-2-10。

② 用清洁布清洁曲轴轴颈，并用吹气枪吹净。

③ 清洁百分表侧头，将百分表侧头对准中间主轴颈，见图 2-2-11。

图 2-2-10　V 形架高度应一致

图 2-2-11　测量中间主轴颈

④ 用手缓慢匀速转动曲轴一圈，记录百分表最大摆差的一半，即为曲轴径向圆跳动，也称为弯曲度。

（4）检修曲轴扭曲变形

① 用清洁布清洁、检查和校准高度游标卡尺。

② 转动曲轴，使第一道和最后一道曲轴销位置至水平，见图 2-2-12。

③ 使用高度游标卡尺测量第一道和最后一道曲轴销位置高度，见图 2-2-13。

图 2-2-12　1 缸和 4 缸曲轴销位置水平

图 2-2-13　测量 1 缸和 4 缸曲轴销位置

④ 按下列公式计算曲轴扭曲角。若超过极限值，修磨或更换。

曲轴扭曲角计算公式：

$$\theta=360° \quad \Delta A/2\pi R$$

式中 θ —— 扭曲角，单位°；

ΔA —— 第一道和最后一道曲轴销位置高度差，单位 mm；

R —— 曲柄半径，单位 mm。

视频

2-21 检测曲轴弯曲度

视频

2-22 检测曲轴扭曲度

修磨曲轴轴颈要求

- 磨削曲轴前应先确定修理尺寸。根据发动机曲轴主轴颈和连杆轴颈的标准尺寸和级差为 0.25 mm 的 2～4 级缩小修理尺寸，选择修理尺寸应小于或等于磨削加工后可能得到的最大轴颈尺寸。
- 同一曲轴的所有轴颈应按同一级修理尺寸进行磨削，以保证曲轴的动平衡。
- 曲轴轴颈磨削尺寸应根据选定的修理尺寸和轴承的实际尺寸进行磨削加工，并保证规定的配合间隙。
- 曲轴磨削后，其轴颈圆度和圆柱度应小于 0.004 mm，表面粗糙度应达到 $Ra0.2\,\mu m$ 以上，尺寸公差应不大于 0.02 mm。
- 曲轴主轴颈和连杆轴颈的两端应加工半径为 1～3 mm 的过渡圆角，轴颈上的润滑油孔应加工（0.50～1.00）mm×45° 的倒角，并除净毛刺。
- 除恢复轴颈尺寸及几何形状、精度外，还要保证轴颈的同轴度、平行度、曲轴过渡圆半径及各连杆轴颈间的夹角等相互位置精度。

检修曲轴飞轮组要求

项目	要求
检测曲轴轴颈磨损时	• 应在轴颈的整个表面上进行，且要避开油孔。
检测曲轴弯曲变形时	• 曲轴放置在 V 形架上，要安放平稳，不能一边高一边低，造成安全隐患。 • 安装百分表组件，要避开曲轴销柄，以免旋转检测中损坏检具。 • 应使百分表侧头垂直抵在曲轴轴颈上且处于轴颈截面最高点。 • 百分表的调整螺母必须锁紧，以免因松动影响检测精确性。
检测曲轴轴向间隙时	• 止推垫片厚度应在 2.43~2.48 mm。
检测曲轴轴承油膜间隙时	• 若使用旧的主轴承应按原位置安装，不得互换。 • 安装后不得转动曲轴。

你会劳动吗？

（5）检测曲轴轴向间隙

① 用清洁布清洁曲轴主轴颈、主轴承、主轴承盖外表面、曲轴前端面和百分表侧头，并用吹气枪吹净。

② 安装止推垫片，安装曲轴，并按主轴承盖紧固螺栓扭矩拧紧。

③ 将磁性表座吸附在曲轴前端气缸体上，使百分表测头沿曲轴轴向抵在曲轴上，然后对百分表预压 1 mm，调零，见图 2-2-14。

④ 使用头部缠上黑胶带的一字螺丝刀，沿轴线方向撬动曲轴，记录百分表摆差，即为曲轴轴向间隙，见图 2-2-15。若轴向间隙大于最大值，成套更换止推垫片，并重新检测。

图 2-2-14　安装调整百分表

图 2-2-15　沿轴线方向撬动曲轴

（6）检测曲轴轴承油膜间隙

① 在曲轴主轴颈、曲轴下轴承涂抹少量润滑油。

② 按轴承宽度，切割塑料间隙规长度，将塑料间隙规沿轴向放在曲轴主轴颈和下轴承之间。

③ 安装曲轴主轴承盖并按规定力矩紧固。

④ 拆下曲轴主轴承盖。

⑤ 测量塑料间隙规最宽处，见图 2-2-16。

⑥ 若油膜间隙大于最大值，则更换曲轴轴承。

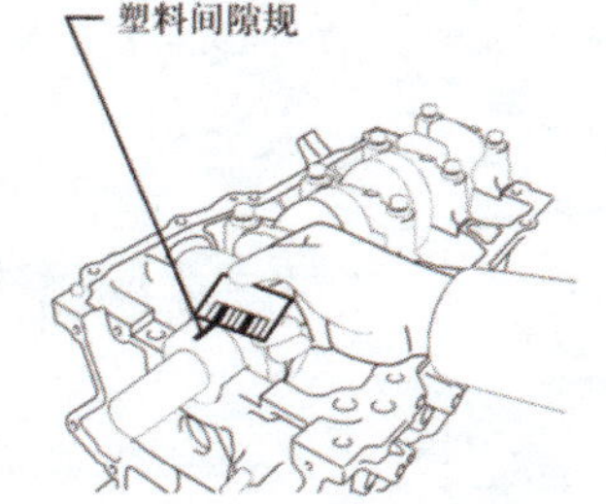

图 2-2-16　测量曲轴轴承油膜间隙

曲轴轴向定位装置

	止推垫片	翻边轴瓦
分类		
安装位置	• 中部某一主轴颈上。	• 最后一道主轴承处。
功用	• 限制曲轴轴向窜动，保证曲柄连杆机构各零件正确的相对位置。 • 在曲轴受热膨胀时，防止因伸长而卡死。	

检修曲轴技术标准

项目	标准值	极限值
曲轴主轴颈直径	47.988~48.000 mm	47.988 mm
连杆轴颈直径	43.992~44.000 mm	43.992 mm
曲轴主轴颈圆度、圆柱度	≤ 0.004 mm	0.004 mm
连杆轴颈圆度、圆柱度	≤ 0.004 mm	0.004 mm
曲轴径向圆跳动	≤ 0.03 mm	0.03 mm
曲轴扭曲角	$\theta \leq 0° 30'$	0° 30′
曲轴轴向间隙	0.04~0.14 mm	0.18 mm
曲轴轴承油膜间隙	0.016~0.039 mm	0.050 mm

学习笔记

视频 

2-23 检测曲轴轴向间隙

学习笔记

步骤四：安装曲轴飞轮组

1. 安装主轴承

（1）安装主轴承

① 清洁气缸体、主轴承盖、主轴承上轴瓦、主轴承下轴瓦。

② 将主轴承上轴瓦按原顺序安装到气缸体上，见图 2-2-17。

③ 将主轴承下轴瓦按原顺序安装到主轴承盖上，见图2-2-18。

图 2-2-17　安装主轴承上轴瓦

图 2-2-18　安装主轴承下轴瓦

（2）测量调整主轴承

① 清洁、校准游标卡尺。

② 用游标卡尺测量气缸体边缘与主轴承上轴瓦边缘间距离，见图 2-2-19。若大于极限值，应调整主轴承上轴瓦位置。

③ 用游标卡尺测量主轴承盖边缘与主轴承下轴瓦边缘间距离，见图 2-2-20。若大于极限值，应调整主轴承下轴瓦位置。

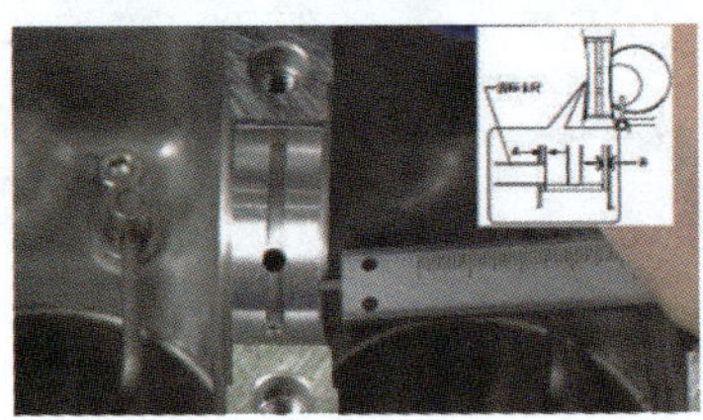
图 2-2-19　测量气缸体边缘与上轴瓦边缘间距离

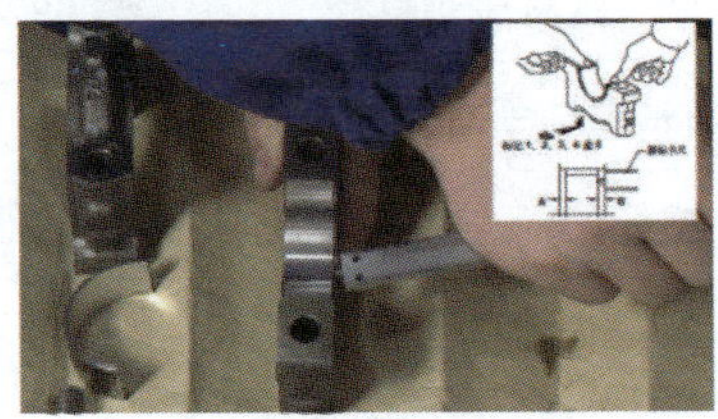
图 2-2-20　测量主轴承盖边缘与下轴瓦边缘间距离

安装主轴承技术标准

- 气缸体边缘与主轴承上轴瓦边缘间距离两边之差绝对值 $|A-B| < 0.07$ mm

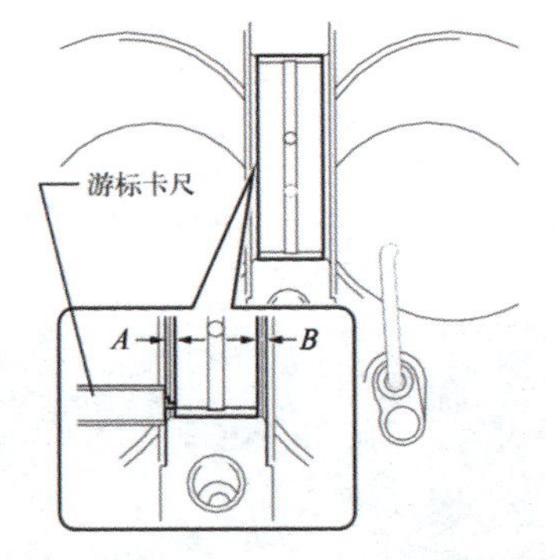

- 主轴承盖边缘与主轴承下轴瓦边缘间距离两边之差绝对值 $|A-B| < 0.07$ mm

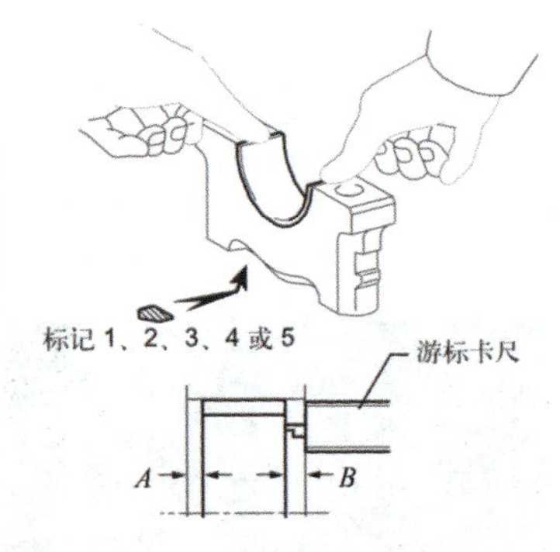

曲轴按主轴颈数目分类

分类	全支承曲轴	非全支承曲轴
特点	• 每个连杆轴颈两边都有一个主轴颈。 • 曲轴刚度好。	• 主轴颈数等于或小于连杆轴颈数。 • 曲轴结构简单。
应用	柴油发动机 较大负荷汽油发动机	中小负荷汽油发动机

你会劳动吗?

2. 安装止推垫片

（1）安装止推垫片

将 2 个止推垫片安装到气缸体的 3 号轴颈下方，见图 2-2-21。

图 2-2-21　安装止推垫片

（2）在曲轴止推垫圈上涂抹发动机机油

3. 安装曲轴

（1）安放曲轴

① 依次在发动机主轴承上轴瓦上涂抹机油。

② 将曲轴安放到气缸体上。

（2）安装主轴承盖

① 检查主轴承盖上的数字标记。

② 依次在主轴承下轴瓦上涂抹机油。依次在主轴承盖螺栓的螺纹上涂抹一薄层机油，随手稍拧 10 个主轴承盖螺栓。

③ 以主轴承盖螺栓为导向，用手按下主轴承盖，直到主轴承盖和气缸体间隙小于极限值，见图 2-2-22。

④ 用塑料锤轻轻敲击主轴承盖，见图 2-2-23。

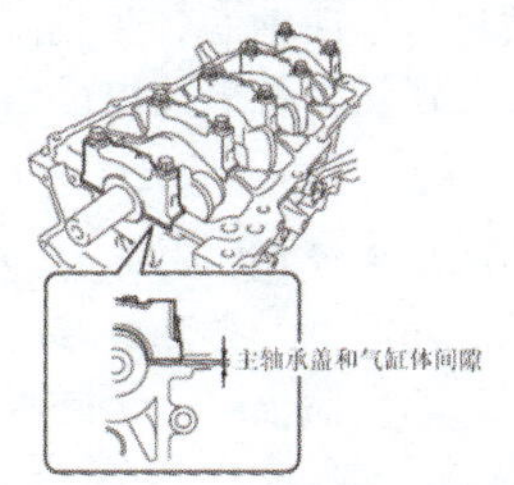

图 2-2-22　主轴承盖和气缸体间隙

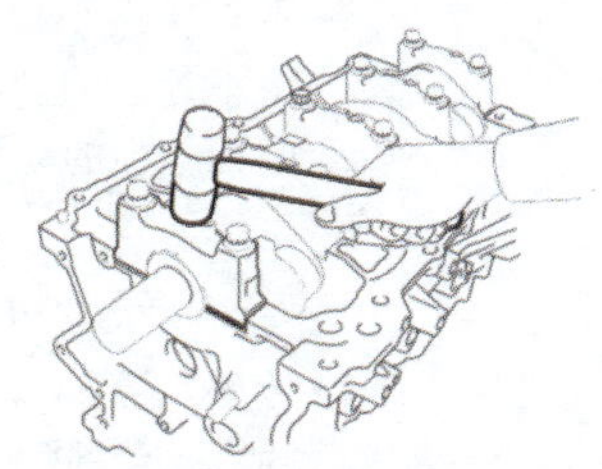

图 2-2-23　轻轻敲击主轴承盖

曲轴轴承	
• 自由弹势。轴承在自由状态下的曲率半径比座孔大。 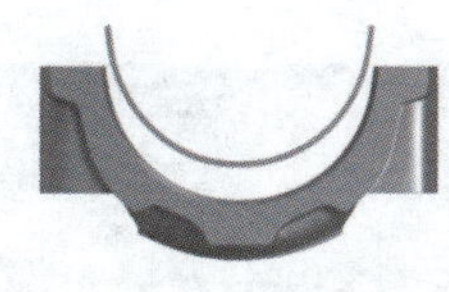	• 压紧量。轴承装入座孔后略高出座孔分界面。 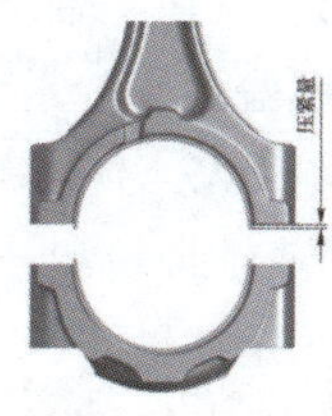

安装曲轴技术标准和要求	
• 止推垫片机油槽向外 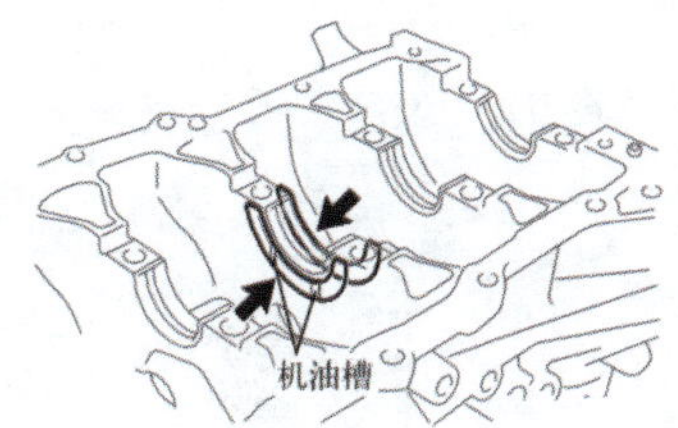	• 按主轴轴承盖上的数字标记安放 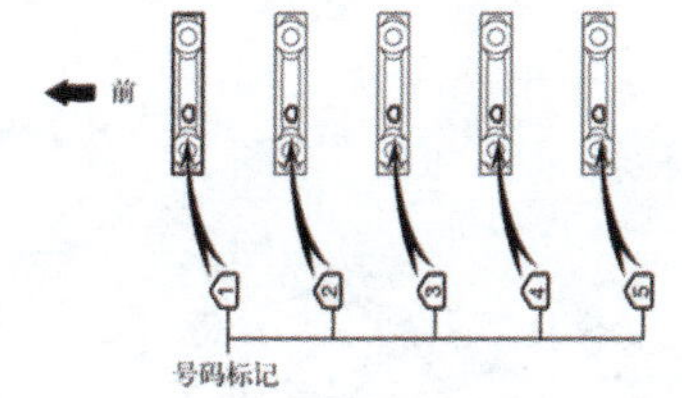
• 主轴承盖和气缸体间隙＜5 mm 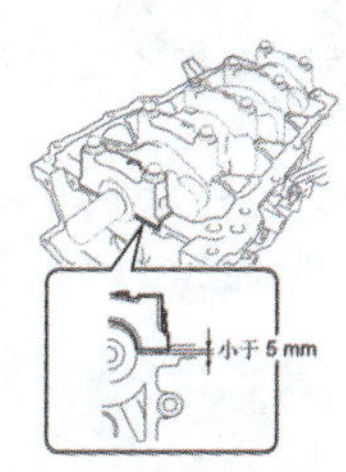	• 主轴承盖固定螺栓紧固顺序 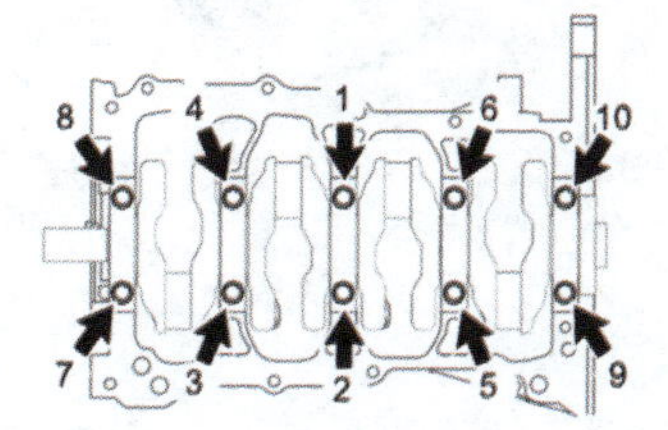
主轴承盖紧固螺栓扭矩	40 N•m+90°

视频

2-24 安装曲轴

学习笔记

⑤ 按主轴承盖固定螺栓紧固顺序，使用棘轮扳手依次拧紧主轴承盖螺栓，再用定扭扳手紧固至标准扭力值。

⑥ 转动曲轴，检查曲轴能否转动。

⑦ 用油漆在主轴承盖螺栓前端做标记，见图 2-2-24。依次将主轴承盖螺栓再旋转紧固 90° 。

4. 安装飞轮

① 用曲轴带轮和结合法兰固定工具固定曲轴。

② 在新飞轮螺栓末端的 2 ~ 3 个螺纹上涂抹黏合剂 。

图 2-2-24　在主轴承盖螺栓前端做标记

③ 按图示顺序，使用棘轮扳手分次均匀预紧飞轮螺栓，再用定扭扳手紧固至标准扭力值，见图 2-2-25。

④ 用油漆在主轴承盖螺栓前端做标记，依次将主轴承盖螺栓再旋转紧固 90°，见图 2-2-26。

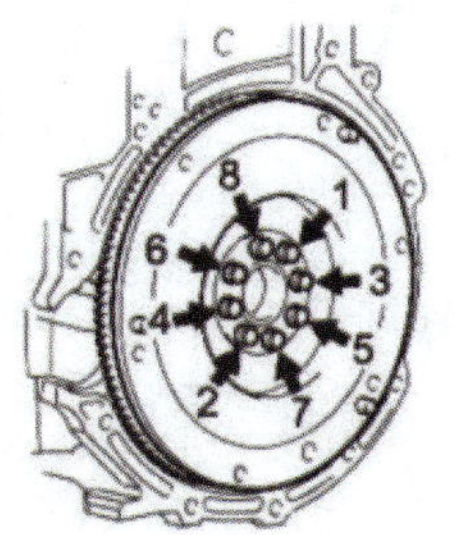

图 2-2-25　飞轮螺栓紧固顺序

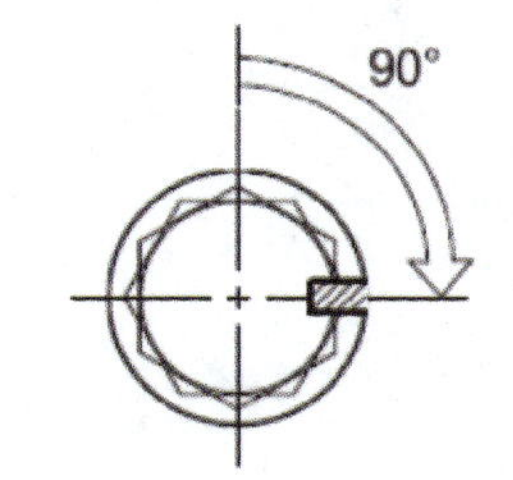

图 2-2-26　主轴盖螺栓再旋转紧固 90°

双质量飞轮

结构	第一质量 轴承 弹性元件（弧形弹簧） 连接盘 飞轮壳 第二质量
安装位置	发动机 双质量飞轮　离合器 变速箱
优势	• 扭振隔振。为降低怠速转速和使发动机主要运转在低速区提供可能，实现整车燃油经济性提升和噪声降低。 • 变速箱减载。双质量飞轮降低了输入轴的不平衡性，几乎完全消除了传统系统中高频变速器的附加扭矩，可传递较高的静力扭矩。 • 曲轴减载。双质量飞轮的初级质量较传统传动系统的飞轮质量小很多，次级质量对于曲轴的弯曲载荷可忽略不计，因此，飞轮的转动惯量所带来的惯性力矩给曲轴施加的动载荷就减少了。 • 换挡更平稳。双质量飞轮的扭振隔振，可使发动机在寒冷天气下使用黏度更低的润滑油，得到更好的换挡效果；另外，取消离合器的减振器也降低了同步器上的力，使换挡力更小。

安装飞轮固定螺栓技术标准

飞轮螺栓扭矩	49 N•m+90°

任务测评

一、知识测评

确定本任务关键词，按重要程度排序并举例解读。根据自己对重要信息捕捉、排序、表达、创新和划分权重能力进行自评，见表 2-2-2。（满分 100 分）

表 2-2-2　检修曲轴飞轮组知识测评表

序号	关键词	举例解读	评分自定
1			
2			
3			
4			
5			
总分			

二、能力测评

对表 2-2-3 所列作业内容，操作规范即得分，操作错误或未操作即零分。（满分 100 分）

表 2-2-3　检修曲轴飞轮组能力测评表

序号	能力点	配分	扣分	备注
1	拆卸曲轴飞轮组	20		
2	检修飞轮	30		
3	检修曲轴	30		
4	安装曲轴飞轮组	20		
总分		100		

三、素养测评

对表 2-2-4 所列素养点，做到即得分，未做到即零分。（满分 100 分）

表 2-2-4　检修曲轴飞轮组素养测评表

序号	素养点	配分	扣分	备注
1	设备和工具安全检查	20		
2	车辆安全防护	20		
3	工具清洁校准存放	20		
4	工量辅具、零部件、油水液体“三不落地”	20		
5	工位“5S”	20		
总分		100		

四、拓展训练

（1）请列举出在检修曲轴飞轮组过程中易出现的问题，分析产生问题的原因并制定解决问题的措施（满分 25 分）。

（2）现发现 2014 款卡罗拉 1.6 L GL-i 轿车 1ZR-FE 发动机翻修过后，行驶 280 km，出现了发动机在所有转速下都发出敲缸声，初步判断像是轴承出现了问题。试分析产生问题的原因，制定检修流程并进行检修。（满分 25 分）

（3）一汽的能工巧匠和设计师们凭着中国人不服输的劲头，经过 33 天的不懈努力，1958 年 8 月 3 日，新中国第一辆高级轿车“红旗”试制成功。“红旗”从此成为中国民族轿车的开端，并蜚声海外，被意大利国际著名造型大师誉为“东方艺术与汽车工业技术结合的典范”。

学习笔记

请按照下列思维导图格式（见图 2-2-27），对检修曲轴飞轮组的学习收获进行总结，特别对曲轴飞轮组的技术进化做一个概要阐述，同时结合自身以及身边事谈谈“不服输”的理解。（满分 50 分）

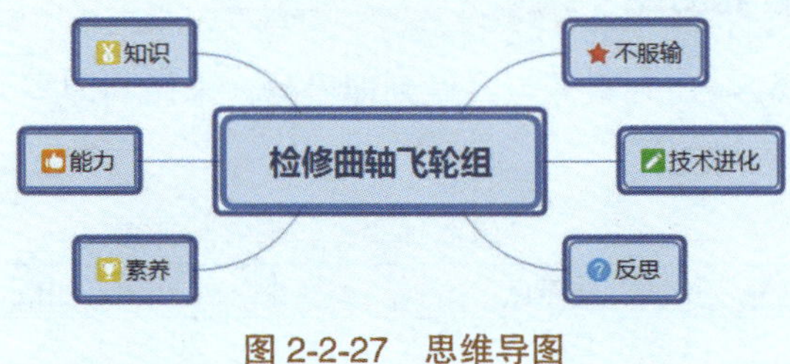

图 2-2-27　思维导图

学习笔记

任务三　检修气缸体

职业行动

步骤一：作业准备

1. 作业场地

选择带有消防设施的作业场地。

2. 设备设施

2014 款卡罗拉 1.6 LGL-i 轿车 1ZR-FE 发动机台架、工具车、零件车、吹气枪、垃圾桶、水压试验仪。

3. 工量辅具（见表 2-3-1）

表 2-3-1　检修气缸体工量辅具

套筒扳手组合套具	刀口尺	塞尺
游标卡尺	外径千分尺及支架	量缸表

4. 耗材

着色渗透探伤剂（清洁剂 / 去除剂、渗透剂、显像剂）、清洁布、泡沫清洁剂、发动机机油、红色油漆。

职业知识

气缸体

结构	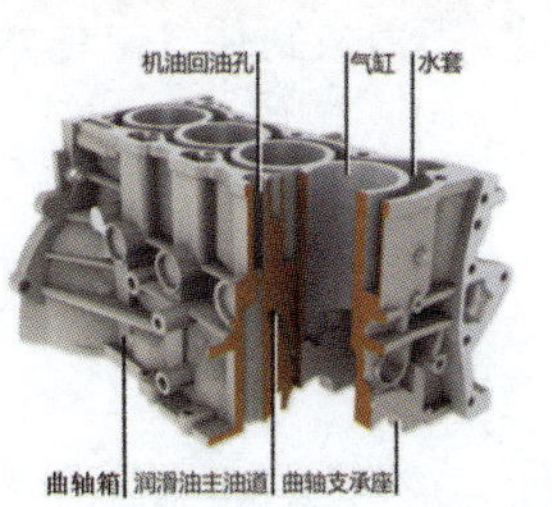
功用	发动机主体，它将各个气缸和曲轴箱连成一体，是安装活塞、曲轴以及其他零件和附件的支承骨架。

常见气缸排列形式与特点

	直列式	V 形	水平对置式
排列形式			
特点	结构简单、成本较低、尺寸紧凑、稳定性高、功率较低。	高度和长度较小、宽度较大、结构复杂、成本较高。	重心低、行驶稳定、运转平顺、功率损耗小。

学习笔记

步骤二：检修气缸体

1. 检修气缸体主体

（1）检修气缸体裂纹

明显裂纹采用目视直观法，细微裂纹和内部裂纹采用水压试验法，见图 2-3-1。

① 用盖板封住气缸体水道口。

② 用水压机将水压入气缸体水道中，水压为 350~450 kPa，保持 5 min。

③ 如有裂纹，则需更换。

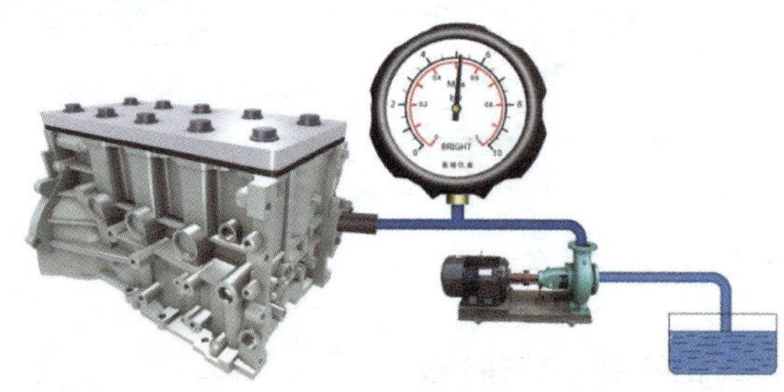
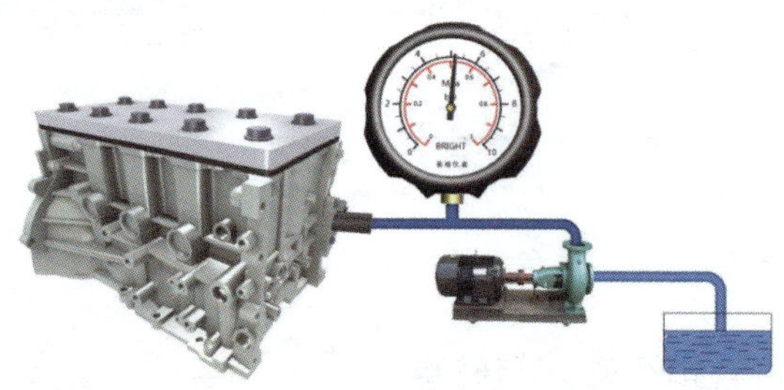

图 2-3-1　水压试验法检测气缸体裂纹

（2）检修气缸体其他方面

检修气缸体主体腐蚀、螺纹孔损坏、气缸体上平面翘曲变形工艺流程与检修气缸盖相同。

2. 检修气缸磨损

（1）清洁气缸和量具

① 用清洁布和泡沫清洁剂清洁气缸表面的水垢、积炭和锈蚀等污物，检查气缸表面是否有刮痕和拉伤，若严重，应查找并分析原因。

② 用清洁布清洁、检查和校准游标卡尺、外径千分尺和量缸表。

气缸体主体常见损伤形式及主要原因

损伤形式	主要原因
裂纹	• 铸造时的残余应力、缸壁厚薄不均、强度不足。 • 承受动载荷的冲击，超负荷工作形成的交变应力过载。 • 主油道堵头的锥形螺纹装配不当。
腐蚀	• 使用了不符合要求的冷却液。
螺纹孔损坏	• 装配时螺栓没有拧紧。 • 使用了螺纹已经损坏的螺栓。 • 螺栓拧紧力过大。 • 非贯通螺纹孔内有污物，螺栓拧入时顶坏螺纹。
上平面翘曲变形	• 发动机经常出现过热，气缸体受热不均。 • 装配时气缸盖螺栓拧紧力不均匀，紧固顺序不合规定。 • 螺纹孔污物未清理干净。

气缸常见损伤形式及主要原因

磨损形式	主要原因
机械磨损	• 气缸上部润滑条件差、温度高，不宜形成良好油膜；可燃混合气中细小油粒不断冲刷气缸壁，破坏油膜。润滑不良，形成干摩擦。 • 活塞环在自身弹力和气体压力作用下，紧压在气缸壁上。当活塞在气缸中往复运动时，由于相对摩擦而产生机械磨损。
腐蚀磨损	• 燃料中的硫燃烧产生氧化物，与生成物中的水结合成硫酸蒸气，冷凝后与气缸壁接触，产生腐蚀。腐蚀越严重，磨损就越严重。
磨料磨损	• 当进入气缸的空气中夹有尘土、润滑油中含有杂质或润滑油长时间不更换时，将产生磨料磨损。
黏着磨损	• 在发动机冷却不良、润滑不足及长时间大负荷工作情况下，气缸摩擦处有极微小凸起与金属面直接接触，形成局部高温，使其熔融黏着、脱落，逐渐扩展为黏着磨损。

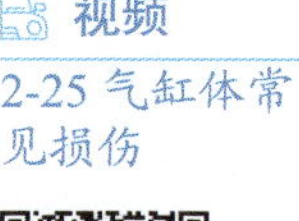
视频
2-25 气缸体常见损伤

“想干与不想干”是“德”的问题；“会干与不会干”是“才”的问题；“能干与不能干”是创新的问题。

（2）检修气缸磨损

① 使用游标卡尺测量气缸上口直径，确定基本尺寸，见图 2-3-2。

② 将外径千分尺调整至基本尺寸，锁紧固定装置。

③ 用外径千分尺将量缸表校正到缸径基本尺寸，并使伸缩感有 2 mm 左右的压缩行程，见图 2-3-3。

④ 在距离气缸上平面 10 mm 处，分别测量气缸的轴向和径向直径，前后摇动表杆，当百分表表针指向最大刻度时，读取测量值并记录，见图 2-3-4、图 2-3-5。

⑤ 采用相同方法在距上平面 50 mm 处进行测量。

⑥ 若 4 个位置的平均缸径大于最大值，则更换气缸体。

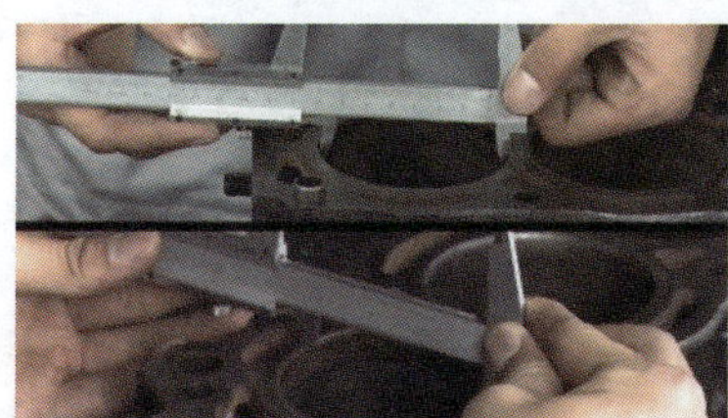

图 2-3-2　测量气缸上口直径

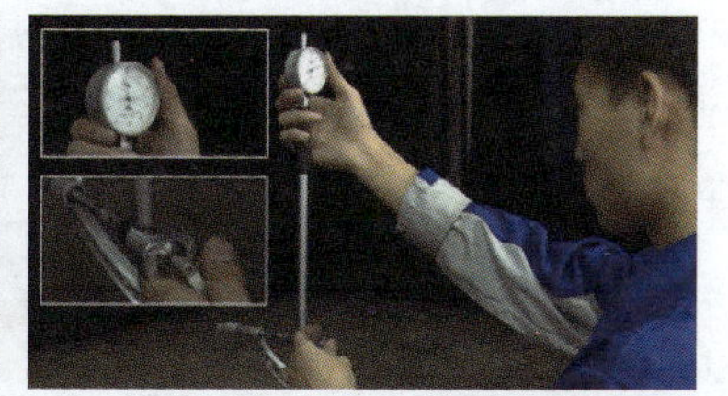

图 2-3-3　校正量缸表

图 2-3-4　测量气缸轴向直径

图 2-3-5　测量气缸径向直径

量缸表

使用要求	• 为了便于读数，百分表的刻度盘与测量者相对，与接杆位置错开 180°。 • 百分表的规定预压量为 1~2 mm。 • 根据被测孔的内径选取合适的接杆，为避免接杆在螺纹座孔中不稳定造成测量失准，接杆旋入表杆座座孔的深度不能太浅。 • 为避免温度对测量值的影响，应避免测量温度较高的内孔，且手应把握在表杆的绝缘套处。 • 在进出孔和孔内不同位置进行测量时，量缸表杆应向固定测量杆方向倾斜后移动，切不可直线拖动或转动，避免损坏量具。 • 不使用时，应解除全部负荷，将其各部分干净整齐地放置盒中，妥善保管。
读数方法	• 百分表表盘刻度为 100，指针在圆表盘上转动一格为 0.01 mm，转动一圈为 1 mm，小指针移动一格为 1 mm。 • 测量时，当表针顺时针方向离开“0”位，表示缸径小于尺寸的缸径，它是标准缸径与表针离开“0”位格数之和。 • 若测量时，小针移动超过 1 mm，则应在实际测量值中加上或减去 1 mm。
测量部位	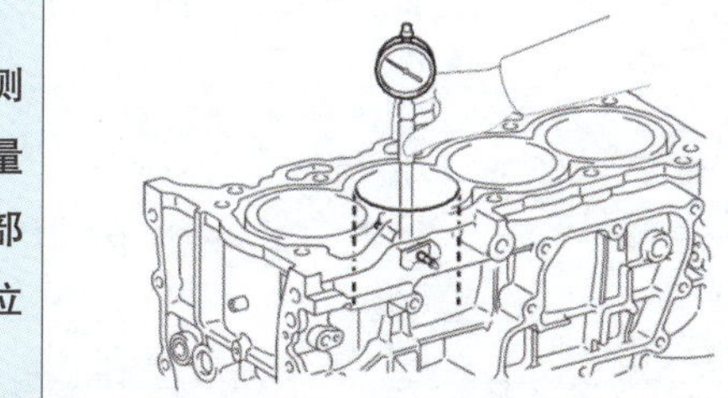 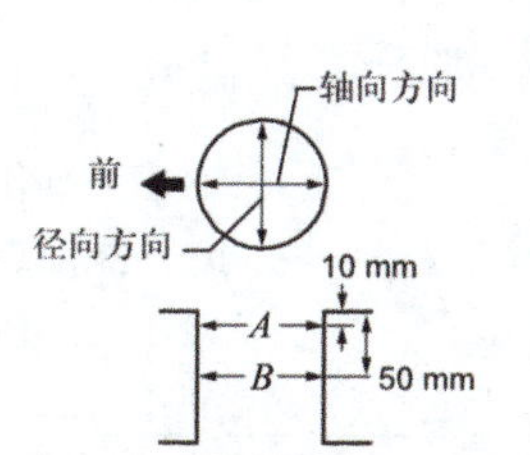

气缸直径技术标准

项目	标准尺寸	最大尺寸
气缸直径	80.500~80.513 mm	80.633 mm

学习笔记

视频

2-26 测量气缸缸径

学习笔记

任务测评

一、知识测评

确定本任务关键词，按重要程度排序并举例解读。根据自己对重要信息捕捉、排序、表达、创新和划分权重能力进行自评，见表 2-3-2。（满分 100 分）

表 2-3-2　检修气缸体知识测评表

序号	关键词	举例解读	评分自定
1			
2			
3			
4			
5			
总分			

二、能力测评

对表 2-3-3 所列作业内容，操作规范即得分，操作错误或未操作即零分。（满分 100 分）

表 2-3-3　检修气缸体能力测评表

序号	能力点	配分	扣分	备注
1	检修气缸体裂纹	20		
2	检修气缸体腐蚀、螺纹孔损坏	20		
3	检修气缸体上平面翘曲变形	30		
4	检修气缸磨损	30		
总分		100		

三、素养测评

对表 2-3-4 所列素养点，做到即得分，未做到即零分。（满分 100 分）

表 2-3-4　检修气缸体素养测评表

序号	素养点	配分	扣分	备注
1	设备和工具安全检查	20		
2	车辆安全防护	20		
3	工具清洁校准存放	20		
4	工量辅具、零部件、油水液体“三不落地”	20		
5	工位“5S”	20		
总分		100		

四、拓展训练

（1）请列举出在检修气缸体过程中易出现的问题，分析产生问题的原因并制定解决问题的措施。（满分 25 分）

（2）现发现，2014 款卡罗拉 1.6 L GL-i 轿车 1ZR-FE 发动机冷启动时有明显的“嗒嗒”敲击声，温度升高，响声减弱或消失；有时排气管排蓝烟，加机油口处冒蓝烟；油耗增加，动力下降。经查气缸缸压低。试分析原因，制定检修流程并进行检修。（满分 25 分）

（3）伴随着第一辆红旗轿车的试制成功，洋溢着浓郁民族特色的整车外观和内饰也获得了极大赞誉。这样的设计灵感来源于红旗轿车设计师们不辞辛苦，千里迢迢从长春来到北京，参观了故宫、北海、颐和园等名胜得到的，又经过了无数次头脑风暴、设计和修改才终于成型。

“想干与不想干”是“德”的问题；“会干与不会干”是“才”的问题；“能干与不能干”是创新的问题。

请按照下列思维导图格式（见图 2-3-6），对检修气缸体的学习收获进行总结，特别对气缸体的技术进化做一个概要阐述，同时结合自身以及身边事谈谈对“勤能成事”的理解。（满分 50 分）

图 2-3-6　思维导图

学习笔记

“想干与不想干”是“德”的问题；“会干与不会干”是“才”的问题；“能干与不能干”是创新的问题。

学习笔记

学习考评

一、考评项目

根据所学，请对 2019 款卡罗拉 1.2 T S-CVT 运动版 9NR-FTS 发动机气缸体和曲柄连杆机构进行检修，完成考评报告。

二、实施准备

1. 学生准备

学生在按照教学进度计划，已经完成了以下学习任务并达到了 75 分以上，可进行该学习考评的实施。

（1）理解并完成学习考评需要的相关知识和方法的学习，得分大于 75 分。

（2）运用学习考评需要的相关知识和方法进行作业，得分大于 75 分。

（3）按时、按质、按量完成相应作业，得分大于 80 分。

（4）具有自觉遵守技术标准和要求规定、规范操作、安全、环保、“5S”作业、团结协作的好习惯，得分大于 80 分。

（5）能制定 2019 款卡罗拉 1.2 T S-CVT 运动版 9NR-FTS 发动机气缸体和曲柄连杆机构检修方案。

2. 教师准备

（1）在安排学生实施学习考评前，通过课堂问题研讨、作业、实训和考核及其他方式，确认学生已经具备了实施学习考评所需的知识、能力和素养，并确保学生在安全状态下独立进行。

（2）对协助教师进行测评的学生进行测评和监督方法的培训，确保测评结果的准确性和公平性。

（3）准备好测评记录。

三、验证方法与标准

（1）每位测评人员负责对 2 名学生进行定点、全过程的监控和测评。

（2）详细记录学生在实施学习考评过程中的相关信息、数据、结果、操作方法、完成时间，以及出现错误、事故等情况。

（3）学习考评的作业过程和数据记录等，要求在 90 min 内完成，时间不足，可在即将结束时，口述剩余部分的作业方法。

（4）考核内容及评分标准见下表。

考核内容及评分标准

序号	评分项	得分条件	评分标准	配分	扣分
1	安全/5S/态度	□ 1. 能进行工位 5S 操作 □ 2. 能进行设备和工具安全检查 □ 3. 能进行车辆安全防护操作 □ 4. 能进行工具清洁校准存放操作 □ 5. 能进行三不落地操作	未完成 1 项扣 3 分，扣分不得超 15 分	15	
2	专业技能能力	□ 1. 能正确拆卸活塞连杆组 □ 2. 能正确拆卸曲轴飞轮组 □ 3. 能正确清洗、清洁气缸体和曲柄连杆机构零件 □ 4. 能正确检查和更换活塞 □ 5. 能正确检查和更换活塞环 □ 6. 能正确检查和更换连杆总成 □ 7. 能正确检查和更换活塞销	未完成 1 项扣 5 分，扣分不得超 50 分	50	

学习笔记

续表

序号	评分项	得分条件	评分标准	配分	扣分
2	专业技能能力	□ 8. 能正确检查和更换飞轮、曲轴 □ 9. 能正确检查和更换气缸体 □ 10. 能正确安装活塞连杆组，并按规定紧固螺栓 □ 11. 能正确安装曲轴飞轮组，并按规定紧固螺栓	未完成1项扣5分，扣分不得超50分	50	
3	工具设备使用能力	□ 1. 能正确选用维修工具 □ 2. 能正确使用维修工具拆装 □ 3. 能正确使用测量工具 □ 4. 能正确使用专用工具 □ 5. 能熟练使用办公软件	未完成1项扣5分，扣分不得超10分	10	
4	资料、信息查询能力	□ 1. 能正确使用维修手册查询资料 □ 2. 能正确使用用户手册查询资料 □ 3. 能在规定时间内查询所需资料 □ 4. 能正确记录查询资料章节页码 □ 5. 能正确记录所需维修信息	未完成1项扣2分，扣分不得超10分	10	
5	数据判读分析能力	□ 1. 能判断活塞是否需要维修或更换 □ 2. 能判断活塞环是否需要维修或更换 □ 3. 能判断连杆总成是否需要维修或更换 □ 4. 能判断活塞销是否需要维修或更换 □ 5. 能判断飞轮是否需要维修或更换	未完成1项扣5分，扣分不得超10分	10	

续表

序号	评分项	得分条件	评分标准	配分	扣分
5	数据判读分析能力	□ 6. 能判断曲轴是否更换 □ 7. 能判断气缸体是否更换	未完成1项扣5分，扣分不得超10分	10	
6	方案制定与报告撰写能力	□ 1. 字迹清晰 □ 2. 语句通顺 □ 3. 无错别字 □ 4. 无涂改 □ 5. 无抄袭	未完成1项扣1分，扣分不得超5分	5	
合计				100	

四、考评报告

说明：考评分为理论考评和实操考评，实操考评根据项目要求以及考评模板格式制定项目实施方案，方案经教师审核合格后，方可进行实操考核。考评报告模板详见附录A。

学习笔记

拓展阅读——红旗轿车的中国风

痛点

最初红旗轿车是为国家领导人研制的专用车，如何彰显古老中国的底蕴与新中国的万千气象是红旗轿车研发设计时必须考虑的要素。

过程

什么才叫中国特色呢？是中国的山水名胜，还是建筑艺术呢？为此，红旗轿车设计师们特意千里迢迢从长春赴北京参观了故宫、北海、颐和园等名胜，希望能从中找到灵感。经过无数次的头脑风暴、设计和修改，红旗车的外观和内饰终于成型，整车内外体现了浓郁的民族特色。

外观上，车身是沉稳的黑色，前脸格栅蕴含中国如意、寿桃和扇子要素，保险杠防撞块图案为云纹形，尾灯是大红宫灯的造型，引擎盖上立着一面迎风招展的红旗徽标，与红旗的车名相呼应，如下图。

第一辆红旗样车面饰

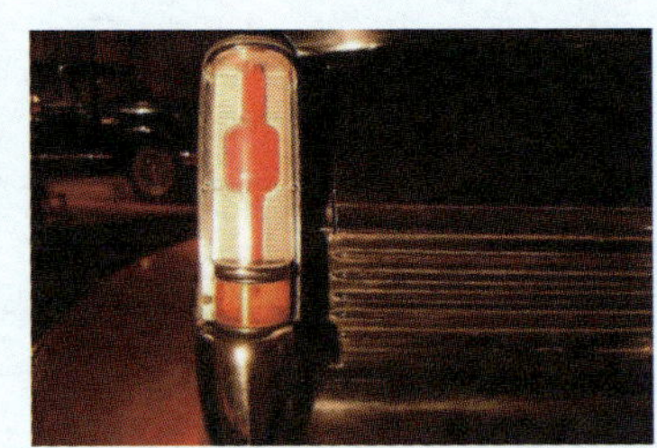
第一辆红旗样车尾饰

整车内饰以织锦丝织品为座椅和顶篷面料，地毯花纹具有民族特点并采用手工编织，仪表盘和窗框均采用精选的木纹材料装修，仪表板上面涂的是福建“赤宝砂”大漆，如下图（左）。所谓的“赤宝砂”，需要先把荷叶撕成碎末，粘在漆面上，形成自然流畅的纹理，然后再在这些纹样上贴上银箔，罩上深红色的透明漆，最后细磨，显示出绚丽的花样。

方向盘中间三面红旗镶嵌着一朵金色的向日葵，寓意新生的人民共和国勃勃生机与活力，如下图（右）。

第一辆红旗样车内饰

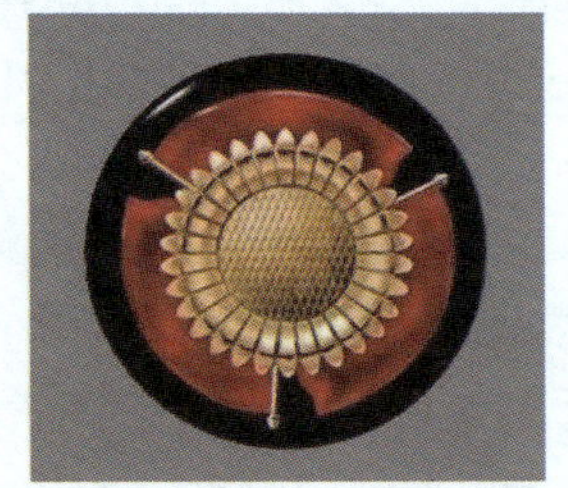
第一辆红旗样车向日葵标志

第一辆红旗轿车不仅体现了当时我国汽车技术的最高水平，更是处处彰显中国元素，奠定了名副其实的国车地位。

思考

如果你来设计一辆轿车，你最想体现什么中国元素？

学习笔记

学习笔记

项目三　检修润滑系统

一、项目描述

完成 2014 款卡罗拉 1.6 L GL-i 轿车 1ZR-FE 发动机润滑系统检修作业。

二、项目要求

符合 2014 款卡罗拉 1.6 L GL-i 轿车 1ZR-FE 发动机技术要求与标准，正确使用工具，完成如下检修作业：

（1）检修油底壳；

（2）检修机油泵。

三、学习目标

（1）准确陈述润滑系统、油底壳、机油泵的组成（或结构）及功用；

（2）准确陈述油底壳检修作业方法；

（3）准确陈述机油泵检修作业方法；

（4）规范地对油底壳进行检修作业；

（5）能够规范地对机油泵进行检修作业；

（6）养成自觉遵守技术标准和要求规定、规范操作、安全、环保、“5S”作业的好习惯；

（7）体验安全劳动的重要性，养成安全劳动习惯；

（8）认识到进步就是创新。

四、学习载体

2014 款卡罗拉 1.6 L GL-i 轿车 1ZR-FE 发动机润滑系统如下图。

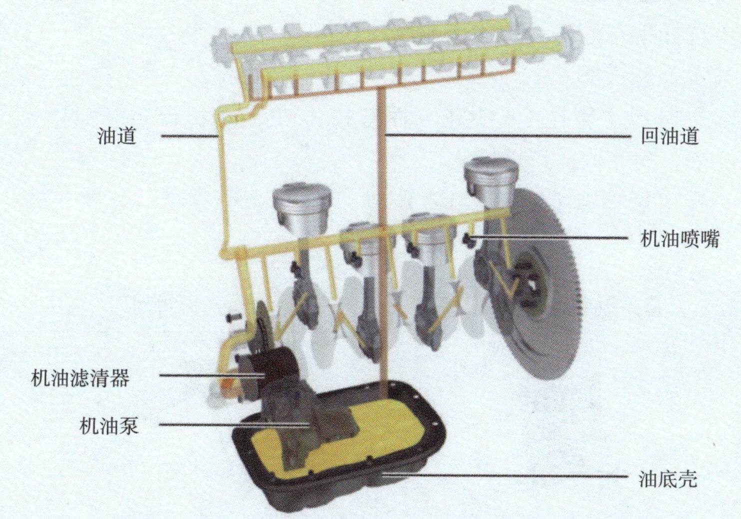

2014 款卡罗拉 1.6 L GL-i 轿车 1ZR-FE 发动机润滑系统

润滑系统主要由机油泵、机油滤清器、机油喷嘴、油道和油底壳等组成，具有润滑、清洁、冷却、密封、防腐等作用，从而提高了发动机工作可靠性，延长发动机使用寿命。

学习笔记

视频

3-1 润滑系统组成

视频

3-2 润滑系统功用

任务一　检修油底壳

职业行动

步骤一：作业准备

1. 作业场地

选择带有消防设施的作业场地。

2. 设备设施

2014 款卡罗拉 1.6 L GL-i 轿车 1ZR-FE 发动机台架、工具车、零件车、吹气枪、垃圾桶。

3. 工量辅具（见表 3-1-1）

表 3-1-1　检修油底壳工量辅具

套筒扳手组合套具	油底壳密封刮刀
预置力式扭力扳手	铲刀

4. 耗材

清洁布、密封胶。

职业知识

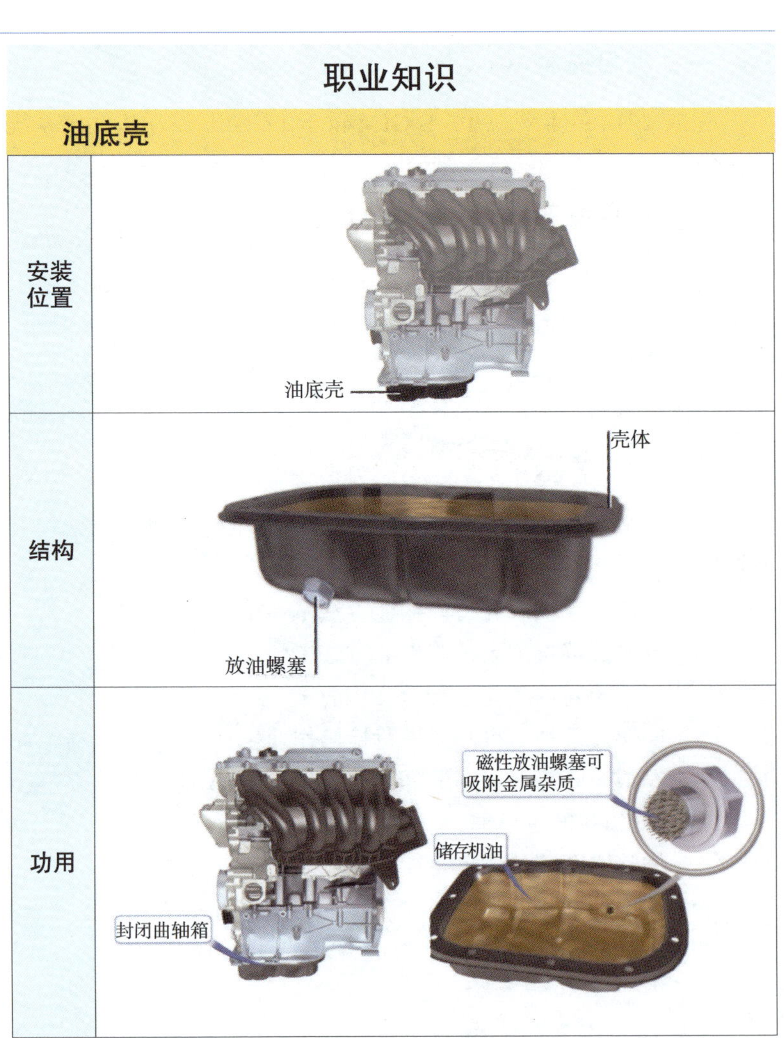

视频
3-3 油底壳功用

你会安全地劳动吗？

步骤二：拆卸油底壳

1. 确认油底壳安装位置

油底壳安装在发动机最下方。

2. 拆卸油底壳

（1）拆卸油底壳固定螺栓和螺母

① 使用棘轮扳手分多次依次拧松油底壳固定螺栓和螺母，见图 3-1-1。

②用手取下油底壳固定螺栓和螺母。

（2）取下油底壳

① 将专用工具油底壳密封刮刀的刃片插入曲轴箱和油底壳之间，切断密封胶，见图 3-1-2。

② 用手取下油底壳。

图 3-1-1　拧松油底壳螺栓和螺母

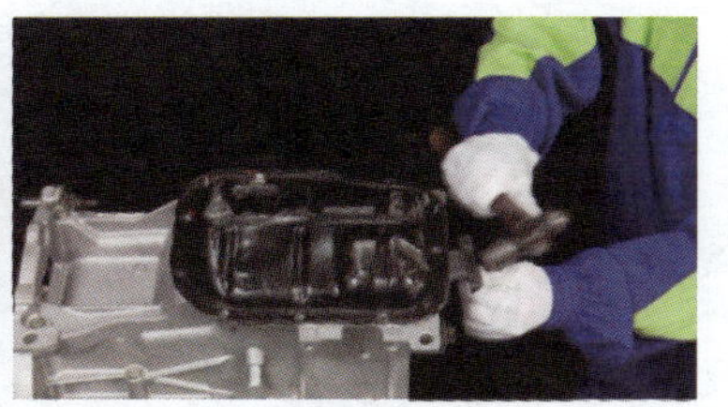

图 3-1-2　切开油底壳密封胶

步骤三：检修油底壳

1. 检修油底壳变形

用目视直观法检查油底壳变形程度。若变形轻微，不影响机油泵正常工作就不用更换；若变形严重，则更换。

2. 检修油底壳漏油

用目视直观法检查油底壳是否破损。若是，则更换；若不是，重新严格按规范安装油底壳。

拆卸油底壳要求

• 油底壳固定螺栓和螺母拆卸顺序。	• 切开密封胶时，不要损坏曲轴箱及油底壳接触面。
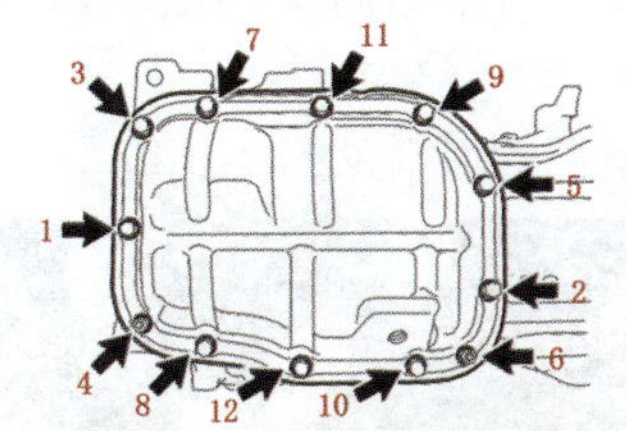	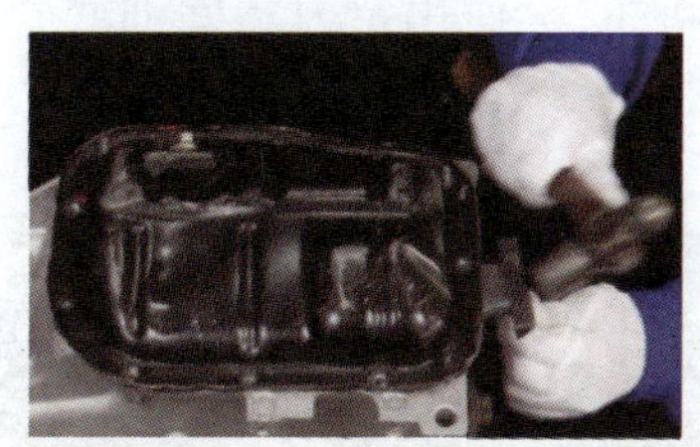

油底壳常见损伤及主要原因

常见损伤	• 变形。 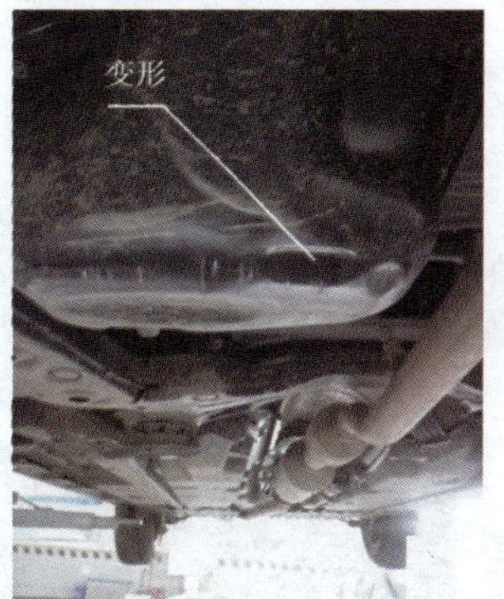	• 漏油。 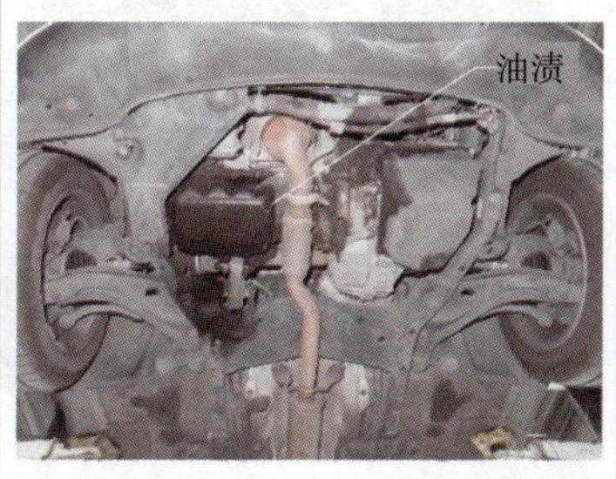
主要原因	• 被撞引起变形。	• 油底壳紧固螺栓未拧紧、滑牙松动。 • 油底壳密封打胶过程未按规定进行。 • 放油螺塞松动或衬垫损坏、漏装。 • 被撞破裂。

学习笔记

视频 

3-4 拆卸油底壳

学习笔记

步骤四：安装油底壳

1. 清洁油底壳

（1）使用铲刀清除油底壳与曲轴箱接触面上的旧填料，见图 3-1-3。

（2）用抹布清洁油底壳与曲轴箱接触面，见图 3-1-4。

图 3-1-3　清除油底壳旧填料

图 3-1-4　清洁油底壳

2. 涂抹油底壳密封胶

按照技术标准和功用要求规范地涂抹油底壳密封胶，见图 3-1-5。

3. 紧固油底壳固定螺栓和螺母

① 对准油底壳与曲轴箱接触面，扣上油底壳，用手拧上油底壳螺栓和螺母，见图 3-1-6。

图 3-1-5　涂抹密封胶

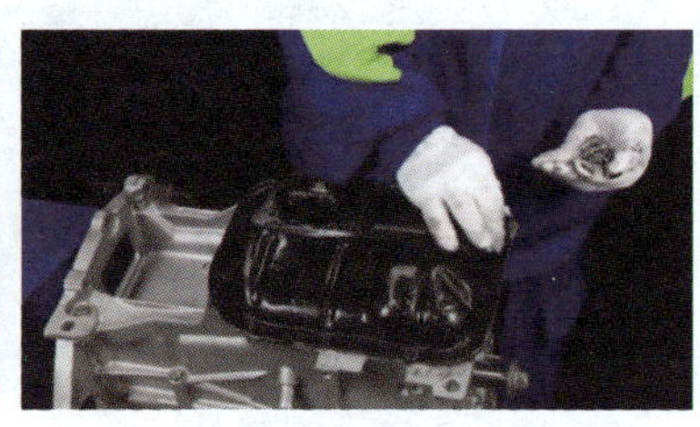

图 3-1-6　用手拧上油底壳螺栓和螺母

② 使用棘轮扳手按照紧固顺序依次预紧油底壳固定螺栓和螺母。

③ 将扭力扳手调节扭矩至标准扭力值。

④ 使用扭力扳手按照同样的拧紧顺序紧固油底壳固定螺栓和螺母。

涂抹油底壳密封胶

技术标准	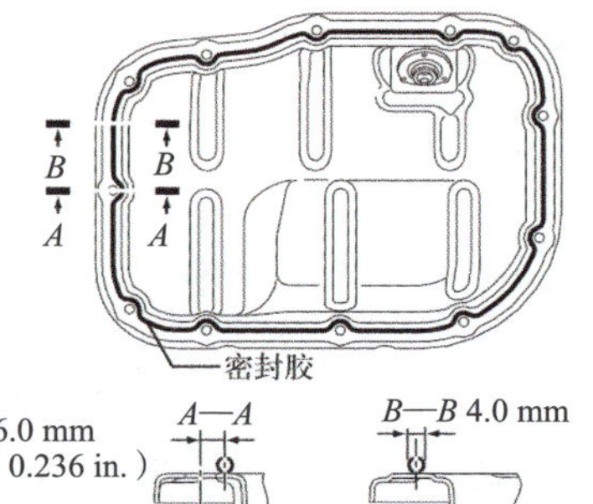
工艺要求	• 打密封胶要围绕油底壳螺栓孔内侧涂抹。 • 要均匀、连续不断。 • 密封胶使用原厂产品或同等产品。

紧固油底壳固定螺栓和螺母扭矩标准

紧固油底壳固定螺栓和螺母扭矩标准	10 N•m

安装油底壳要求

• 按紧固油底壳固定螺栓和螺母顺序紧固。 • 不要将机油滴在油底壳和曲轴箱的接触面上。 • 涂抹密封胶后需在 3 min 内安装油底壳。 • 安装油底壳后，至少在 2 h 内不能启动发动机。	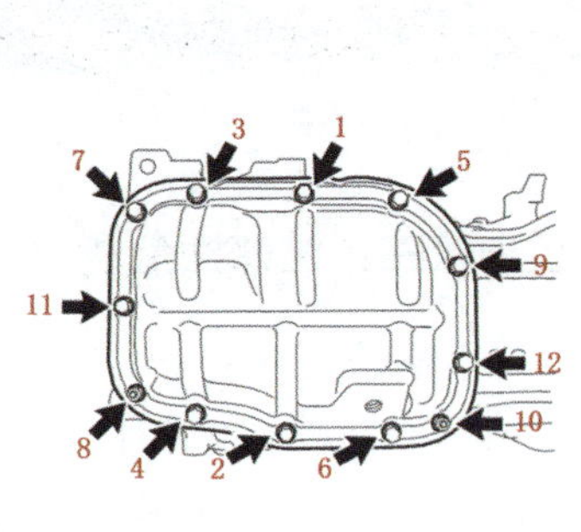

视频

3-5 安装油底壳

你会安全地劳动吗？

学习笔记

任务测评

一、知识测评

确定本任务关键词，按重要程度排序并举例解读。根据自己对重要信息捕捉、排序、表达、创新和划分权重能力进行自评，见表 3-1-2。（满分 100 分）

表 3-1-2　检修油底壳知识测评表

序号	关键词	举例解读	评分自定
1			
2			
3			
4			
5			
总分			

二、能力测评

对表 3-1-3 所列作业内容，操作规范即得分，操作错误或未操作即零分。（满分 100 分）

表 3-1-3　检修油底壳能力测评表

序号	能力点	配分	扣分	备注
1	拆卸油底壳	30		
2	检修油底壳变形	20		
3	检修油底壳漏油	20		
4	安装油底壳	30		
总分		100		

三、素养测评

对表 3-1-4 所列素养点，做到即得分，未做到即零分。（满分 100 分）

表 3-1-4　检修油底壳素养测评表

序号	素养点	配分	扣分	备注
1	设备和工具安全检查	20		
2	车辆安全防护	20		
3	工具清洁校准存放	20		
4	工量辅具、零部件、油水液体“三不落地”	20		
5	工位“5S”	20		
总分		100		

四、拓展训练

（1）请列举出在检修油底壳过程中易出现的问题，分析产生问题的原因并制定解决问题的措施。（满分 25 分）

（2）现发现 2014 款卡罗拉 1.6 L GL-i 轿车 1ZR-FE 发动机油底壳固定螺栓处有渗油现象。试分析产生问题的原因，制定检修流程并进行检修。（满分 25 分）

（3）创新是允许失败的，但劳动的价值并没有降低。CA72 型轿车研制过程中的挫折，同样是宝贵的财富。宽容创新中的失败更有利于创新氛围的生成。无论是常规还是创新中的劳动，都需要安全做保障。安全第一是行动，不是口号。

学习笔记

请按下列思维导图格式（见图 3-1-7），对检修油底壳的学习收获进行总结，并对油底壳技术进化做一个概要阐述，结合自身与身边事，列举不低于 5 个安全隐患，分析隐患存在原因，同时说明对“麻痹是最大的隐患，失职是最大的祸根”的理解。（满分 50 分）

图 3-1-7　思维导图

你会安全地劳动吗？

任务二　检修机油泵

职业行动

步骤一：作业准备

1. 作业场地

选择带有消防设施的作业场地。

2. 设备设施

2014 款卡罗拉 1.6 L GL-i 轿车 1ZR-FE 发动机台架、工具车、零件车、吹气枪、垃圾桶、平盘式静平衡机。

3. 工量辅具（见表 3-2-1）

表 3-2-1　检修机油泵工量辅具

套筒扳手组合套具	刀口尺	塞尺
4 mm 杆	指针式扭力扳手	

4. 耗材

清洁布、机油。

职业知识

机油泵功用

- 保证机油在润滑系统内循环流动。
- 在发动机任何转速下都能以足够高的压力向润滑部位输送足够数量的机油。

机油泵常见类型

齿轮式机油泵	转子式机油泵
	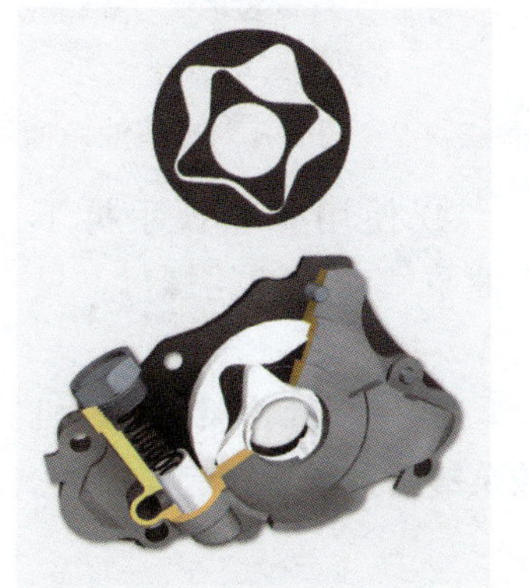

视频

3-6 机油泵常见类型

学习笔记

步骤二：拆卸机油泵

1. 确认机油泵安装位置

机油泵安装在油底壳内。

2. 拆卸机油泵

（1）拆卸机油泵链条

① 暂时紧固曲轴带轮，见图 3-2-1。

图 3-2-1　紧固曲轴带轮

② 顺时针转动曲轴 90°，将机油泵主动轴链轮的调节孔对准机油泵槽口，见图 3-2-2。

③ 将直径为 4 mm 的杆插入机油泵主动轴链轮调节孔锁定，见图 3-2-3。

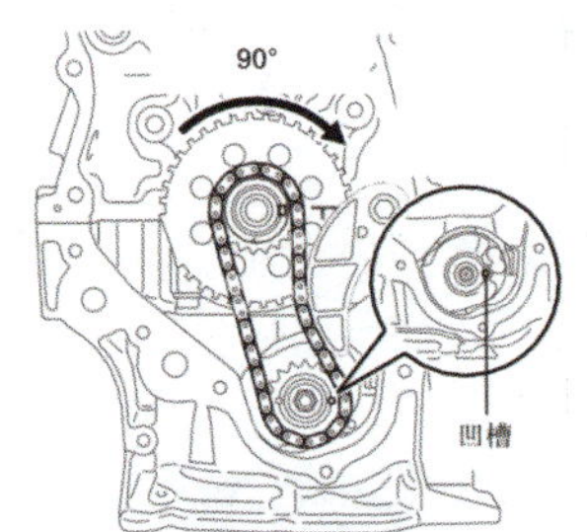

图 3-2-2　调节孔对准机油泵槽口

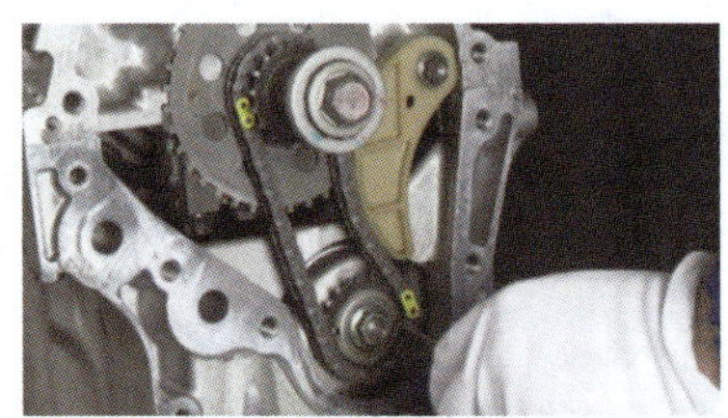

图 3-2-3　锁定调节孔并拧松螺母

④ 使用棘轮扳手拆下机油泵主动轴链轮螺母，见图 3-2-4。

⑤ 使用棘轮扳手拆卸机油泵链条张紧器固定螺栓。

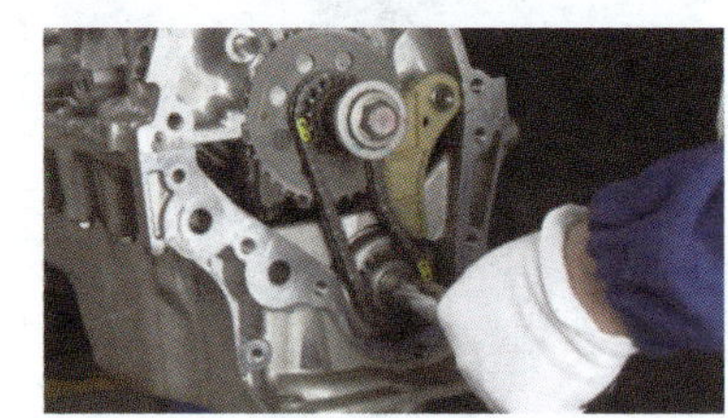

图 3-2-4　拆下机油泵主动轴链轮螺母

视频

3-7 拆卸机油泵链条

视频

3-8 转子式机油泵组成

转子式机油泵组成

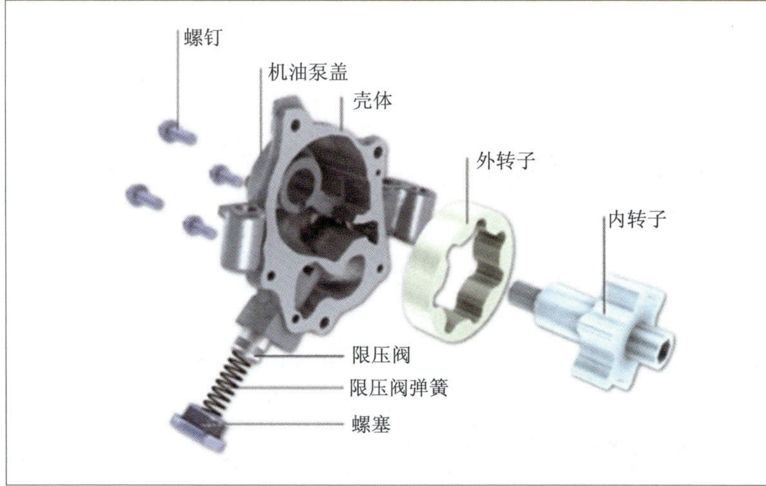

转子式机油泵工作原理

内转子带动外转子转动，且转速快于外转子。内外转子之间形成 4 个互相封闭的工作腔。每个工作腔在最小时与壳体上的进油孔接通，随后容积变大形成真空，吸入机油；转子继续转动，工作腔容积变小，油压升高，当工作腔与出油孔接通时，压出机油。

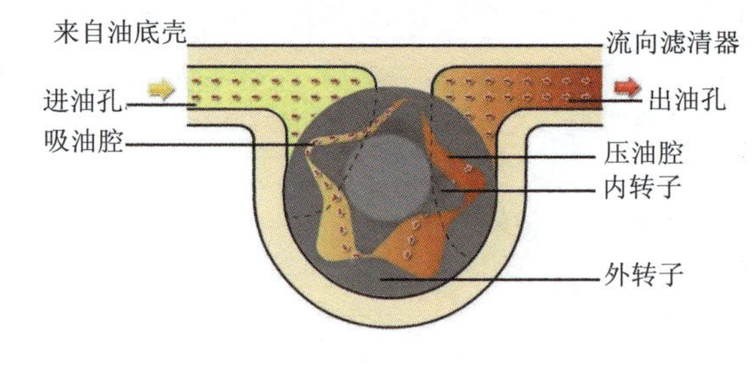

没有创新就没有进步。

⑥ 用手取下固定螺栓、链条张紧器盖板和弹簧，见图 3-2-5。

⑦ 使用棘轮扳手拆卸曲轴带轮螺栓，用手取下曲轴正时链轮、机油泵主动链轮和机油泵链条，见图 3-2-6。

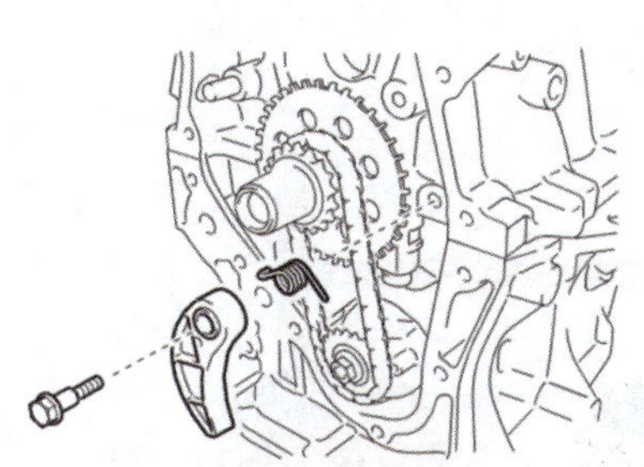

图 3-2-5　取下固定螺栓、链条张紧器盖板和弹簧

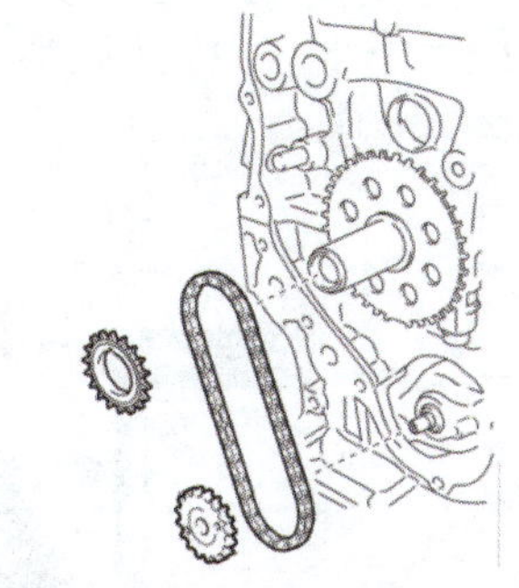

图 3-2-6　取下曲轴正时链轮、机油泵主动链轮和机油泵链条

（2）拆卸曲轴位置信号盘

用手拿下曲轴位置信号盘，见图 3-2-7。

（3）拆卸油底壳（见任务一）

（4）拆卸机油泵总成

使用棘轮扳手分次拆卸机油泵 3 个固定螺栓，见图 3-2-8，并取下机油泵。

图 3-2-7　拿下曲轴位置信号盘

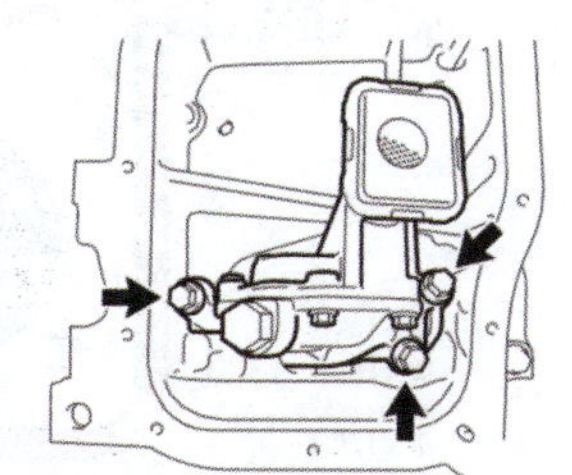

图 3-2-8　机油泵 3 个固定螺栓位置

齿轮式机油泵组成

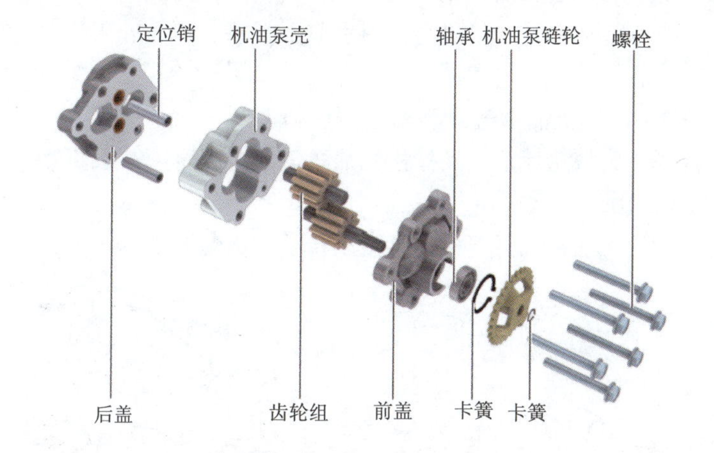

齿轮式机油泵工作原理

主动齿轮带动从动齿轮旋转时，进油腔容积由于轮齿脱离啮合而增大，腔内形成一定真空，机油从进油口吸入；旋转的齿轮将齿间的机油带到出油腔，出油腔容积由于轮齿进入啮合而减小，机油经出油口压出。

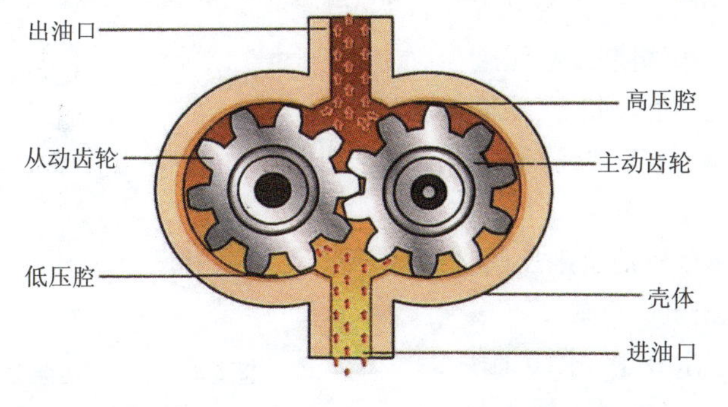

学习笔记

视频

3-9 拆卸机油泵总成

视频

3-10 齿轮式机油泵组成

没有创新就没有进步。

学习笔记

3. 分解机油泵总成

（1）拆卸机油泵限压阀

使用套筒扳手拆卸螺塞，用手取下螺塞、弹簧和限压阀，见图 3-2-9。

（2）拆卸机油泵盖分总成

① 使用棘轮扳手交叉拧松机油泵盖上 5 个固定螺栓，并取下，见图 3-2-10。

② 从机油泵上拆下机油泵主动转子和从动转子。

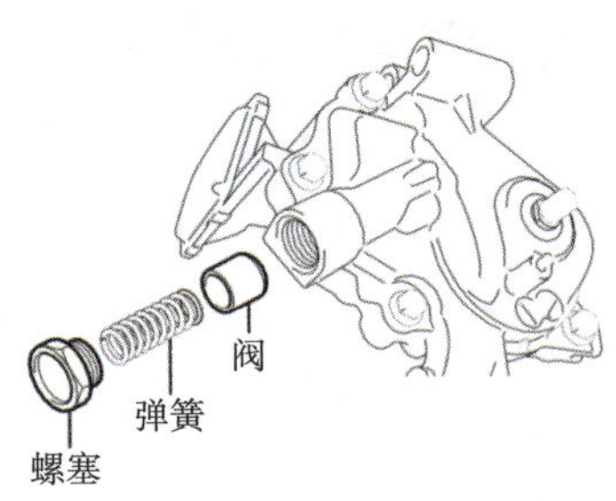

图 3-2-9　取下螺塞、弹簧和限压阀

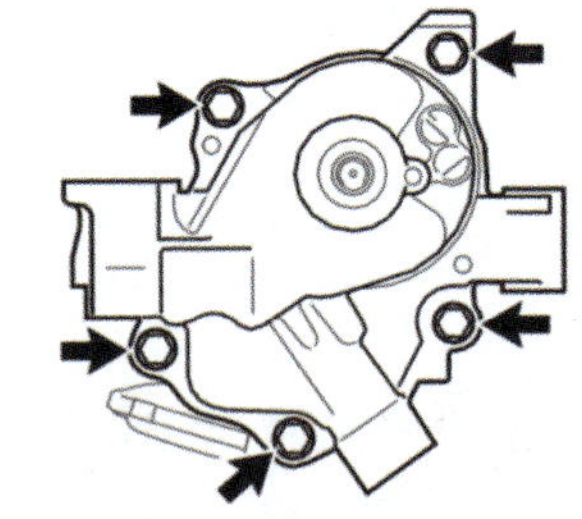

图 3-2-10　机油泵盖上 5 个固定螺栓位置

步骤三：检修机油泵

1. 检修机油泵限压阀

（1）确认机油泵限压阀依靠自身重量能否顺畅滑入阀孔中，见图 3-2-11。

① 在机油泵限压阀上涂抹一层发动机机油。

② 撒开手，限压阀应能依靠自身重量顺畅地滑入阀孔中。

（2）若否，则更换机油泵。

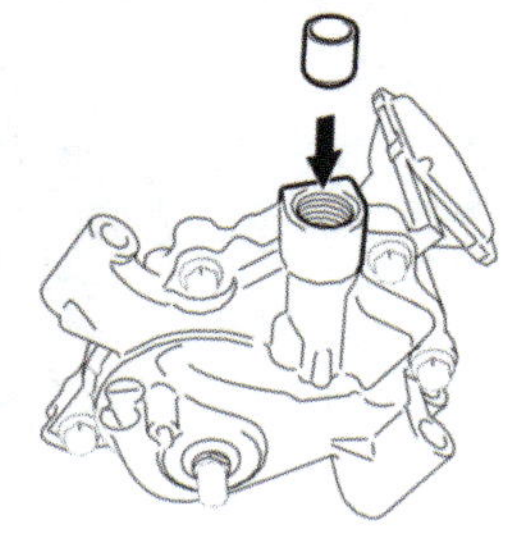

图 3-2-11　机油泵限压阀滑入阀孔中

机油泵限压阀工作原理

限压阀用于限制润滑系统中机油的最高压力。当机油泵与主油道上的机油压力超过预定的压力时，润滑油压力克服限压阀弹簧作用力，顶开阀门，一部分润滑油从侧面通道流入油底壳内，使油道内的油压下降至设定的正常值。

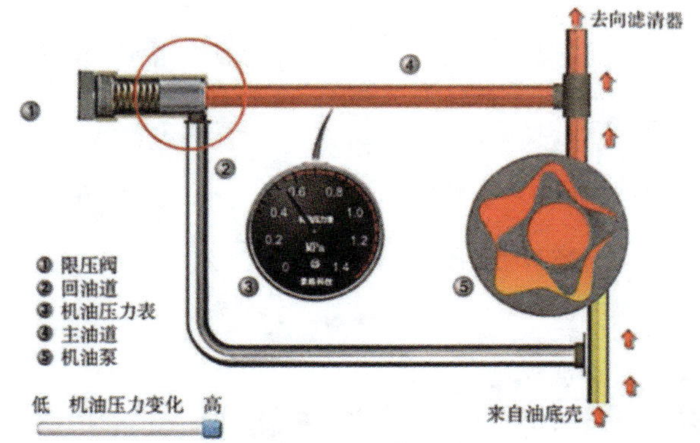

（a）压力正常时，限压阀关闭

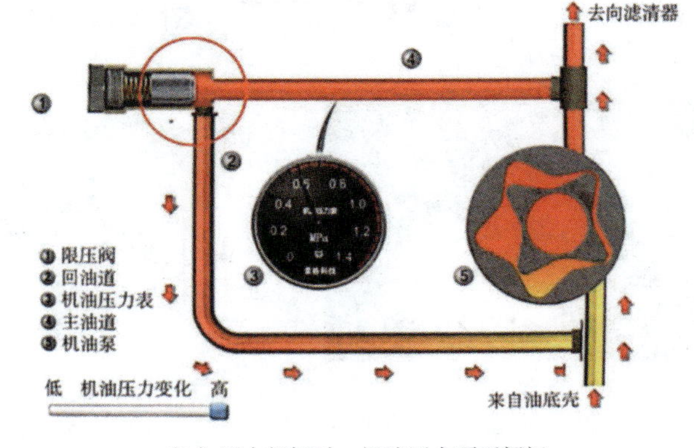

（b）压力超标时，机油压力顶开阀门

没有创新就没有进步。

学习笔记

2. 检修机油泵转子

（1）检测主动转子与从动转子顶部间隙

① 使用塞尺测量主动转子与从动转子顶部间隙，见图 3-2-12。

② 若测得最大间隙大于最大值，则更换机油泵。

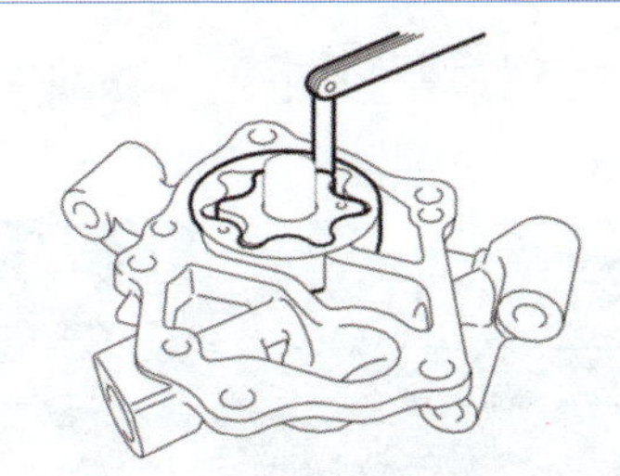

图 3-2-12 检测主动转子与从动转子顶部间隙

（2）检测主动转子与从动转子端面间隙

① 使用刀口尺（或直尺）和塞尺测量端面随机至少 3 点的间隙，见图 3-2-13。

② 若测得最大间隙大于最大值，则更换机油泵。

图 3-2-13 检测主动转子与从动转子端面间隙

（3）检测从动转子与机油泵体间隙

① 使用塞尺测量从动转子与机油泵体间隙，见图 3-2-14。

② 若测得最大间隙大于最大值，则更换机油泵。

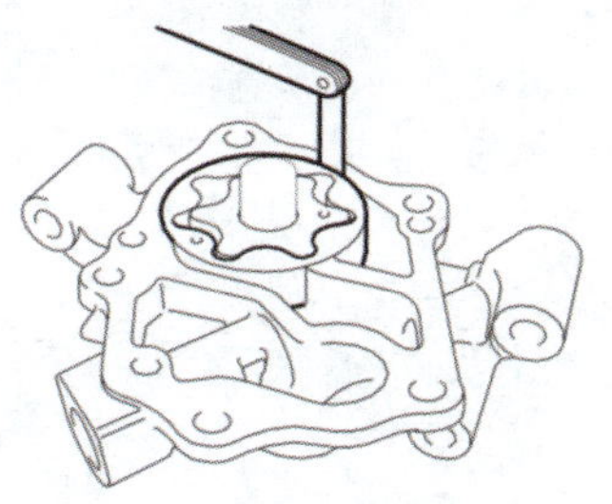

图 3-2-14 检测从动转子与机油泵体间隙

机油泵常见损伤形式级主要原因

损伤形式	• 转子顶部磨损 	• 转子端面磨损 
	• 限压阀弹簧断裂 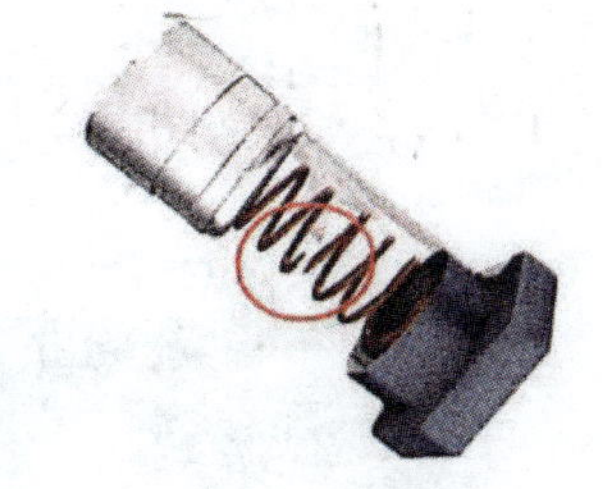	• 限压阀球阀磨损 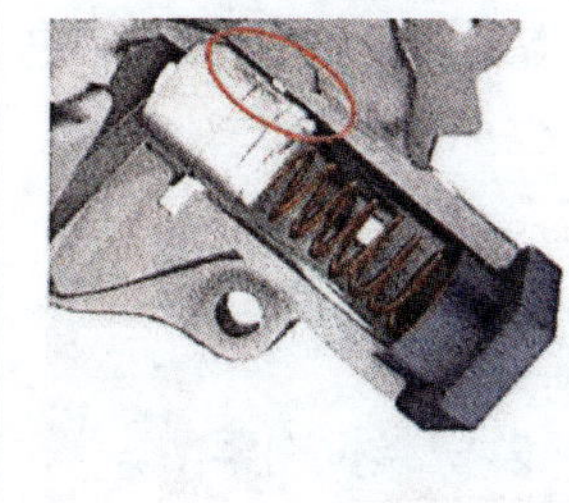
主要原因	由于机油泵的端面间、内转子和与转子啮合、外转子与泵壳间工作时正常摩擦造成的。	

检测机油泵转子技术标准

测量位置	标准值	最大值
主动转子与从动转子顶部间隙	0.080~0.160 mm	0.350 mm
主动转子与从动转子端面间隙	0.030~0.080 mm	0.160 mm
从动转子与机油泵体间隙	0.120~0.190 mm	0.325 mm

学习笔记

视频

3-11 安装机油泵总成

视频

3-12 检查新机油泵

视频

3-13 发动机润滑方式

步骤四：安装机油泵

1. 组装机油泵总成

（1）组装机油泵总成

① 使用发动机机油涂抹机油泵主动转子和从动转子，并将其按标记朝向机油泵盖侧放入机油泵体，见图 3-2-15。

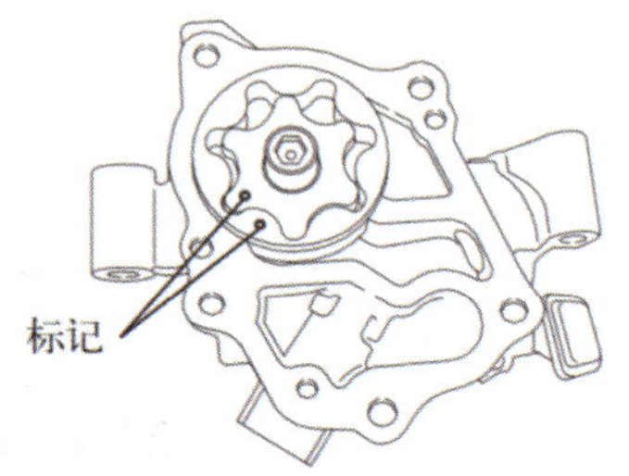

图 3-2-15　机油泵主动转子和从动转子上的标记

② 安装机油泵盖，使用扭力扳手交叉拧紧机油泵盖 5 个紧固螺栓至标准扭矩。

（2）安装机油泵限压阀

① 在限压阀表面涂抹发动机机油，放入机油泵阀孔中。

② 将弹簧、螺塞放入机油泵阀孔中。

③ 使用指针式扭力扳手和预置力式扭力扳手分次拧紧螺塞至标准扭矩。

2. 安装机油泵

使用棘轮扳手预紧，使用扭力扳手紧固机油泵固定螺栓至标准扭矩，见图 3-2-16。

图 3-2-16　紧固机油泵固定螺栓

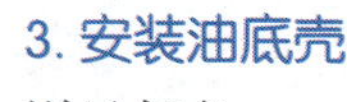

3. 安装油底壳

详见任务一。

4. 安装曲轴位置信号盘

让曲轴位置信号盘上的“F”标记朝前，安装曲轴位置信号盘，见图 3-2-17。

图 3-2-17　曲轴位置信号盘上的“F”标记朝前

检查新机油泵方法及要求

• 确认零件号和检查裂纹与破损

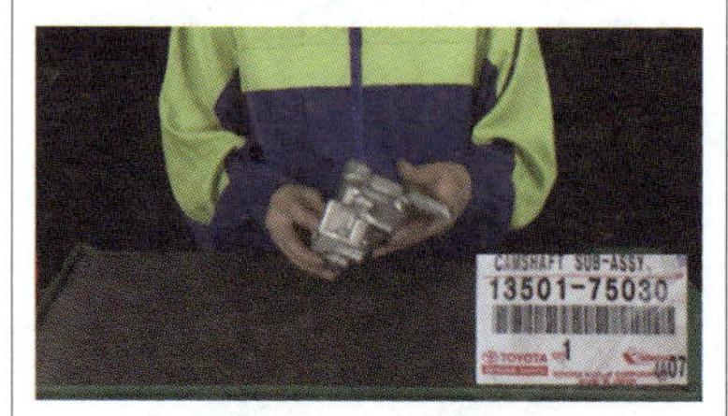

• 清洁机油泵

组装机油泵技术标准

项目	标准
机油泵盖紧固螺栓扭矩	8.8 N•m
限压阀紧固螺塞扭矩	49 N•m
机油泵紧固螺栓扭矩	21 N•m

润滑系统主要润滑方式

• 飞溅润滑。利用运动零件喷溅起来的油滴、油雾润滑磨损面，如气缸壁表面润滑等。

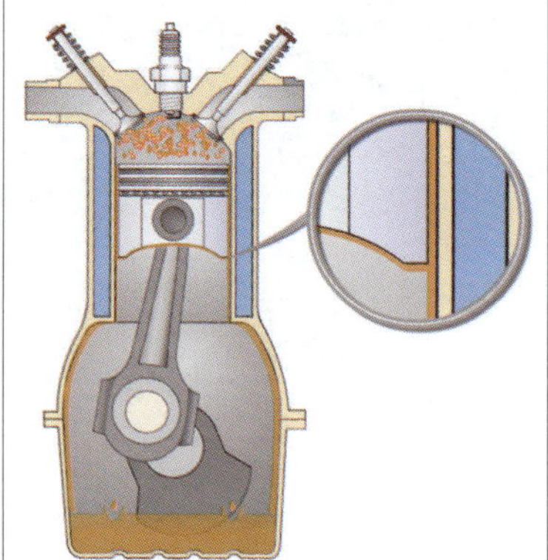

• 压力润滑。利用机油泵使润滑油产生的压力，强制送到各运动件表面，如曲轴轴承的润滑等。

没有创新就没有进步。

5. 安装机油泵链条及张紧器

（1）安装机油泵链条

按照正确的方法安装机油泵链条。

（2）安装机油泵链条张紧器

① 将减振弹簧插入到调节孔，使用棘轮扳手预紧机油泵链条张紧器固定螺栓，见图 3-2-18。

② 使用扭力扳手紧固机油泵链条张紧器固定螺栓至标准扭矩，见图 3-2-19。

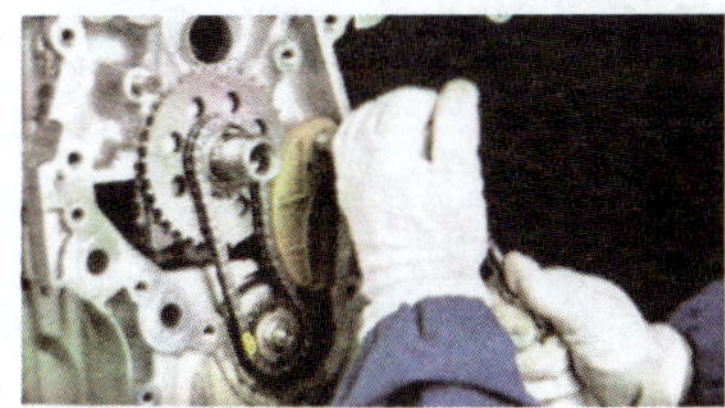

图 3-2-18　预紧机油泵链条张紧器固定螺栓

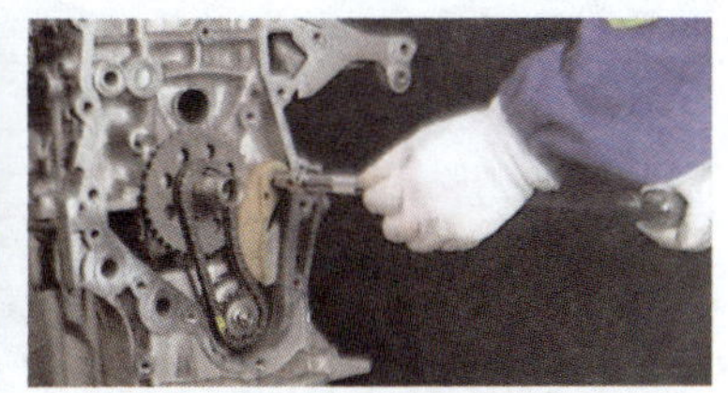

图 3-2-19　紧固机油泵链条张紧器固定螺栓

③ 转动曲轴，将机油泵主动链轮调节孔对准机油泵槽，见图 3-2-20。

④ 将直径为 4 mm 的杆插入机油泵主动轴链轮调节孔锁定，使用棘轮扳手预紧，使用扭力扳手紧固机油泵主动轴齿轮固定螺母至标准扭矩，见图 3-2-21。

图 3-2-20　调节孔对准机油泵槽

图 3-2-21　紧固机油泵主动轴齿轮固定螺母

安装机油泵链条方法和要求

- 安装曲轴带轮固定螺栓，并使曲轴安装键垂直向上，驱动轴切口水平向右。

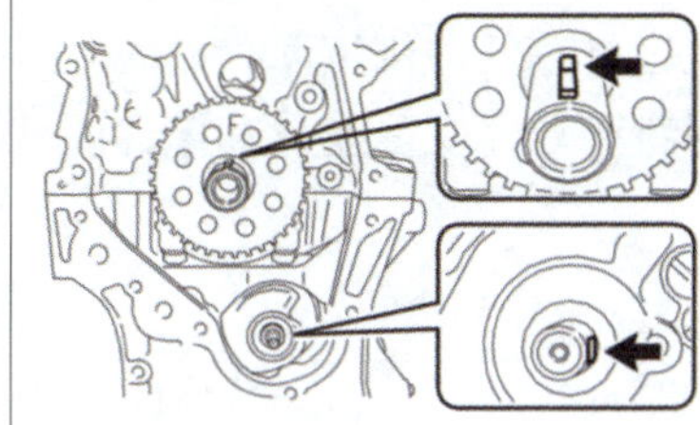

- 使黄色链条标记对准每个齿轮的正时标记，用齿轮上的链条将链轮安装到曲轴和机油泵轴上，用螺母暂时紧固机油泵主动轴链轮。

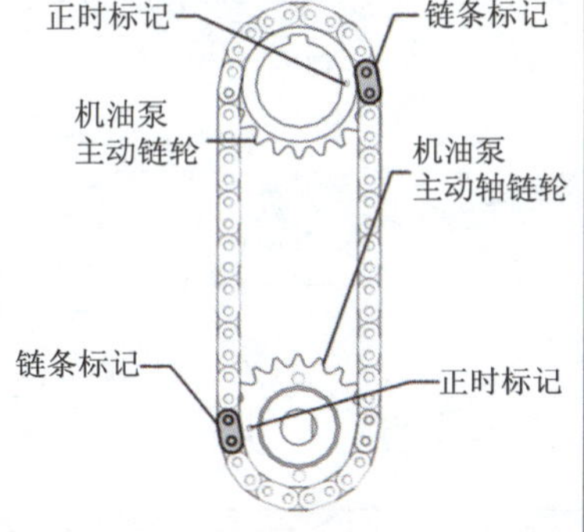

安装机油泵链条及张紧器技术标准

项目	标准
曲轴带轮固定螺栓扭矩	190 N•m
机油泵链条张紧器固定螺栓扭矩	10 N•m
机油泵主动轴齿轮固定螺母扭矩	28 N•m

学习笔记

视频

3-14 安装机油泵链条

学习笔记

任务测评

一、知识测评

确定本任务关键词，按重要程度排序并举例解读。根据自己对重要信息捕捉、排序、表达、创新和划分权重能力进行自评，见表 3-2-2。（满分 100 分）

表 3-2-2　检修机油泵知识测评表

序号	关键词	举例解读	评分自定
1			
2			
3			
4			
5			
总分			

二、能力测评

对表 3-2-3 所列作业内容，操作规范即得分，操作错误或未操作即零分。（满分 100 分）

表 3-2-3　检修机油泵能力测评表

序号	能力点	配分	扣分	备注
1	拆卸机油泵	30		
2	检修机油泵	20		
3	检修限压阀	20		
4	安装机油泵	30		
总分		100		

三、素养测评

对表 3-2-4 所列素养点，做到即得分，未做到即零分。（满分 100 分）

表 3-2-4　检修机油泵素养测评表

序号	素养点	配分	扣分	备注
1	设备和工具安全检查	20		
2	车辆安全防护	20		
3	工具清洁校准存放	20		
4	工量辅具、零部件、油水液体“三不落地”	20		
5	工位“5S”	20		
总分		100		

四、拓展训练

（1）请列举出在检修机油泵过程中易出现的问题，分析产生问题的原因并制定解决问题的措施。（满分 25 分）

（2）现发现 2014 款卡罗拉 1.6 L GL-i 轿车 1ZR-FE 发动机机油压力怠速测量结果为 50 kPa，过低，初步分析可能是机油泵出现故障。试制定机油泵检修流程并进行检修。（满分 25 分）

（3）没有规矩不成方圆，没有安全法规，预防与应急就成了空话，日常活动中的安全也没有了依据。安全与遵章同在，事故与违规相随。

请按下列思维导图格式（见图 3-2-22），对检修机油泵的学习收获进行总结，并对机油泵技术进化做一个概要阐述，结合自身与身边事，列举不低于 5 个安全事故案例，分析事故原因。同时说明对“安全与遵章同在，事故与违规相随”的理解。（满分 50 分）

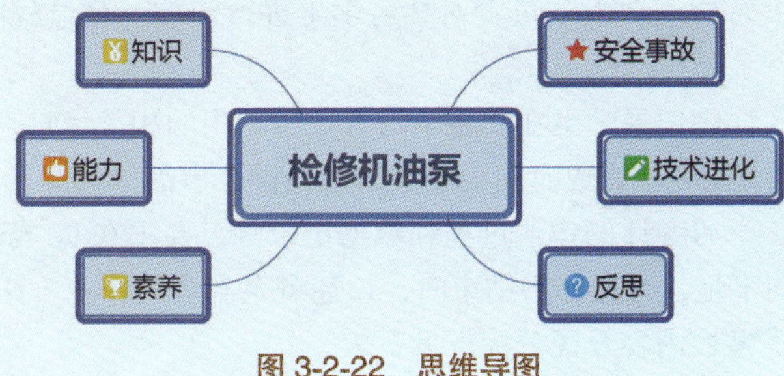

图 3-2-22　思维导图

学习笔记

学习笔记

学习考评

一、考评项目

根据所学，请对 2019 款卡罗拉 1.2 T S-CVT 运动版 9NR-FTS 发动机润滑系统机油泵和油底壳进行检修，完成考评报告。

二、实施准备

1. 学生准备

学生在按照教学进度计划，已经完成了以下学习任务并达到了 75 分以上，可进行该学习考评的实施。

（1）理解并完成学习考评需要的相关知识和方法的学习，得分大于 75 分。

（2）运用学习考评需要的相关知识和方法进行作业，得分大于 75 分。

（3）按时、按质、按量完成相应作业，得分大于 80 分。

（4）具有自觉遵守技术标准和要求规定、规范操作、安全、环保、“5S”作业、团结协作的好习惯，得分大于 80 分。

（5）能制定 2019 款卡罗拉 1.2 T S-CVT 运动版 9NR-FTS 发动机润滑系统机油泵和油底壳检修方案。

2. 教师准备

（1）在安排学生实施学习考评前，通过课堂问题研讨、作业、实训和考核及其他方式，确认学生已经具备了实施学习考评所需的知识、能力和素养，并确保学生在安全状态下独立进行。

（2）对协助教师进行测评的学生进行测评和监督方法的培训，确保测评结果的准确性和公平性。

（3）准备好测评记录。

三、验证方法与标准

（1）每位测评人员负责对 2 名学生进行定点、全过程的监控和测评。

（2）详细记录学生在实施学习考评过程中的相关信息、数据、结果、操作方法、完成时间，以及出现错误、事故等情况。

（3）学习考评的作业过程和数据记录等，要求在 90 min 内完成，时间不足，可在即将结束时，口述剩余部分的作业方法。

（4）考核内容及评分标准见下表。

考核内容及评分标准

序号	评分项	得分条件	评分标准	配分	扣分
1	安全/5S/态度	□ 1. 能进行工位 5S 操作 □ 2. 能进行设备和工具安全检查 □ 3. 能进行车辆安全防护操作 □ 4. 能进行工具清洁校准存放操作 □ 5. 能进行三不落地操作	未完成 1 项扣 3 分，扣分不得超 15 分	15	
2	专业技能能力	□ 1. 能正确拆卸油底壳 □ 2. 能正确拆卸机油泵 □ 3. 能正确清洗、清洁油底壳和机油泵零件 □ 4. 能正确检查和更换油底壳 □ 5. 能正确检查和更换机油泵	未完成 1 项扣 5 分，扣分不得超 50 分	50	

学习笔记

续表

序号	评分项	得分条件	评分标准	配分	扣分
2	专业技能能力	□ 6. 能正确安装油底壳，并按规定紧固螺栓 □ 7. 能正确安装机油泵，并按规定紧固螺栓	未完成1项扣5分，扣分不得超50分	50	
3	工具设备使用能力	□ 1. 能正确选用维修工具 □ 2. 能正确使用维修工具拆装 □ 3. 能正确使用测量工具 □ 4. 能正确使用专用工具 □ 5. 能熟练使用办公软件	未完成1项扣5分，扣分不得超10分	10	
4	资料、信息查询能力	□ 1. 能正确使用维修手册查询资料 □ 2. 能正确使用用户手册查询资料 □ 3. 能在规定时间内查询所需资料 □ 4. 能正确记录查询资料章节页码 □ 5. 能正确记录所需维修信息	未完成1项扣2分，扣分不得超10分	10	
5	数据判读分析能力	□ 1. 能判断油底壳是否需要维修或更换 □ 2. 能判断机油泵是否需要维修或更换	未完成1项扣5分，扣分不得超10分	10	

续表

序号	评分项	得分条件	评分标准	配分	扣分
6	方案制定与报告撰写能力	□ 1. 字迹清晰 □ 2. 语句通顺 □ 3. 无错别字 □ 4. 无涂改 □ 5. 无抄袭	未完成1项扣1分，扣分不得超5分	5	
合计				100	

四、考评报告

说明：考评分为理论考评和实操考评，实操考评根据项目要求以及考评模板格式制定项目实施方案，方案经教师审核合格后，方可进行实操考核。考评报告模板详见附录A。

学习笔记

拓展阅读——CA72 型红旗创新中的失败

痛点

1959 年，红旗 CA72 高级轿车的量产非常成功，大部分供中央领导人公用，在很多外事活动中，需要翻译及随从人员，但是车内没有他们的座位。如何满足领导人用车的专有属性，成为红旗研发改进的新方向。

过程

二排座 CA72 型红旗改成三排座的研发，从 1959 年底到 1964 年底进行了三轮试制。

第一轮：1959.12 ~ 1960.3，一汽以 CA72 为基础将车身与车架中部切开加长约 300 mm，加了一排折叠座，前后车门仍保留对开式，以便于后排主座进出方便与安全。但这辆三排座样车存在未攻克的技术缺陷，未投产。第一轮以 CA72 为基本型的“红旗”三排座轿车，前标为众字标，如右图。

第二轮：1960.4 ~ 1963.4，设计师以 1 ∶ 5 的比例做了许多三排座红旗的油泥模型，经过比较选定后开始试制。这次试制仅限于车身改变，而发动机、底盘与第一轮无差异。同样因在技术存在某些缺陷，未投产。第二轮以 CA72 为基本型的“红旗”三排座轿车，如右图。

第三轮：1963.5 ~ 1964.12，一汽又开始了第三轮三排座样车的设计。这次设计主要是改变车身造型，利用 CA72 的车身覆盖件，但改来改去，越改越多，最后改动的部分远远大于保留原车覆盖件的部分。历时一年半时间，CA72 长轴距三排座第三轮样车试制完成，车型外观有一定程度的改观，但仍未投产。第三轮以 CA72 为基本型的“红旗”三排座轿车，如下图。

至此，历时四年多的 CA72 红旗基础上的三排座红旗试制未能完成目标。

第一轮以 CA72 为基本型的“红旗”三排座轿车，前标为众字标

第二轮以 CA72 为基本型的“红旗”三排座轿车

第三轮以 CA72 为基本型的“红旗”三排座轿车

思考

马克思说：“在科学上没有平坦的大道，只有不畏劳苦沿着陡峭山路攀登的人，才有希望达到光辉的顶点”。

——结合红旗 CA72 三排座改型，你如何理解这句话呢？

学习笔记

学习笔记

项目四　检修冷却系统

一、项目描述

完成 2014 款卡罗拉 1.6 L GL-i 轿车 1ZR-FE 发动机冷却系统检修作业。

二、项目要求

符合 2014 款卡罗拉 1.6 L GL-i 轿车 1ZR-FE 发动机技术要求与标准，正确使用工具，完成如下检修作业：

（1）检修散热器和电子风扇；

（2）检修水泵和节温器。

三、学习目标

（1）准确陈述冷却系统、散热器、电子风扇、水泵和节温器的组成（或结构）及功用；

（2）准确陈述散热器检修作业方法；

（3）准确陈述电子风扇检修作业方法；

（4）规范地对水泵进行检修作业；

（5）规范地对节温器进行检修作业；

（6）养成自觉遵守技术标准和要求规定、规范操作、安全、环保、“5S”作业的好习惯；

（7）增强尊重劳动者、珍惜劳动成果的思想意识；

（8）认识到克服困难就是创新。

四、学习载体

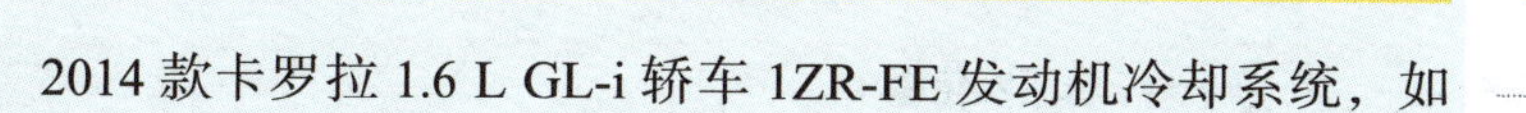

2014 款卡罗拉 1.6 L GL-i 轿车 1ZR-FE 发动机冷却系统，如下图。

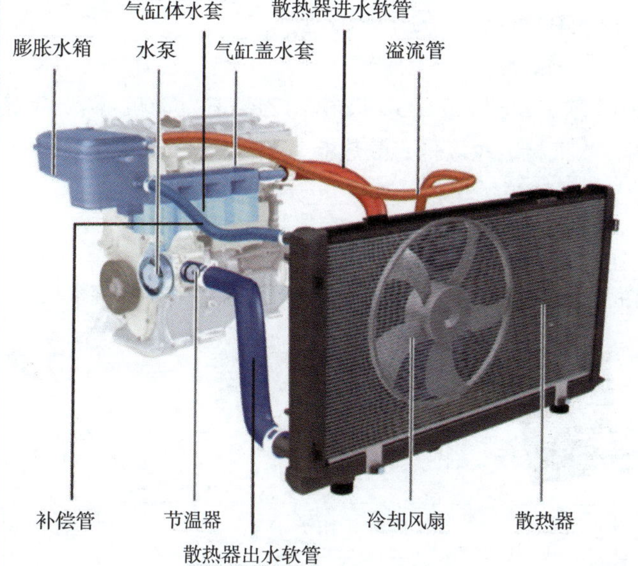

2014 款卡罗拉 1.6L GL-i 轿车 1ZR-FE 发动机冷却系统

发动机冷却系统有水冷和风冷之分，2014 款卡罗拉 1.6 L GL-i 轿车 1ZR-FE 发动机采用的是水冷却系统，主要由水泵、节温器、散热器、冷却风扇等组成。其功用是对工作中的发动机进行适当冷却，保证发动机在正常工作温度下持续运行。

学习笔记

视频 

4-1 冷却系统功用

学习笔记

任务一　检修散热器和电子风扇

职业行动

步骤一：作业准备

1. 作业场地

选择带有消防设施的作业场地。

2. 设备设施

2014 款卡罗拉 1.6 L GL-i 轿车 1ZR-FE 发动机台架、工具车、零件车、吹气枪、垃圾桶、散热器盖测试仪、高压水枪、举升机。

3. 工量辅具（见表 4-1-1）

表 4-1-1　检修散热器和电子风扇工量辅具

套筒扳手组合套具	一字螺丝刀	十字螺丝刀
鲤鱼钳	指针式扭力扳手	尖嘴钳

4. 耗材

清洁布、冷却液、锯条。

职业知识

散热器类型

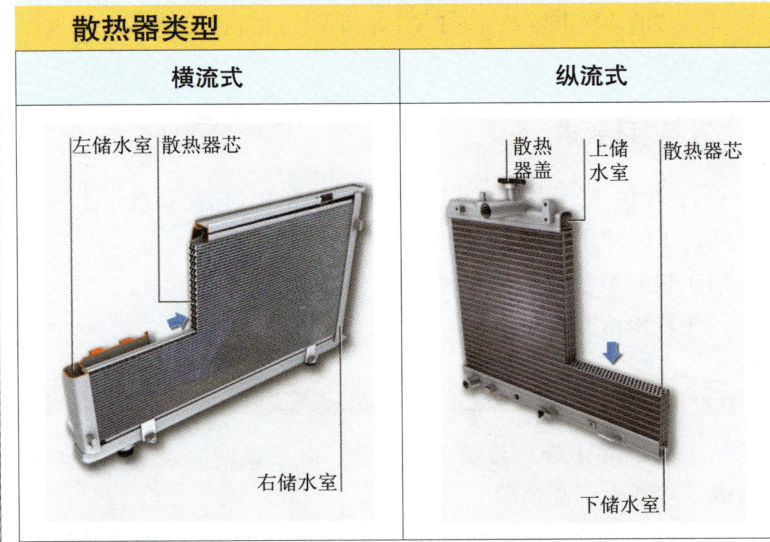

横流式散热器结构

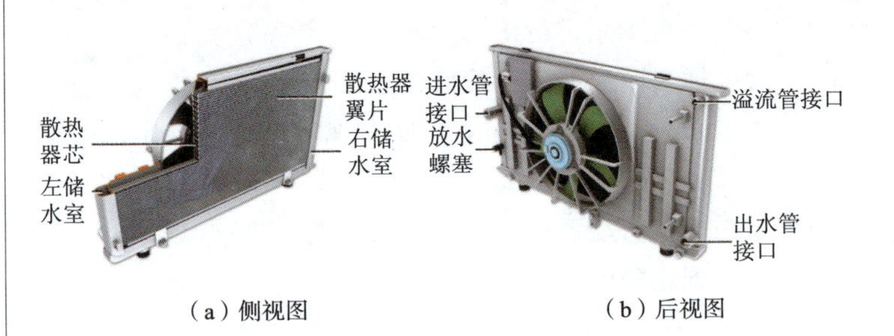

（a）侧视图　（b）后视图

视频
4-2 散热器类型

视频
4-3 散热器结构

你尊重劳动成果吗?

步骤二：拆卸散热器和电子风扇

1. 确认散热器和电子风扇安装位置

散热器和电子风扇安装在前保险杠后方。

2. 拆卸散热器

（1）拆卸散热器外围件

① 拆卸前保险杠。

a. 使用十字螺丝刀拆卸前保险杠左右两侧 4 个固定卡扣，见图 4-1-1。

b. 举升车辆至操作的合适高度，使用棘轮扳手依次拆卸前保险杠下部 6 个固定螺栓，见图 4-1-2。

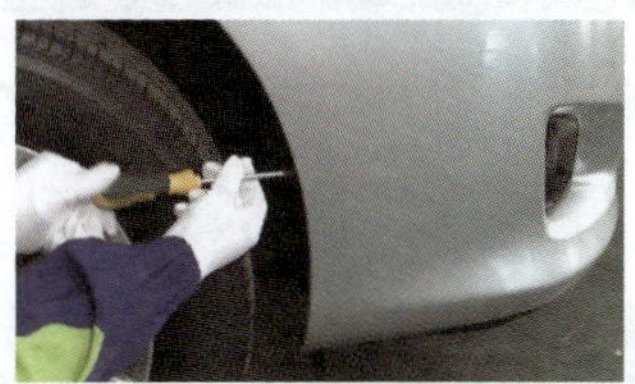

图 4-1-1　拆卸前保险杠左右两侧 4 个固定卡扣

图 4-1-2　拆卸前保险杠下部 6 个固定螺栓

c. 降下车辆，使用棘轮扳手，依次拆卸前保险杠上部 2 个固定螺栓，见图 4-1-3。

d. 使用一字螺丝刀依次拆下前保险杠上部 3 个固定卡扣，见图 4-1-4。

图 4-1-3　拆卸前保险杠上部 2 个固定螺栓

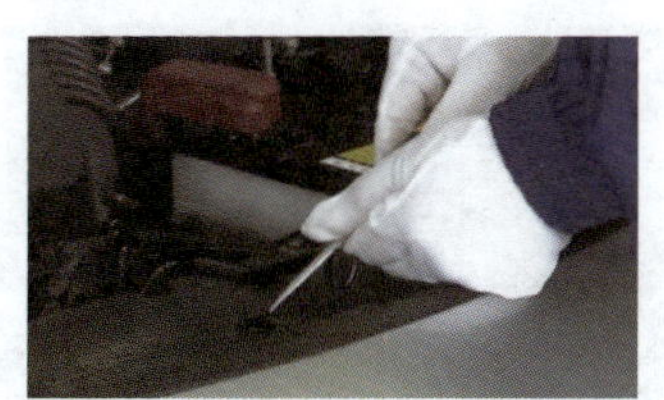

图 4-1-4　拆下前保险杠上部 3 个固定卡扣

散热器功用

- 将冷却液所含热量，通过流动空气散发，使冷却水迅速得到冷却，维持发动机正常工作温度。

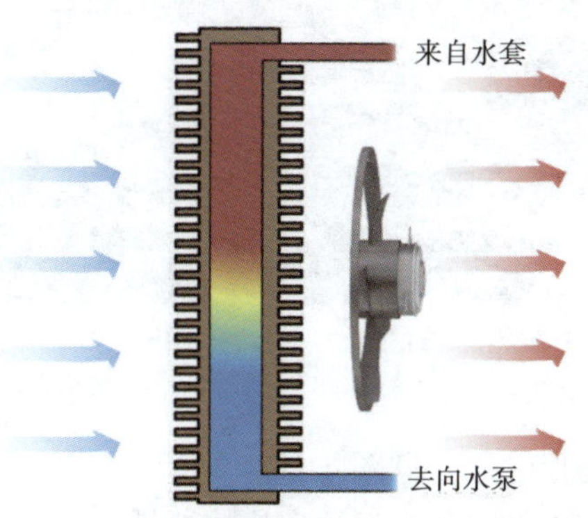

散热器工作原理

- 冷却液在散热器芯内流动，空气从散热器芯外通过。热的冷却液由于向空气散热而变冷，冷空气则因为吸收冷却液散出的热量而升温。散热器通过加大冷却液与空气的接触面积，利用空气流动降低冷却液热量，达到散热效果。

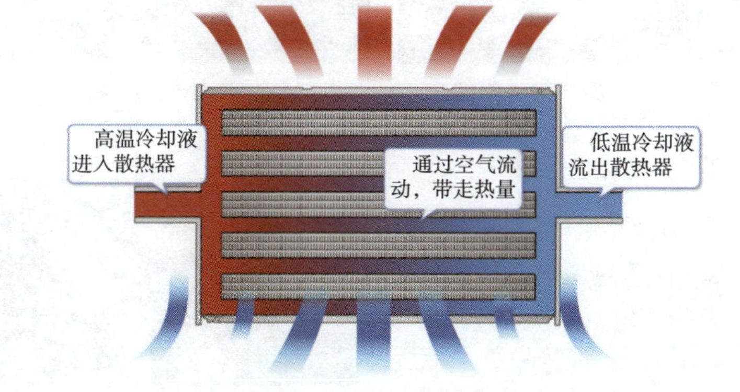

视频

4-4 散热器功用

视频

4-5 散热器工作原理

视频

4-6 拆卸散热器外围件

学习笔记

e．使用十字螺丝刀拆下散热器格栅防护罩 2 个固定螺栓，见图 4-1-5。

f．用手脱开左右前保险杠两侧固定卡爪，见图 4-1-6。

图 4-1-5　拆下散热器防护罩 2 个固定螺栓

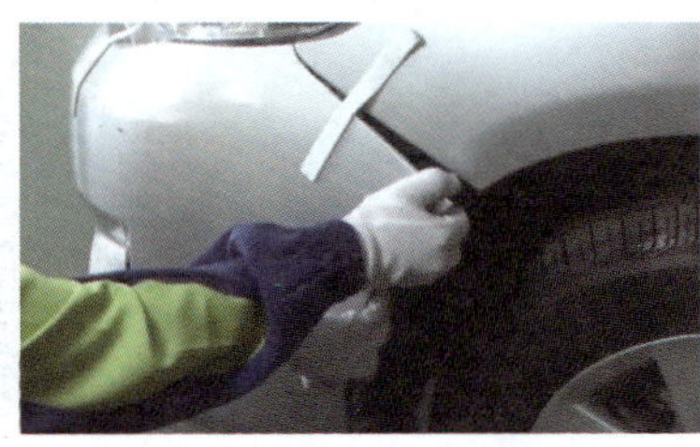
图 4-1-6　脱开左右两侧前保险杠固定卡爪

g．拆开前保险杠，见图 4-1-7。

h．用手按下左右前雾灯线束连接器锁舌，向外拔出线束连接器，见图 4-1-8，取走前保险杠。

图 4-1-7　拆下前保险杠

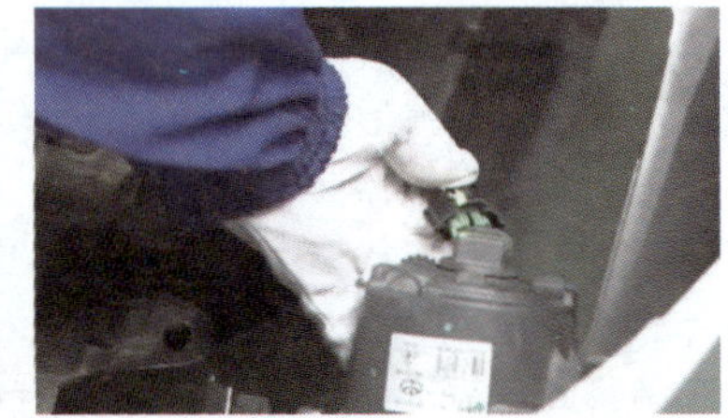
图 4-1-8　向外拔出左右前雾灯线束连接器

视频

4-7 拆卸蓄电池和分离热敏电阻

② 拆卸蓄电池。

③ 分离热敏电阻。

a．按下热敏电阻连接器锁扣，分离热敏电阻线束连接器，见图 4-1-9。

b.脱开卡夹,取下热敏电阻。

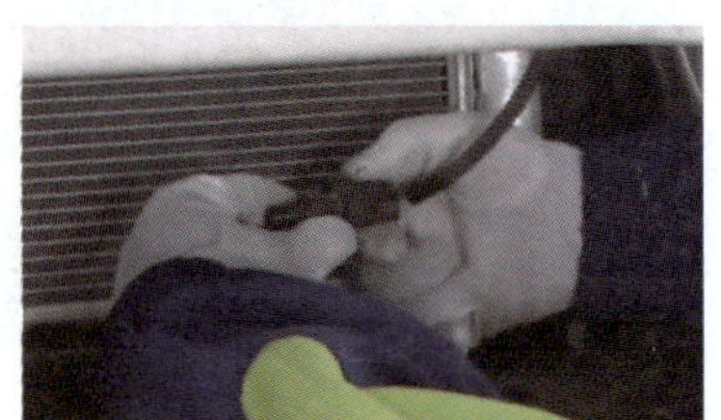
图 4-1-9　分离热敏电阻

视频

4-8 排空冷却液

拆卸前保险杠要求

• 做好防护

拆卸前保险杠前，沿前保险杠四周粘贴保护性胶带，以防掉落损坏。

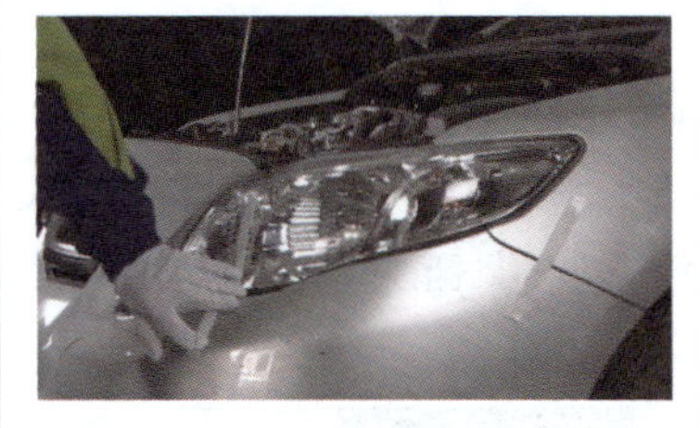

• 妥善放置

取走前保险杠后，要妥善放置，避免前保险杠漆面划伤及变形。

• 拆卸前保险杠前要排空冷却液

（a）打开冷却液补偿罐盖

（b）拧松空气导管固定卡箍

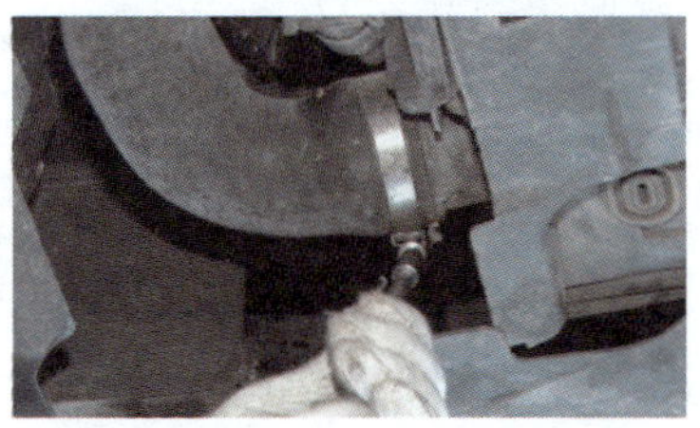

（c）松开冷却液管道卡箍

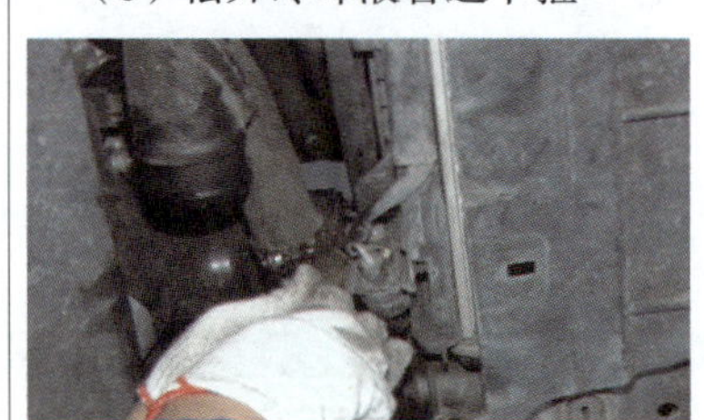

（d）轻轻拔下冷却液管道一端

你尊重劳动成果吗？

（2）拆卸散热器各管路

① 拆下散热器储液罐回水软管固定件。使用棘轮扳手拧松散热器上支架上 2 个散热器储液罐回水软管支架的固定螺栓，见图 4-1-10；用手分别将软管与 2 个卡夹分开，见图 4-1-11。

图 4-1-10 2 个散热器储液罐回水软管支架固定螺栓

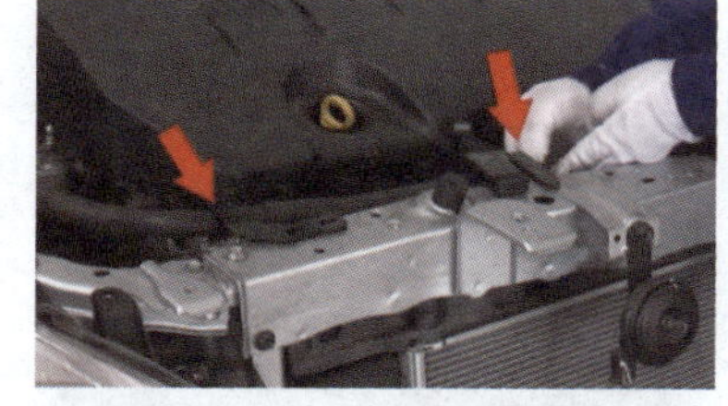

图 4-1-11 2 个散热器储液罐回水软管卡夹

② 断开散热器储液罐出水软管。使用鲤鱼钳将散热器储液罐出水软管的锁紧卡子移出阻挡位置，见图 4-1-12；并用手将散热器储液罐出水软管从散热器上断开，用塑料袋套住管口并移至高处。

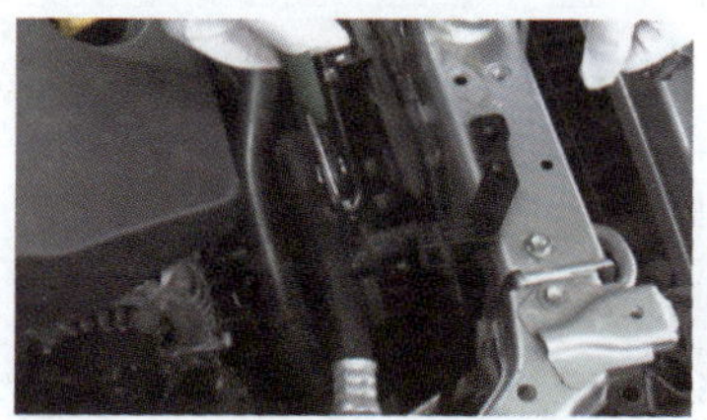

图 4-1-12 散热器储液罐出水软管锁紧卡子

③ 断开散热器进、出水管。使用鲤鱼钳将散热器进、出水管锁紧卡子移出阻挡位置，并从散热器上断开，用塑料袋套住管口。

④ 断开自动变速器冷却软管。使用鲤鱼钳将 2 根自动变速器冷却软管锁紧卡子移出阻挡位置，并从散热器上断开，用塑料袋套住管口；使用棘轮扳手依次拧松自动变速器冷却软管 2 个固定螺栓，见图 4-1-13。

图 4-1-13 自动变速器冷却软管 2 个固定螺栓

散热器各管路位置及拆卸要求

散热器各管路位置

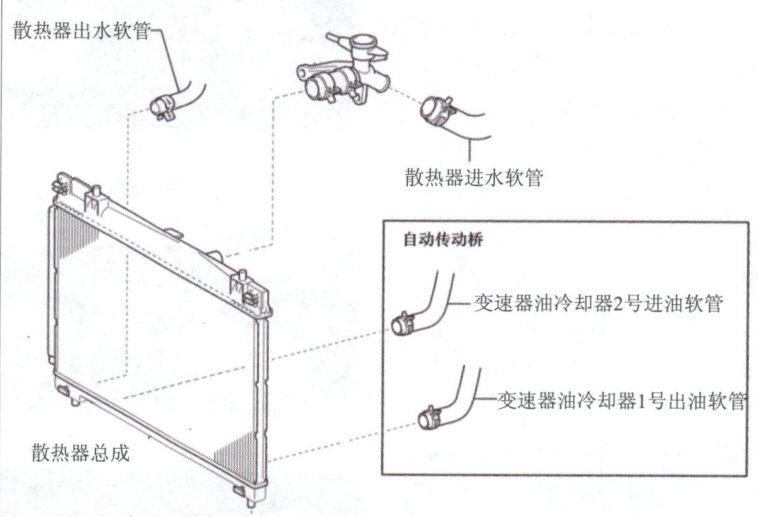

拆卸要求

• 套住管口

断开后的软管管口需用塑料袋套住或用塞子塞住，防止残液污染或异物进入。

• 放置收集器

断开散热器进、出水管口前，需在管口下方放置液体收集器。

学习笔记

视频

4-9 拆卸散热器各管路

学习笔记

（3）拆卸 2 号风扇罩

① 拆卸与发动机盖锁总成连接的附件。按下发动机盖锁线束连接器锁扣，分离线束连接器；依次将发动机盖锁控制拉锁与风扇罩上的卡夹分离，见图 4-1-14。

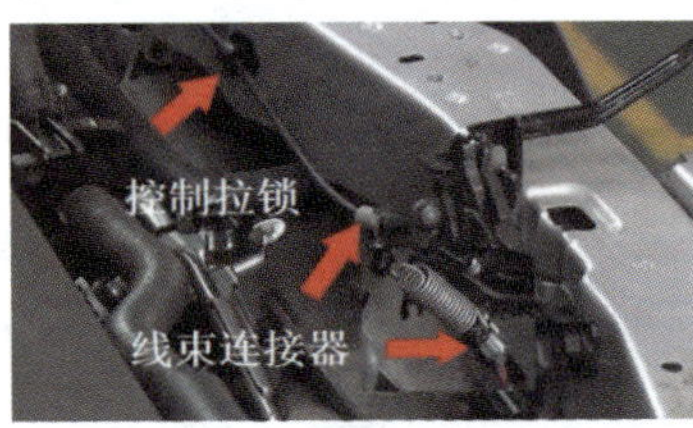

图 4-1-14 发动机盖锁线束连接器及控制拉锁

② 断开 2 个喇叭线束连接器。按下喇叭线束连接器锁扣，分离喇叭线束连接器，见图 4-1-15。

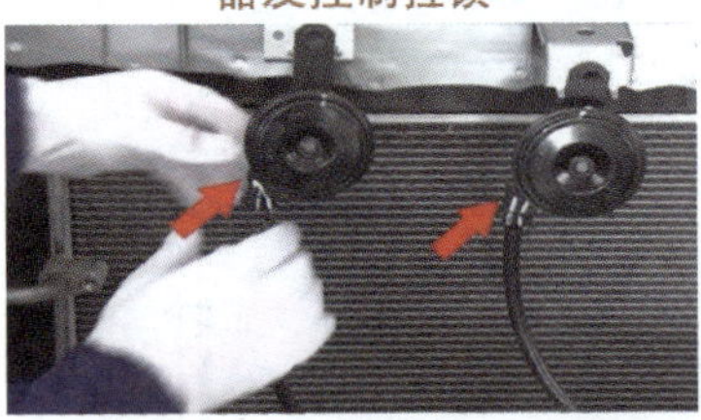
图 4-1-15 喇叭线束连接器

③ 拆下散热器上支架。使用棘轮扳手分次拧松并拆下散热器上支架上 4 个固定螺栓，见图4-1-16，取下散热器上支架。

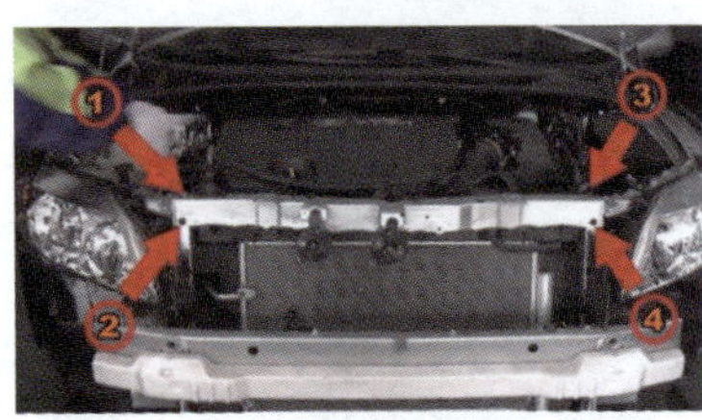
图 4-1-16 散热器上支架上 4 个固定螺栓

④ 拆下散热器储液罐回水软管。将散热器储液罐回水软管从卡夹上断开，使用尖嘴钳将其锁紧卡子移出阻挡位置，并从散热器上断开。

⑤ 拆下 2 号风扇罩。使用棘轮扳手拆下散热器上 2 个固定螺栓，见图 4-1-17。取下散热器上支架 2 个缓冲垫，使用一字螺丝刀撬动 2 个卡爪，使风扇罩脱开，取下风扇罩。

图 4-1-17 散热器上 2 个固定螺栓

视频

4-10 拆卸 2 号风扇罩

拆卸 2 号风扇罩要求

• 注意拆装方位

将发动机盖锁控制拉锁与风扇罩上的卡夹分离时，应注意卡夹的拆装方位。

• 不要过度用力

使用螺丝刀撬动 2 号风扇罩卡爪时，不要过度用力，防止损坏卡爪。

电子风扇安装位置

• 电子风扇安装在散热器后方

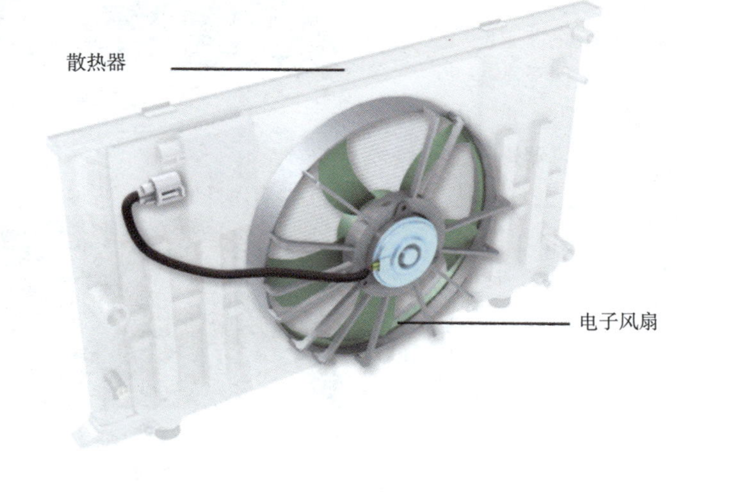

你尊重劳动成果吗？

（3）拆卸散热器总成

① 断开冷却液风扇电动机线束连接器。按下冷却液风扇电动机线束连接器锁扣，分离冷却液风扇电动机线束连接器，见图 4-1-18。

图 4-1-18　冷却液风扇电动机线束连接器

② 移出空调冷凝器。将空调冷凝器向上微提，让空调冷凝器与散热器下支架分离，并向前放置。

③ 拆下散热器。向上提起并取出散热器，放置在操作台上。

④ 拆下散热器下支架缓冲垫，取下散热器下支架2个缓冲垫。

图 4-1-19　拆卸风扇罩 2 个固定螺栓

⑤ 拆卸风扇罩。使用棘轮扳手拆卸风扇罩 2 个固定螺栓，取下风扇罩，见图 4-1-19。

3. 拆卸电子风扇

（1）拆卸电子风扇叶片

使用棘轮扳手拆卸电子风扇叶片固定螺母，见图 4-1-20，并拆下电子风扇叶片。

图 4-1-20　拆卸电子风扇叶片固定螺母

（2）拆卸电子风扇电动机

从风扇罩上断开连接器和 2 个卡夹，见图 4-1-21；用十字螺丝刀拆下电子风扇电动机的 3 个固定螺钉，并拿下电子风扇电动机。

图 4-1-21　从风扇罩上断开连接器和 2 个卡夹

电子风扇

结构	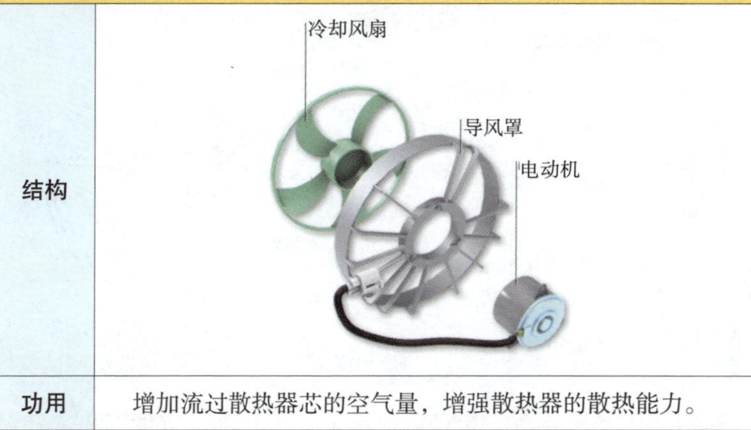
功用	增加流过散热器芯的空气量，增强散热器的散热能力。

电子风扇工作原理

风扇转速取决于冷却液温度高低和空调系统的工作状态。通常情况下，电子风扇转速分两个挡位运行，在冷却液温度达到 93~98 ℃时，风扇低速旋转；在冷却液温度达到 105 ℃时，风扇高速旋转。

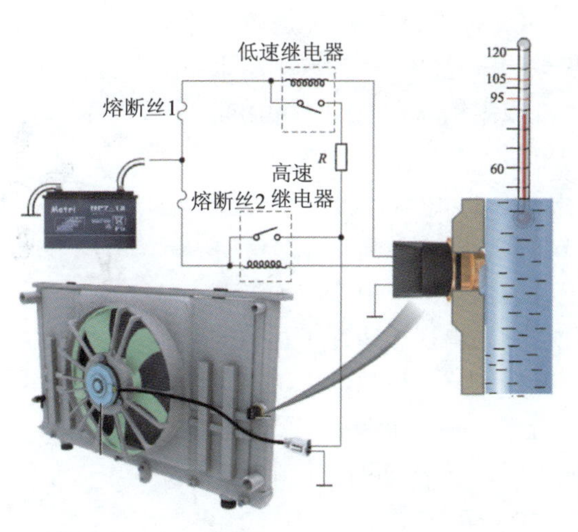

视频

4-11 拆卸散热器总成

视频

4-12 拆卸电子风扇

视频

4-13 电子风扇结构

视频

4-14 电子风扇工作原理

学习笔记

步骤三：检修散热器和电子风扇

1. 检修散热器

（1）检查散热器泄漏

① 给散热器加注发动机冷却液，并接上散热器盖测试仪，见图 4-1-22。

② 抽吸散热器盖测试仪，直至压力达到 137 kPa，检查确认压力是否下降。

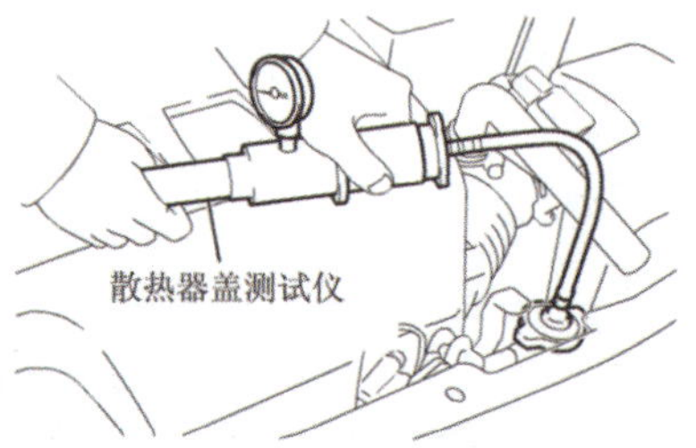

图 4-1-22　接上散热器盖测试仪

③ 如果下降，检查软管、散热器总成和水泵总成是否有泄漏。如果外部没有发动机冷却液泄漏迹象，应检查加热器芯、气缸体和气缸盖。

（2）检查散热器堵塞

① 检查散热器芯是否有灰尘和嵌有杂物，如有则用水冲洗或用钢丝刷清理，并用吹气枪吹干，见图 4-1-23。

② 在汽车行驶后，检查散热器工作温度。正常情况下，散热器上下温度应均匀变化，如果出现半边冷半边热的情况，应该是散热器内部出现了堵塞。为消除堵塞，可先将散热器接在高压水管上，逆向冲洗。如果堵塞严重，可以使用少量清洗剂。

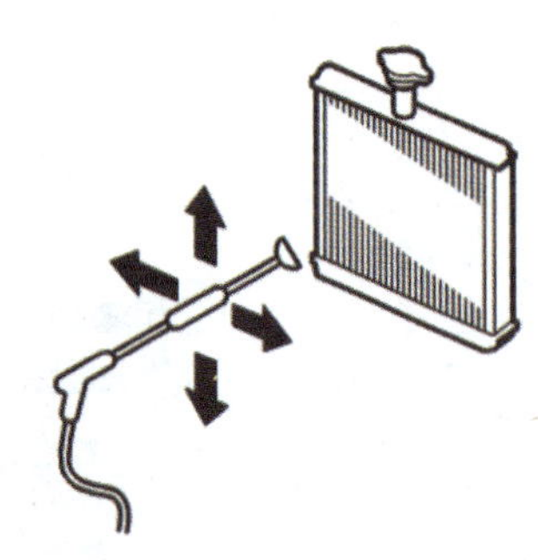
图 4-1-23　冲洗散热器

（3）检查散热器倒伏

如果散热器片有倒伏现象，则应予以矫正。可使用锯条片（或类似工具）一片一片地扶正，或更换。

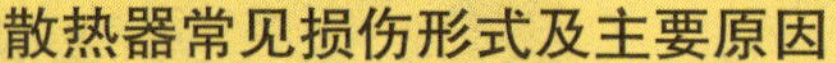

散热器常见损伤形式及主要原因

- 泄漏：密封件老化、腐蚀、撞击等。

- 堵塞：冷却系统有污物。

- 倒伏：清洁时高压水枪压力过大。

- 散热器盖内部泄漏：限压弹簧弹力衰减。

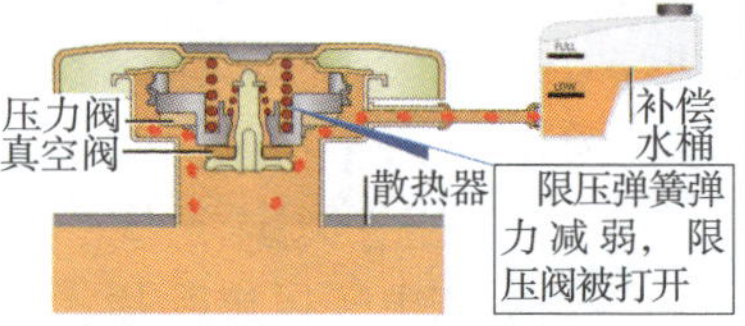

检修散热器要求

- 不要在发动机和散热器都很热的情况下拆下散热器盖，避免被烫伤。
- 冲洗散热器时，喷射方向应与散热器芯表面成直角。
- 使用蒸汽清洁器，当喷射压力未达 2 942~4 903 kPa 时，喷射距离应保持在 300 mm，当喷射压力未达 4 903~7 845 kPa 时，喷射距离应保持在 500 mm。
- 不要使电子部件接触到水。

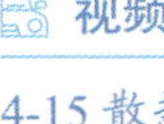
视频

4-15 散热器盖损伤

你尊重劳动成果吗？

（4）检查散热器盖泄漏

① 检查O型圈是否变形、开裂或膨胀，见图4-1-24。如果有，则更换。

② 检查O型圈是否有水垢或异物。如果有，则用清水冲洗或擦拭。

③ 在O型圈和橡胶密封件上涂抹发动机冷却液。

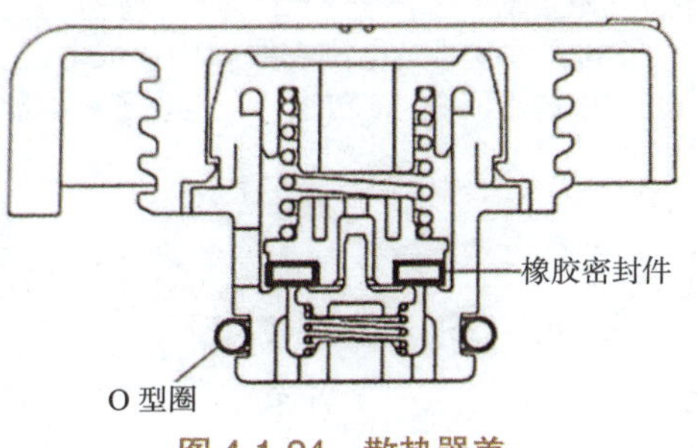

图 4-1-24　散热器盖

④ 安装散热器盖测试仪。

⑤ 抽吸散热器盖测试仪数次，检查最大压力。

⑥ 如果最大压力小于最小标准值，则更换散热器盖。

2. 检修电子风扇

（1）检查风扇叶片

检查风扇是否有变形、弯曲、破损，如有，则更换叶片或风扇。

（2）检查电子风扇在低温（低于 83 ℃）状态下的工作情况

① 空调开关关闭时，将点火开关转到 ON。检查并确认冷却风扇是否工作。如果不工作，则检查冷却风扇继电器和发动机冷却液温度传感器及它们之间的连接器是否断开或线束是否断裂。

② 断开发动机冷却液温度传感器连接器。检查并确认冷却风扇是否旋转。如果不旋转，则检查保险丝、冷却风扇继电器、ECM 和冷却风扇，以及检查冷却风扇继电器和发动机冷却液温度传感器之间是否存在开路。

③ 重新连接发动机冷却液温度传感器连接器。

（3）检查冷却风扇在高温（高于 93 ℃）状态下的工作情况。

起动发动机并关闭空调开关，然后将发动机冷却液温度升到高于 93 ℃。检查并确认冷却风扇是否旋转。如果不旋转，则检查发动机冷却液温度传感器、冷却风扇、线束和连接器。

检修散热器盖要求及技术标准

检修要求	• 使用散热器盖测试仪测试阀门开启压力时，其向上倾斜大于 30°。 • 抽吸速度为 1 次 /s。 • 即使散热器盖不能保持最大压力，也不属于故障。 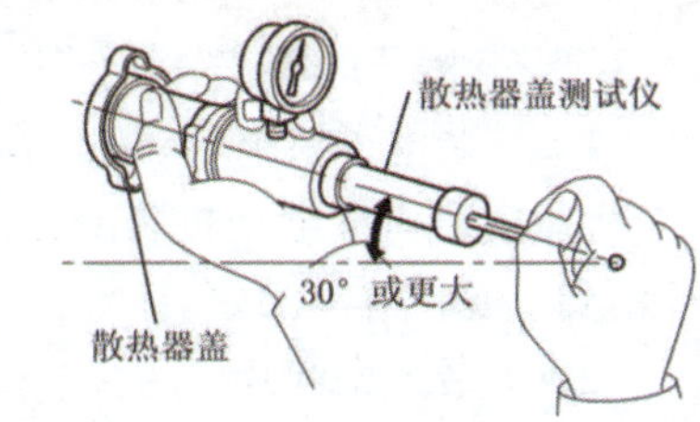	
技术标准	测试阀门开启压力标准值（新盖）	93.3~122.7 kPa
	测试阀门开启压力最小标准值（旧盖）	78.5 kPa

电子风扇常见损伤形式及主要原因

常见损伤形式	主要原因
不转风	风扇驱动电动机故障、控制电路断路。
风扇转速慢	风扇驱动电动机故障、控制电路产生附加电阻。
运转时机不准	风扇控制电路故障。
异响	风扇磨损外壳、风扇轴承损坏、风扇扇叶变形、异物进入风机。

电子风扇电动机

结构	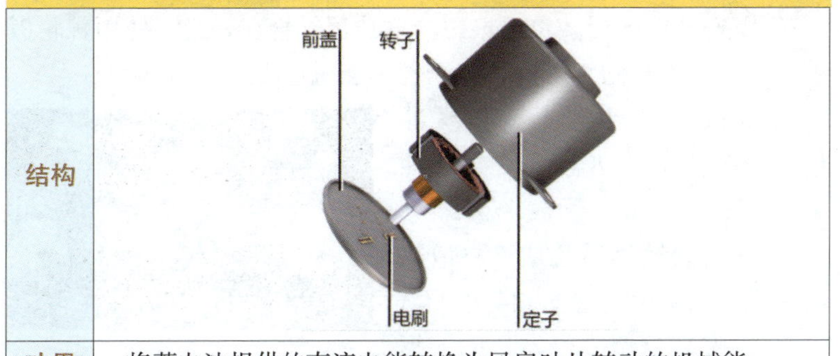
功用	将蓄电池提供的直流电能转换为风扇叶片转动的机械能。

视频 

4-16 电子风扇常见损伤

视频

4-17 电子风扇电动机控制原理

学习笔记

视频

4-18 安装电子风扇

视频

4-19 安装散热器总成

视频

4-20 电子风扇电动机工作原理

步骤四：安装散热器和电子风扇

1. 安装电子风扇

（1）安装电子风扇电动机

将风扇罩对准电动机装配孔，使用十字螺丝刀依次分步紧固3个螺钉，见图4-1-25。

（2）安装风扇叶片

将风扇叶片中心孔的半圆部分对准电动机轴的半圆部分后推入，紧固螺母至标准扭力值，见图4-1-26。

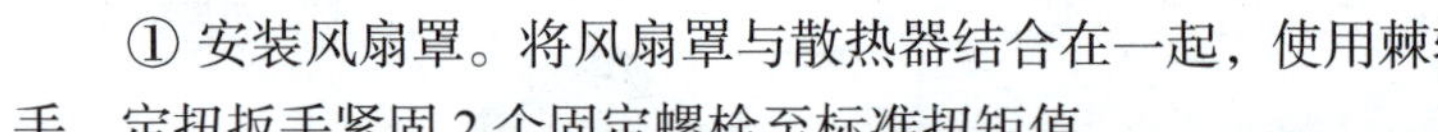

图4-1-25　安装电动机固定螺钉　　图4-1-26　安装叶片螺母

2. 安装散热器

（1）安装散热器总成

① 安装风扇罩。将风扇罩与散热器结合在一起，使用棘轮扳手、定扭扳手紧固2个固定螺栓至标准扭矩值。

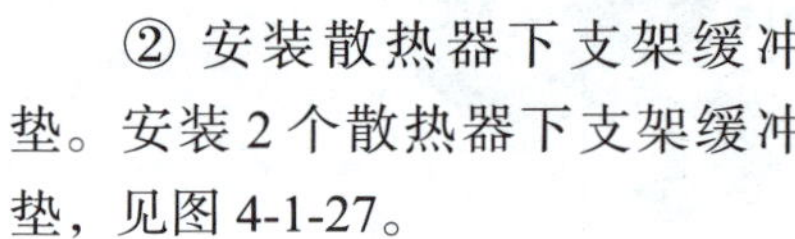

② 安装散热器下支架缓冲垫。安装2个散热器下支架缓冲垫，见图4-1-27。

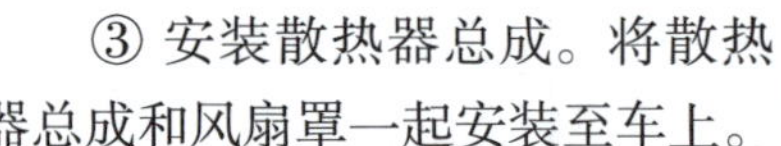

③ 安装散热器总成。将散热器总成和风扇罩一起安装至车上。

图4-1-27　安装散热器下支架缓冲垫

④ 安装空调冷凝器。向上提起空调冷凝器，对正下部定位装置慢慢放入，让空调冷凝器与散热器贴近放置。

电子风扇电动机工作原理

当电子风扇通过电刷在线圈中形成电流流动，产生电磁场，线圈在电磁力作用下产生旋转运动，实现了将电能转换为机械能。

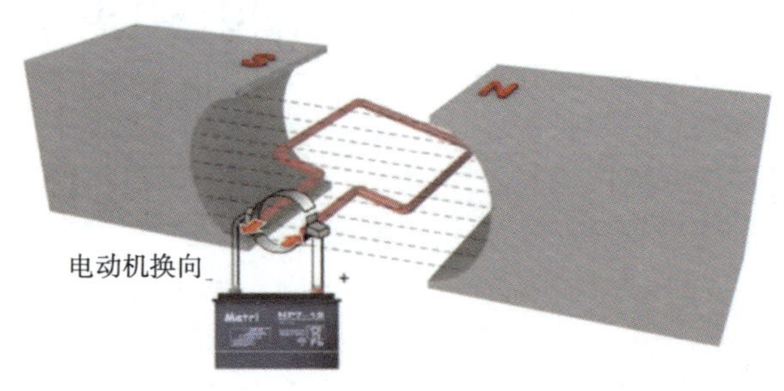

安装电子风扇要求及技术标准

- 要将连接器和2个卡夹连接在风扇罩上。
- 螺母标准扭矩为6.3 N·m。
- 安装完螺母后，转动风扇叶片，检查风扇是否有卡滞、碰擦等现象。若有，需分析原因，进行维修，必要时重新装配。

安装散热器技术标准

项目	标准
风扇罩紧固螺栓扭矩	7.0 N·m
2号风扇罩紧固螺栓扭矩	7.0 N·m
散热器上支架上紧固螺栓扭矩	13.0 N·m
自动变速器冷却软管固定支架紧固螺栓扭矩	5.5 N·m
散热器储液罐回水软管支架固定螺栓扭矩	7.0 N·m

你尊重劳动成果吗？

（2）安装 2 号风扇罩

① 安装 2 号风扇罩。对正散热器上 2 号风扇罩的安装位置，接合 2 号风扇罩上的 2 个卡爪，使用扭力扳手依次安装 2 个风扇罩固定螺栓至标准扭矩。

② 用手将 2 个缓冲垫安装散热器上支架。

③ 用手插接风扇电动机线束连接器。

④ 将散热器储液罐回水软管安装到固定卡夹上，并从散热器上连接。使用尖嘴钳将卡箍安装到正确的阻挡位置，与原压痕重合。

⑤ 安装散热器上支架。将散热器上支架对正安装，使用扭力扳手分次紧固散热器上支架上的 4 个固定螺栓至标准扭矩。

⑥ 连接 2 个喇叭线束连接器。

⑦ 安装发动机盖锁总成连接件。将发动机盖锁控制拉锁安装到相应的风扇罩上的卡夹中，连接发动机盖锁线束连接器。

（3）连接散热器各管路

① 连接散热器进、出水管。将散热器进、出水管安装到散热器上，使用鲤鱼钳将散热器进、出水管锁紧卡子移动到正确的阻挡位置，与原压痕重合。

② 安装自动变速器冷却软管固定支架。使用扭力扳手紧固自动变速器冷却软管固定支架 2 个固定螺栓至标准扭矩，将 2 根自动变速器冷却软管安装到散热器上，使用鲤鱼钳将 2 根自动变速器冷却软管锁紧卡子安装到正确的阻挡位置，与原压痕重合。

③ 连接散热器储液罐出水软管。使用鲤鱼钳将散热器储液罐出水软管锁紧卡子安装到正确的阻挡位置。连接散热器储液罐出水软管分别固定在 2 个卡夹中。使用扭力扳手紧固散热器上支架上 2 个散热器储液罐出水软管支架的固定螺栓至标准扭矩。

安装散热器要求

• 对正位置	• 可靠插接
安装散热器总成至车上下支架上，要确保安装位置对正，不要碰到散热片。 	用手插接风扇电动机线束连接器，直到听见“咔哒”一声为止。 
• 抹一薄层冷却液 安装散热器软管时，若管内无残留冷却液，则要先在安装部位抹一薄层冷却液。 	• 与原压痕重合 安装散热器软管时，锁紧卡子移动到正确的阻挡位置，与原压痕重合。 

学习笔记

视频

4-21 安装 2 号风扇罩

视频

4-22 连接散热器各管路

学习笔记

视频

4-23 安装热敏电阻和蓄电池

视频

4-24 安装前保险杠

视频

4-25 加注冷却液

（4）连接散热器外围件

① 安装热敏电阻

用手将热敏电阻安装到散热器签到的固定位置，将热敏电阻连接器连接到热敏电阻上。

② 安装蓄电池。

③ 安装前保险杠。

a．将前保险杠放在车辆前，依次连接左前、右前雾灯线束连接器，安装前保险杠。

b．依次按下左右前保险杠两侧固定卡爪。

c．依次安装前保险杠上部3个固定卡扣，见图4-1-28。

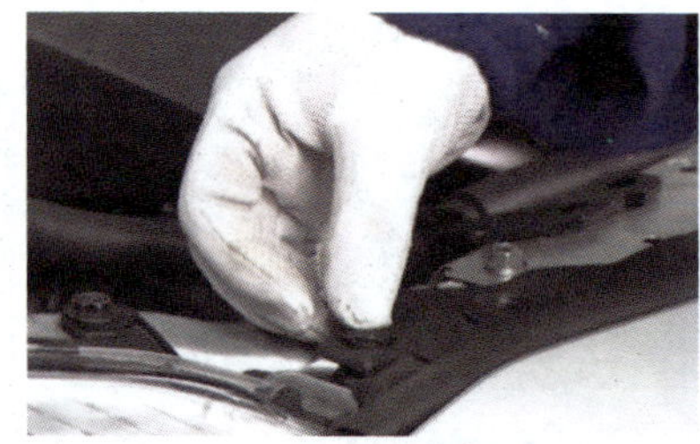

图4-1-28　安装前保险杠上部固定卡扣

d．使用十字螺丝刀依次安装散热器格栅防护罩2个固定螺栓，见图4-1-29。

e．使用棘轮扳手紧固前保险杠上部2个固定螺栓，见图4-1-30。

f．使用十字螺丝刀安装前保险杠左右两侧4个固定卡扣。

g．举升车辆至操作的合适高度，使用棘轮扳手依次紧固前保险杠下部6个固定螺栓。

图4-1-29　安装散热器格栅防护罩固定螺栓

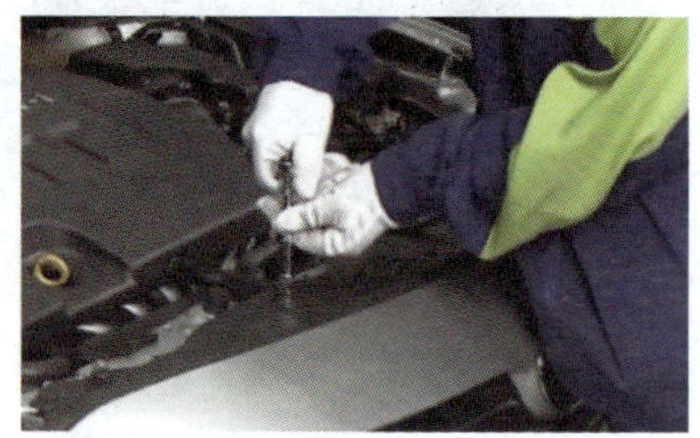

图4-1-30　前保险杠上部固定螺栓

安装散热器要求（续）

• 确认不会脱落	• 确保接合可靠
安装前保险杠时，要确认前保险杠不会脱落。 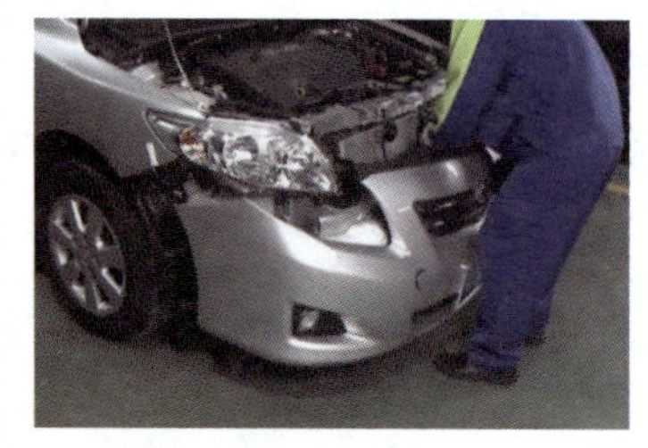	安装前保险杠两侧固定卡爪，要确保接合可靠。 

加注冷却液方法

• 安装冷却液加注设备加注冷却液	• 补充冷却液
将已组装并已灌入冷却液的冷却液加注设备安装到补偿罐上，关闭冷却液加注侧阀门；加装压缩空气管，打开压缩空气侧阀门抽真空后关闭；打开加注侧阀门加注冷却液到液位最高处，关闭加注侧阀门，取下压缩空气管及冷却液加注设备。 	启动发动机，转速达到1 500 r/min，保持2min；发动机运转情况下，加注冷却液至溢出孔位置；发动机继续运转至风扇工作；关闭点火开关，小心打开补偿罐盖消除过压，补充冷却液至最高位。清洁加注口，盖上冷却液补偿罐盖。 

你尊重劳动成果吗？

任务测评

一、知识测评

确定本任务关键词，按重要程度排序并举例解读。根据自己对重要信息捕捉、排序、表达、创新和划分权重能力进行自评，见表 4-1-2。（满分 100 分）

表 4-1-2　检修散热器和电子风扇知识测评表

序号	关键词	举例解读	评分自定
1			
2			
3			
4			
5			
总分			

二、能力测评

对表 4-1-3 所列作业内容，操作规范即得分，操作错误或未操作即零分。（满分 100 分）

表 4-1-3　检修散热器和电子风扇能力测评表

序号	能力点	配分	扣分	备注
1	拆卸散热器和电子风扇	30		
2	检修散热器	20		
3	检修电子风扇	20		
4	安装电子风扇和散热器	30		
总分		100		

三、素养测评

对表 4-1-4 所列素养点，做到即得分，未做到即零分。（满分 100 分）

表 4-1-4　检修散热器和电子风扇素养测评表

序号	素养点	配分	扣分	备注
1	设备和工具安全检查	20		
2	车辆安全防护	20		
3	工具清洁校准存放	20		
4	工量辅具、零部件、油水液体“三不落地”	20		
5	工位“5S”	20		
总分		100		

四、拓展训练

（1）请列举出在检修散热器和电子风扇过程中易出现的问题，分析产生问题的原因并制定解决问题的措施。（满分 25 分）

（2）现车主反映 2014 款卡罗拉 1.6 L GL-i 轿车 1ZR-FE 发动机散热器有渗漏现象，经确认确实存在渗漏现象，部位在上水管处，而且周边也已经出现锈蚀情况，试制定维修流程。（满分 25 分）

（3）红旗轿车的研发史就是一部中国汽车工业自力更生的奋斗史，今天我们国家不仅汽车产销量跃居世界第一，自主品牌汽车品质正逐渐获得世人认可。不论今天坐拥什么成就，都不能忘记老一辈汽车人，正是他们矢志不渝的追求，才奠定了我们今天的基础！

学习笔记

请按照下列思维导图格式（见图 4-1-31），对检修散热器和电子风扇的学习收获进行总结，特别对检修散热器和电子风扇的技术进化做一个概要阐述，同时结合红旗轿车的研发史，选择一个你能想到的说明中国汽车发展的词汇，填写到思维导图空格中，并做理解说明。（满分 50 分）

图 4-1-31　思维导图

你尊重劳动成果吗？

任务二　检修水泵和节温器

职业行动

步骤一：作业准备

1. 作业场地

选择带有消防设施的作业场地。

2. 设备设施

2014 款卡罗拉 1.6 L GL-i 轿车 1ZR-FE 发动机台架、工具车、零件车、吹气枪、垃圾桶。

3. 工量辅具（见表 4-2-1）

表 4-2-1　检修水泵和节温器工量辅具

套筒扳手组合套具	加热支架	烧杯
酒精灯	指针式扭力扳手	铲刀

4. 耗材

清洁布、酒精。

职业知识

离心式水泵

结构

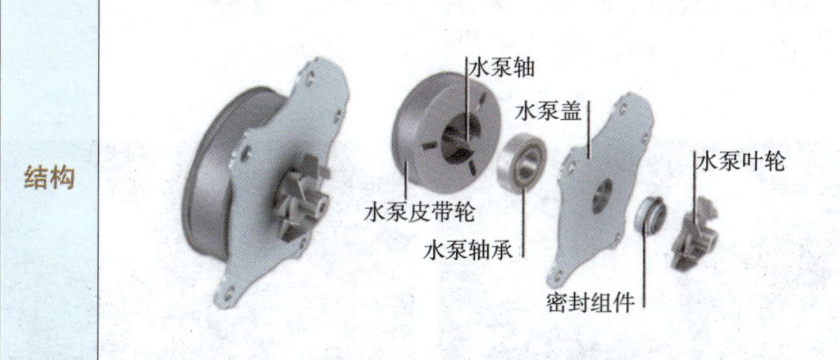

功用

对冷却液加压，保证冷却液在冷却系统中循环流动。

工作原理

叶轮旋转时，水泵中的冷却液在离心力作用下被甩到叶轮边缘，叶轮边缘压力升高，冷却液被压送至出水管；同时叶轮中心处压力降低，冷却液被进水管吸入叶轮中心。

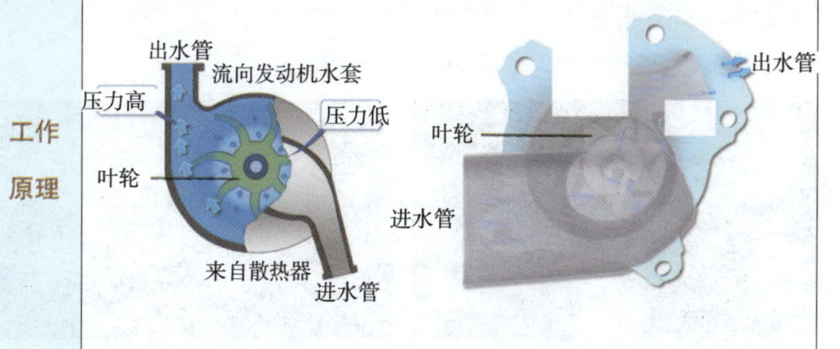

学习笔记

视频　4-26 离心式水泵结构

视频　4-27 离心式水泵功用

视频　4-28 离心式水泵工作原理

学习笔记

步骤二：拆卸水泵和节温器

1. 确认水泵安装位置

离心式水泵安装位置在发电机下部。

2. 拆卸水泵

（1）拆卸多楔带

拆下螺栓 A、B、C，然后拆下多楔带，见图 4-2-1。

（2）拆卸发电机总成

拆卸发电机总成，见图 4-2-2。

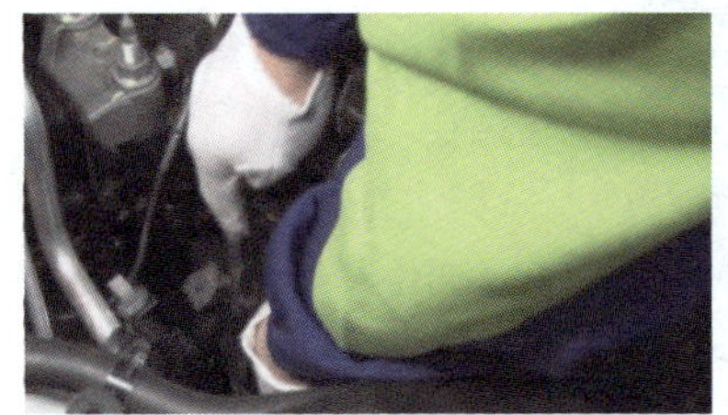

图 4-2-1 拆卸多楔带

图 4-2-2 拆卸发电机总成

（3）拆下水泵总成

① 使用棘轮扳手，依次拆下正时链条盖上 5 个螺栓，取下水泵总成，见图 4-2-3。

② 取下水泵衬垫，见图 4-2-4。

图 4-2-3 拆下水泵总成

图 4-2-4 取下水泵衬垫

视频

4-29 拆卸水泵和节温器

拆卸水泵要求

• 离心式水泵安装位置在发电机下部

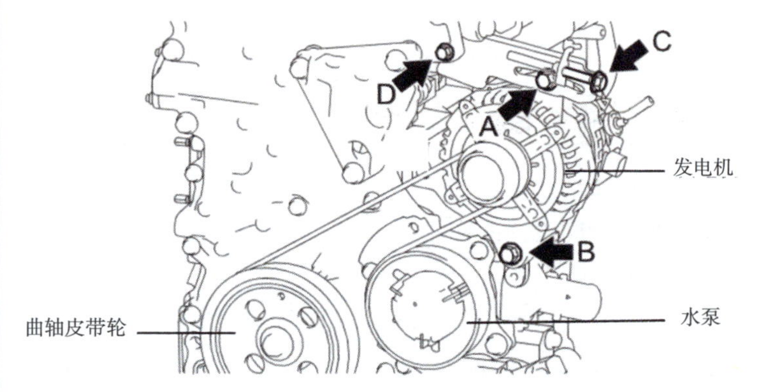

• 水泵总成紧固螺栓拆卸顺序

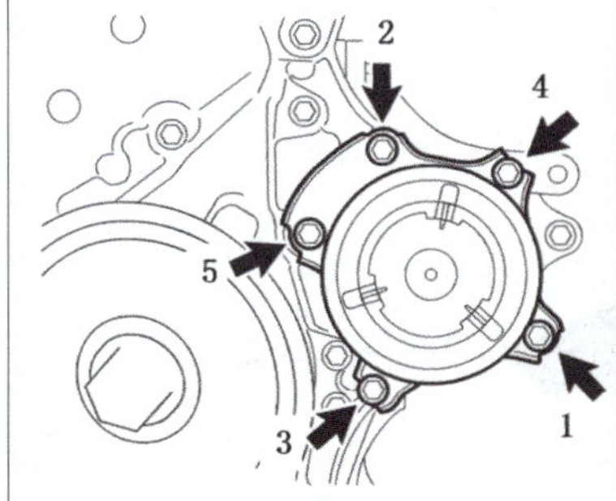

• 清理水泵衬垫残留物

水泵衬垫拆下后，如果有残留物，应使用铲刀将结合面清理干净。

所有你不满意的地方没有创新不能解决的。

3. 拆卸节温器

（1）确认节温器安装位置

节温器安装在水泵的进水口处，见图 4-2-5。

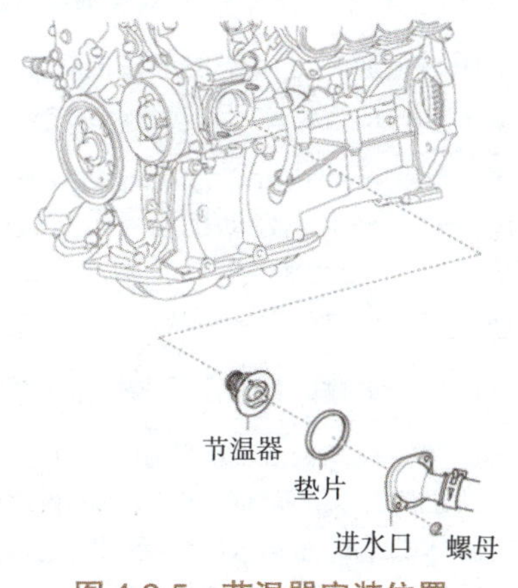

图 4-2-5　节温器安装位置

（2）拆卸发动机进水口

使用棘轮扳手拆卸发动机进水口 2 个螺母，连同进水管移开进水口。

（3）拆下节温器

① 拆下节温器及衬垫，见图 4-2-6。

② 从节温器上取下衬垫，见图 4-2-7。

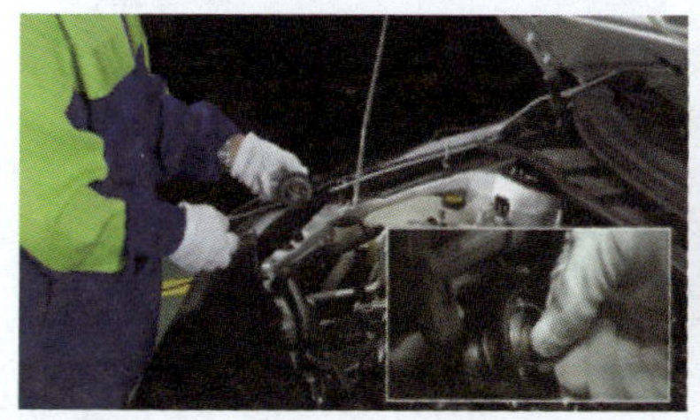

图 4-2-6　拆下节温器及衬垫

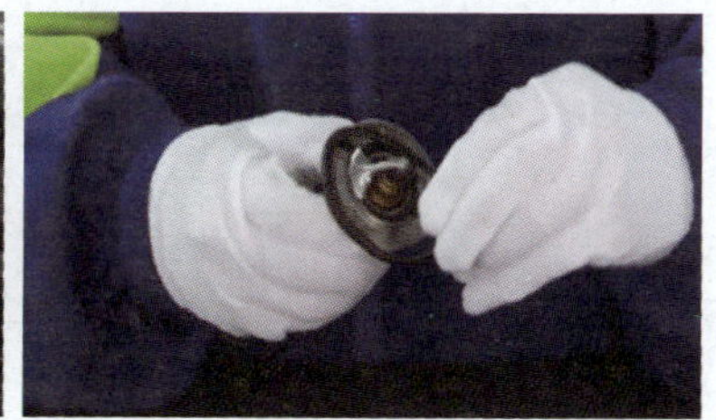

图 4-2-7　从节温器上取下衬垫

蜡式节温器	
结构	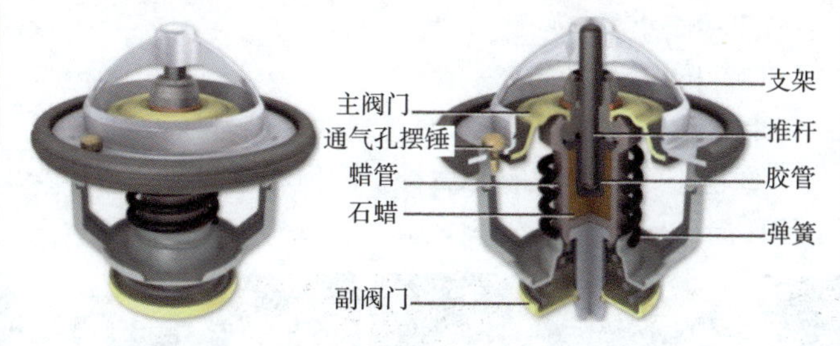
功用	随发动机水温的高低，自动控制冷却液通往散热器的流量和大小循环路线。

表 4-2-5 节温器改进	
温控驱动元件	上海某大学以石蜡节温器为母体，以一根圆柱卷簧状铜基形状记忆合金为温控驱动元件开发出一种新型节温器。该节温器在汽车启动缸体温度较低时偏置弹簧，压缩合金弹簧使主阀关闭副阀打开，进行小循环，当冷却液温升到一定值时，记忆合金弹簧膨胀，压缩偏置弹簧使节温器主阀打开，且随着冷却液温度的升高主阀开度逐渐增加，副阀逐渐关闭，进行大循环。 记忆合金作为温控单元，使得阀门开启动作随温度的变化比较平缓，有利于减少内燃机启动时水箱内的低温冷却水对缸体造成的热应力冲击，同时提高了节温器的使用寿命。 但是该节温器是在蜡式节温器的基础上改造而来的，温控驱动原件的结构设计受到一定程度的限制。
阀门	节温器对冷却液具有节流作用，冷却液流经节温器的沿程损失导致内燃机的功率损失是不可忽视的，山东某大学将节温器的阀门设计成侧壁带孔的薄型圆筒，由侧孔和中孔形成液流通道，并选用黄铜或者铝做阀门的材料，使阀门表面光滑，从而达到降低阻力的效果，提高节温器的工作效率。

学习笔记

视频

4-30 蜡式节温器结构

学习笔记

视频

4-31 检查水泵

视频

4-32 离心式水泵常见损伤

步骤三：检修水泵和节温器

1. 检修水泵

（1）检查水泵总成

① 若是新水泵，检查水泵总成的零件号是否正确，见图 4-2-8。

② 检查水泵总成有无腐蚀、破损和渗漏，见图 4-2-9。若有，需更换。

图 4-2-8　检查水泵总成零件号

图 4-2-9　检查水泵总成腐蚀、破损和渗漏

③ 转动水泵带轮，应无噪声、无卡滞现象，见图 4-2-10。若有，需维修或更换。

（2）检查水泵衬垫

① 拆下的水泵衬垫不能再用，需更换新的水泵衬垫。

② 检查新的水泵衬垫，应无破损、无变形，见图 4-2-11。若有，需更换。

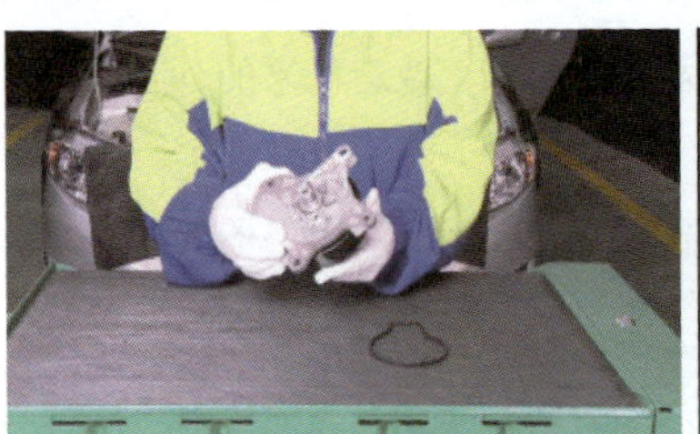

图 4-2-10　转动水泵带轮

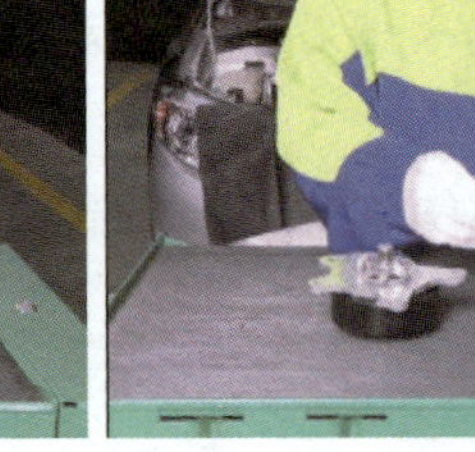

图 4-2-11　检查新的水泵衬垫破损、变形

离心式水泵常见损伤形式、主要原因及危害

损伤形式	主要原因及危害
叶轮损坏	• 常见形式：叶轮开裂、叶轮从泵轴上松脱或叶轮锈蚀。 • 主要原因：通常是由于发动机出现了非正常高温，也有因水泵叶轮的质量问题。 • 危害：叶轮开裂或叶轮从泵轴上松脱后，冷却液循环速度变慢，易引起发动机温度过高故障。损坏的叶轮在旋转时还可能撞击水泵壳体，造成壳体碎裂。叶轮锈蚀一般不会引起发动机故障。
水泵漏水	• 常见部位：水封漏水和水泵与气缸体的结合面漏水。 • 主要原因：水封漏水一般是由于水封损坏或溢水孔被堵死，造成冷却液从泵轴处泄漏，进入水泵轴承内；水泵与气缸体的结合面漏水的常见原因是水泵的橡胶密封圈损坏，或水泵壳体与缸体结合面之间的密封垫损坏。 • 危害：导致轴承的损坏。
轴承抱死	• 现象：在发生抱死之前会出现异响或因为轴承偏磨导致水泵漏水。 • 危害：轻则正时带损坏，重则发动机气门会被活塞顶弯。

节温器常见损伤形式、主要原因及危害

损伤形式	危害	主要原因
阀门打不开或升程小	发动机冷却系统只能进行小循环，导致发动机温度过高，不能长时间工作。	节温器石蜡泄漏。
阀门不能关闭	发动机冷却系统只能进行大循环，导致发动机暖机时间加长，发动机冷却温度上升缓慢。	

所有你不满意的地方没有创新不能解决的。

2. 检修节温器

（1）检查节温器阀门开启温度

①将节温器浸入水中，逐渐将水加热，见图 4-2-12。

②检查节温器开启温度。若不符合规定，则更换节温器。

（2）检查节温器阀门升程

①继续将浸入水中的节温器加热至 95 ℃或更大，见图 4-2-13。

②检查节温器阀门升程。若不符合规定，则更换节温器。

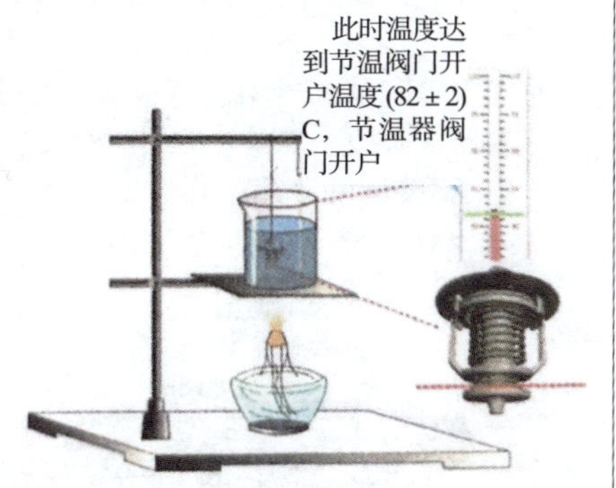

图 4-2-12　检查节温器阀门开启温度

（3）检查节温器阀门完全关闭温度

①将已经浸入水中加热至 95 ℃或更高温度的节温器停止加热，冷却至温度低于 77 ℃，见图 4-2-14。

②检查节温器是否能完全关闭。若不能，则更换节温器。

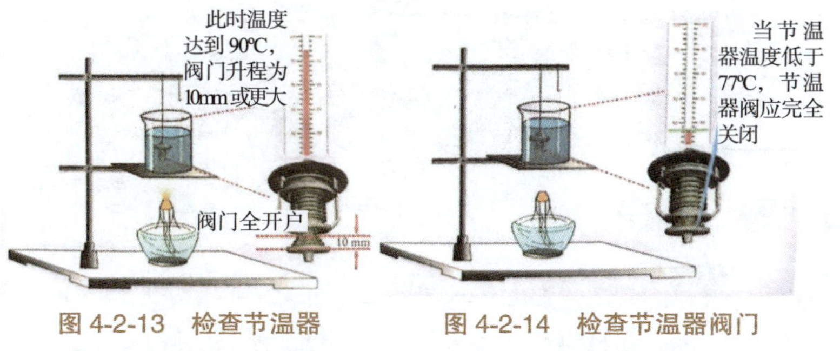

图 4-2-13　检查节温器阀门升程

图 4-2-14　检查节温器阀门完全关闭温度

蜡式节温器工作原理

蜡式节温器根据冷却液温度的高低，打开或关闭冷却液通向散热器的通道。

- 当冷却液温度低于 84 ℃时。节温器主阀门关闭，副阀门开启，见图（a）。冷却液在冷却系统中进行小循环，循环路径为水泵→气缸体前端→水套→气缸盖→气缸盖后出→回水管→节温器副阀门→水泵，见图（b）。由于冷却液不经过散热器，可使发动机温度迅速升高。

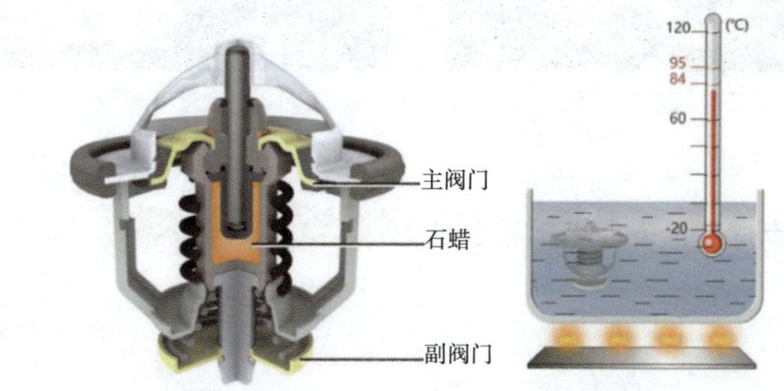

（a）当冷却液温度低于 84 ℃时，蜡式节温器状态

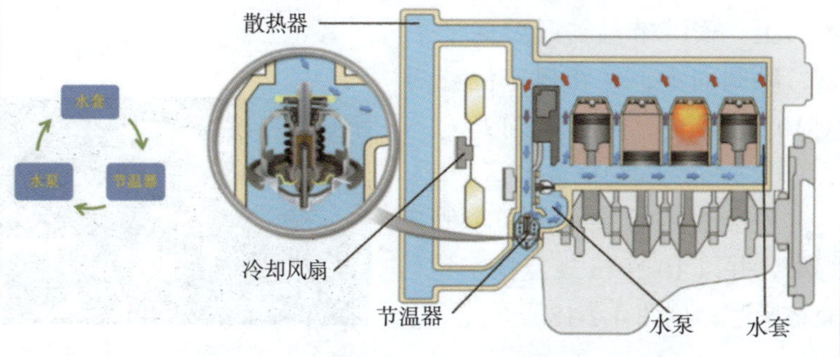

（b）当冷却液温度低于 84 ℃时，冷却液进行小循环

学习笔记

4-33 蜡式节温器工作原理

视频

4-34 冷却液循环路线

学习笔记

（4）检查新节温器及新衬垫外观

① 检查新节温器零件号、外观是否有损伤，见图 4-2-15。

② 检查新节温器衬垫零件号、衬垫外观是否有损伤，见图 4-2-16。

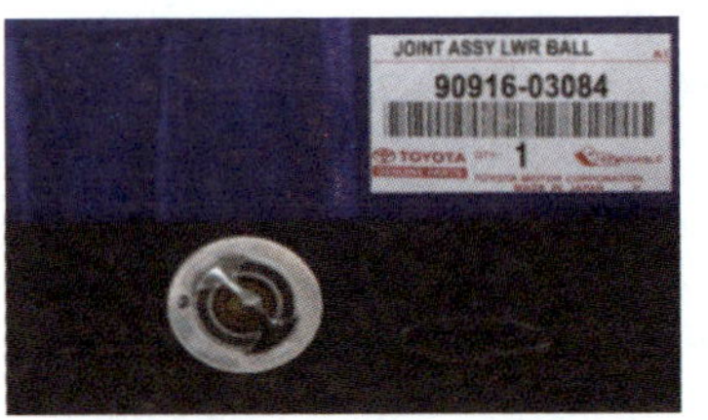

图 4-2-15　检查新节温器零件号

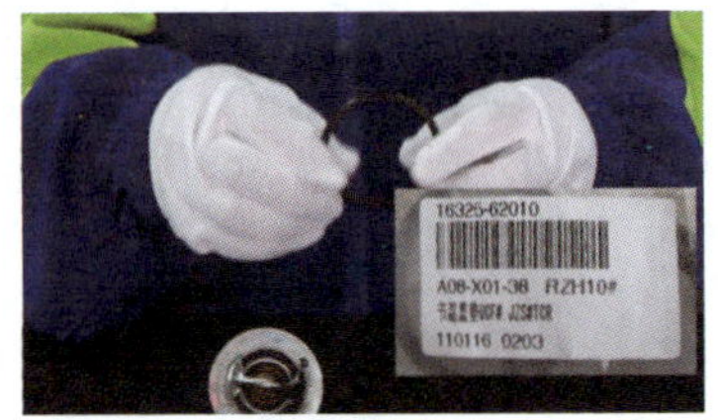

图 4-2-16　检查新节温器衬垫零件号

步骤四：安装节温器和水泵

1. 安装节温器

（1）安装节温器

①安装节温器衬垫。将新衬垫安装在节温器上。

②将节温器安装到散热器进水口上。安装节温器时要保证平整，跳阀向上，并在规定位置两侧 10° 范围内，见图 4-2-17。

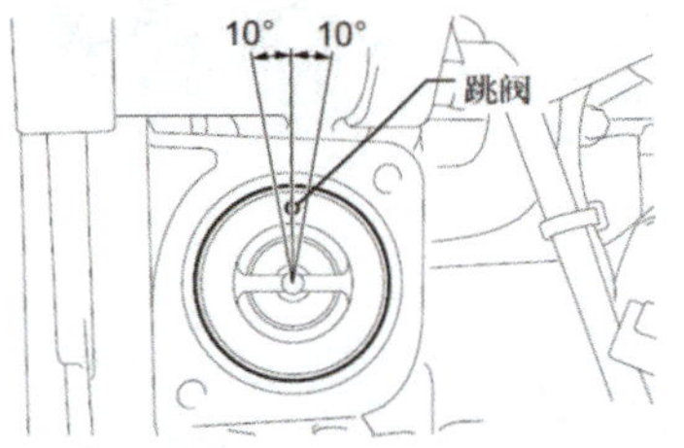

图 4-2-17　跳阀位置

（2）安装发动机进水管

安装进水管接头的两个固定螺母，并以 10 N•m 规定扭矩均匀交替紧固，见图 4-2-18。

图 4-2-18　安装发动机进水管

视频

4-35 安装节温器

蜡式节温器工作原理（续）

• 当冷却液温度介于 84~95 ℃时。石蜡受热膨胀，节温器主阀门部分开启，副阀门部分关闭，见图（c）。冷却液进行混合循环，即循环路径为水泵→气缸体前端→水套→气缸盖→气缸盖后出口→回水管→节温器副阀门→水泵；另一路，经回水管→散热器→节温器主阀门→水泵，见图（d）。由于冷却液部分经过散热器，保证了冷却液的正常工作温度。

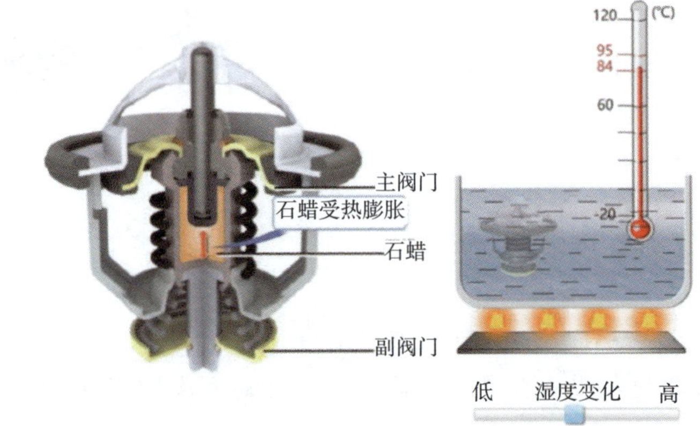

（c）当冷却液温度介于 84~95 ℃时，蜡式节温器状态

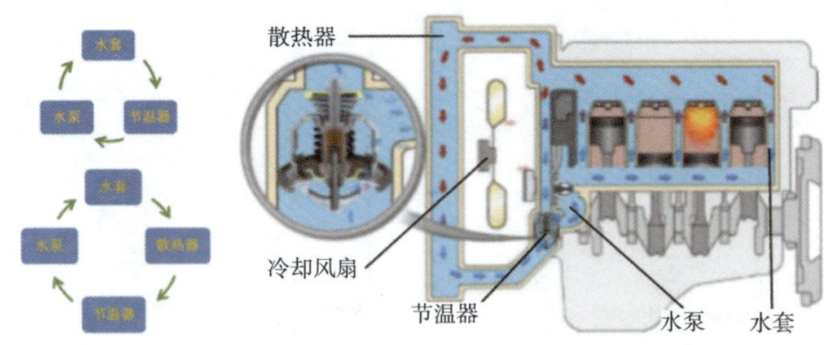

（d）当冷却液温度介于 84~95 ℃时，冷却液进行混合循环

所有你不满意的地方没有创新不能解决的。

2. 安装水泵

（1）安装水泵总成

① 安装水泵衬垫。将一个新水泵衬垫的凸出部分与正时链条盖的切口对齐，并将衬垫安装到正时链条盖的凹槽中，见图 4-2-19。

② 安装水泵总成。将水泵安装到正时链条盖上用 5 个螺栓固定，使用定扭扳手将 5 个固定螺栓依次按照交叉顺序紧固，3 个标号为“B”的螺栓紧固至 26 N•m，2 个标号为“A”的螺栓紧固至 24 N•m，见图 4-2-20。

图 4-2-19　安装水泵衬垫

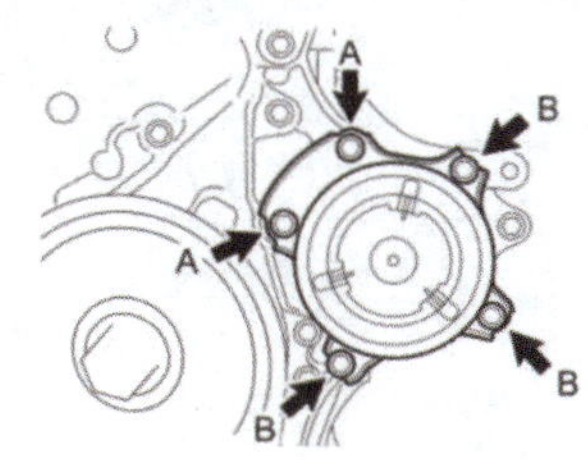

图 4-2-20　安装水泵总成

（2）安装发电机总成

安装发电机总成，见图 4-2-21。

（3）安装多楔带

安装多楔带并调整其张紧力，检查并确认皮带正确安装在楔形槽中，见图 4-2-22。

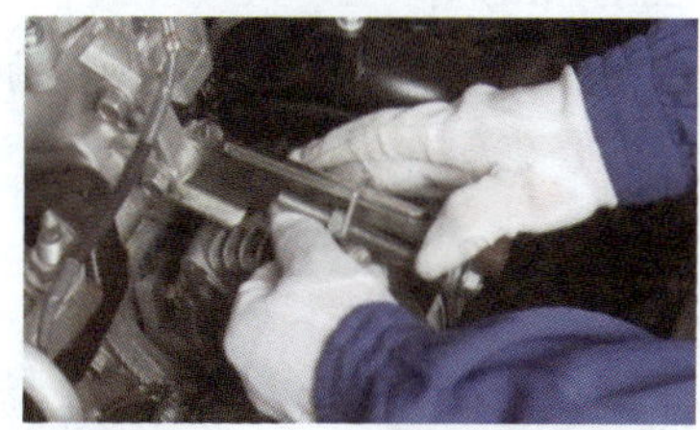

图 4-2-21　安装发电机总成

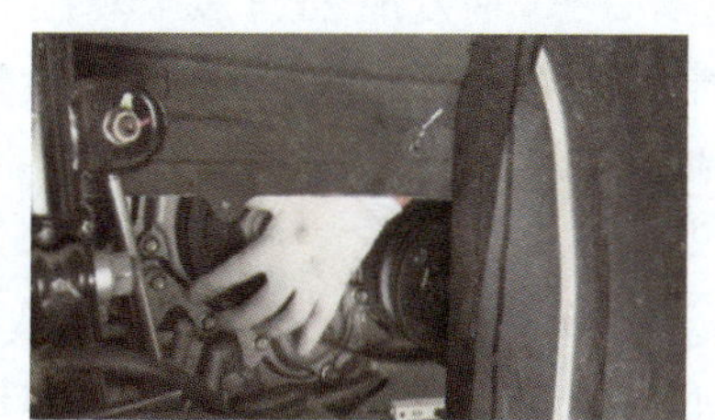

图 4-2-22　安装多楔带

蜡式节温器工作原理（续）

• 当冷却液温度高于 95 ℃时。石蜡膨胀量增大，主阀门全开，副阀门全关，见图（e）。冷却液进行大循环，即循环路径为水泵→气缸体前端→水套→气缸盖→气缸盖后出口→回水管→散热器→节温器主阀门→水泵，见图（f）。由于水或冷却液全部经过散热器，可使冷却液迅速降温，保证了发动机正常工作。

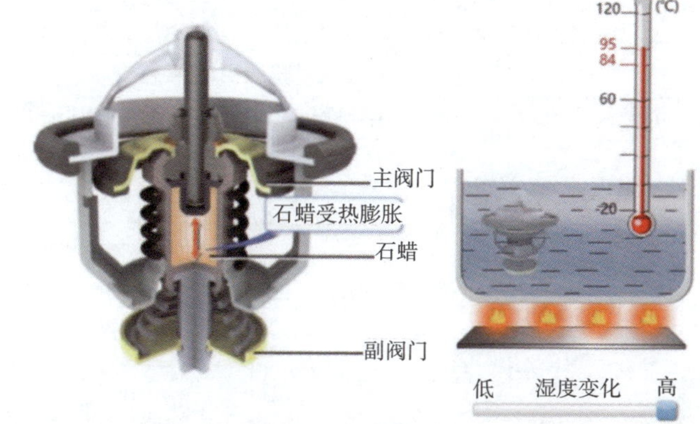

（e）当冷却液温度高于 95 ℃时，蜡式节温器状态

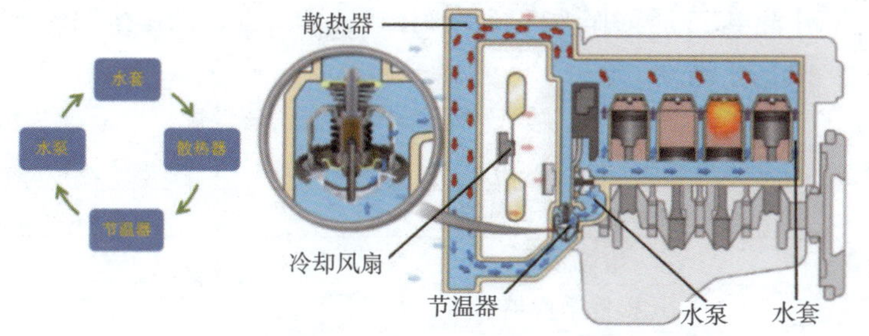

（f）当冷却液温度高于 95 ℃时，冷却液进行大循环

学习笔记

视频

4-36 安装水泵

任务测评

一、知识测评

确定本任务关键词，按重要程度排序并举例解读。根据自己对重要信息捕捉、排序、表达、创新和划分权重能力进行自评，见表 4-2-2。（满分 100 分）

表 4-2-2　检修水泵和节温器知识测评表

序号	关键词	举例解读	评分自定
1			
2			
3			
4			
5			
总分			

二、能力测评

对表 4-2-3 所列作业内容，操作规范即得分，操作错误或未操作即零分。（满分 100 分）

表 4-2-3　检修水泵和节温器能力测评表

序号	能力点	配分	扣分	备注
1	拆卸水泵和节温器	30		
2	检修水泵	20		
3	检修节温器	20		
4	安装水泵和节温器	30		
总分		100		

三、素养测评

对表 4-2-4 所列素养点，做到即得分，未做到即零分。（满分 100 分）

表 4-2-4　检修水泵和节温器素养测评表

序号	素养点	配分	扣分	备注
1	设备和工具安全检查	20		
2	车辆安全防护	20		
3	工具清洁校准存放	20		
4	工量辅具、零部件、油水液体“三不落地”	20		
5	工位“5S”	20		
总分		100		

四、拓展训练

（1）请列举出在检修水泵和节温器过程中易出现的问题，分析产生问题的原因并制定解决问题的措施。（满分 25 分）

（2）现发现 2014 款卡罗拉 1.6 L GL-i 轿车 1ZR-FE 发动机，起动后中速运转 3~5 min，观察到水泵位置有连接的防冻液液滴现象。试分析产生问题的原因，制定检修流程并进行检修。（满分 25 分）

（3）1966 年，三排座红旗 CA770 轿车成功研发彰显了“忠诚、自强、学习、创新”的一汽红旗精神，截止到 1998 年，最终车型 CA7560 停产共计生产 1 300 余辆，是老红旗系列型号中最成功的代表，其研发与生产者的劳动与付出我们将永远铭记。

　所有你不满意的地方没有创新不能解决的

学习笔记

请按照下列思维导图格式（见图 4-2-23），对检修水泵和节温器的学习收获进行总结，特别对检修水泵和节温器的技术进化做一个概要阐述，同时结合自身从红旗精神四个词汇中选择一个你排序第一的词，填写到思维导图的空格中并做说明。（满分 50 分）

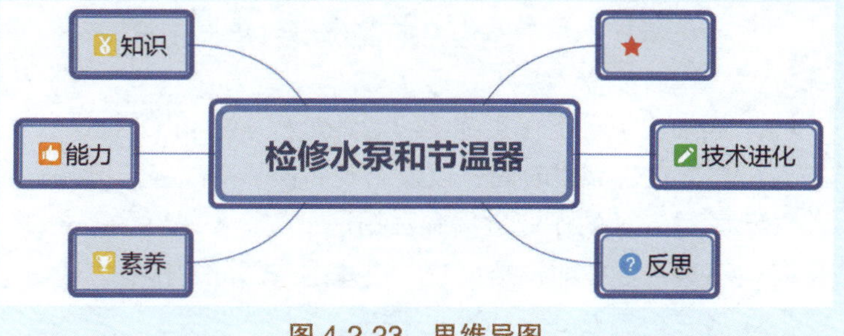

图 4-2-23 思维导图

学习笔记

学习考评

一、考评项目

根据所学，请对 2019 款卡罗拉 1.2 T S-CVT 运动版 9NR-FTS 发动机冷却系统进行检修，完成考评报告。

二、实施准备

1. 学生准备

学生在按照教学进度计划，已经完成了以下学习任务并达到了 75 分以上，可进行该学习考评的实施。

（1）理解并完成学习考评需要的相关知识和方法的学习，得分大于 75 分。

（2）运用学习考评需要的相关知识和方法进行作业，得分大于 75 分。

（3）按时、按质、按量完成相应作业，得分大于 80 分。

（4）具有自觉遵守技术标准和要求规定、规范操作、安全、环保、“5S”作业、团结协作的好习惯，得分大于 80 分。

（5）能制定 2019 款卡罗拉 1.2 T S-CVT 运动版 9NR-FTS 发动机冷却系统检修方案。

2. 教师准备

（1）在安排学生实施学习考评前，通过课堂问题研讨、作业、实训和考核及其他方式，确认学生已经具备了实施学习考评所需的知识、能力和素养，并确保学生在安全状态下独立进行。

（2）对协助教师进行测评的学生进行测评和监督方法的培训，确保测评结果的准确性和公平性。

（3）准备好测评记录。

三、验证方法与标准

（1）每位测评人员负责对 2 名学生进行定点、全过程的监控和测评。

（2）详细记录学生在实施学习考评过程中的相关信息、数据、结果、操作方法、完成时间，以及出现错误、事故等情况。

（3）学习考评的作业过程和数据记录等，要求在 90 min 内完成，时间不足，可在即将结束时，口述剩余部分的作业方法。

（4）考核内容及评分标准见下表。

考核内容及评分标准

序号	评分项	得分条件	评分标准	配分	扣分
1	安全/5S/态度	□ 1. 能进行工位 5S 操作 □ 2. 能进行设备和工具安全检查 □ 3. 能进行车辆安全防护操作 □ 4. 能进行工具清洁校准存放操作 □ 5. 能进行三不落地操作	未完成 1 项扣 3 分，扣分不得超 15 分	15	
2	专业技能能力	□ 1. 能正确拆卸散热器和电子风扇 □ 2. 能正确拆卸水泵和节温器 □ 3. 能正确清洗、清洁冷却系统零件 □ 4. 能正确检查和更换散热器和电子风扇	未完成 1 项扣 5 分，扣分不得超 50 分	50	

学习笔记

续表

序号	评分项	得分条件	评分标准	配分	扣分
2	专业技能能力	□ 5. 能正确检查和更换水泵和节温器 □ 6. 能正确安装散热器和电子风扇，并按规定紧固螺栓 □ 7. 能正确安装水泵和节温器，按规定紧固螺栓	未完成1项扣5分，扣分不得超50分	50	
3	工具设备使用能力	□ 1. 能正确选用维修工具 □ 2. 能正确使用维修工具拆装 □ 3. 能正确使用测量工具 □ 4. 能正确使用专用工具 □ 5. 能熟练使用办公软件	未完成1项扣5分，扣分不得超10分	10	
4	资料、信息查询能力	□ 1. 能正确使用维修手册查询资料 □ 2. 能正确使用用户手册查询资料 □ 3. 能在规定时间内查询所需资料 □ 4. 能正确记录查询资料章节页码 □ 5. 能正确记录所需维修信息	未完成1项扣2分，扣分不得超10分	10	
5	数据判读分析能力	□ 1. 能判断散热器和电子风扇是否需要维修或更换 □ 2. 能判断水泵和节温器是否需要维修或更换	未完成1项扣5分，扣分不得超10分	10	
6	方案制定与报告撰写能力	□ 1. 字迹清晰 □ 2. 语句通顺 □ 3. 无错别字 □ 4. 无涂改 □ 5. 无抄袭	未完成1项扣1分，扣分不得超5分	5	
合计				100	

四、考评报告

说明：考评分为理论考评和实操考评，实操考评根据项目要求以及考评模板格式制定项目实施方案，方案经教师审核合格后，方可进行实操考核。考评报告模板详见附录A。

学习笔记

拓展阅读——三排座红旗 CA770 研制

痛点

三排座红旗 CA72 轿车三次试制结果均不理想，改来改去已经没有了原来的模样，到了第三轮也只是完成了 CA72 长轴距三排座第三轮样车试制，真正的红旗三排座并没有量产。

但三排座红旗是刚需，必须解决。

过程

虽然三排座红旗 CA72 轿车三次试制结果均不理想，但是一汽人已经总结出一套比较完善的三排座轿车的生产试制经验。1965 年，一汽打响了三排座红旗轿车研制攻坚战，决定对红旗轿车进行换代，要求车身、发动机、底盘全部按照正规化程序进行重新设计。

这一次，红旗轿车在结合中国传统风格的同时，又遵循了工业设计的原则。CA770 与 CA72 相比，内饰华贵舒适，装备先进，前后座舱间设有升降隔离玻璃，乘坐也更宽敞、舒适，中排座椅为折叠式，供随行人员、翻译乘坐，行车平稳，换挡平顺。发动机是自行设计的 5.65 L V8 四冲程水冷化油器式汽油发动机，最大功率 164 kW，最高车速 165 km/h，百公里油耗 20 L。

1965 年底，红旗 CA770 三排座高级轿车正式定型，通过了国家专业部门的验收，成为我国第一辆正向开发的量产轿车车型，如右图。这是红旗轿车发展史上的里程碑事件。

第一辆 CA770 红旗三排座

思考

请查阅相关资料，看一看红旗轿车的 5.65 L V8 四冲程水冷化油器式汽油发动机在当时处于什么技术水平？

学习笔记

学习笔记

项目五　检修燃油供给系统

一、项目描述

完成 2014 款卡罗拉 1.6 L GL-i 轿车 1ZR-FE 发动机燃油供给系统检修作业。

二、项目要求

符合 2014 款卡罗拉 1.6 L GL-i 轿车 1ZR-FE 发动机技术要求与标准，正确使用工具，完成如下检修作业：

（1）检修燃油泵；

（2）检修喷油器。

三、学习目标

（1）准确陈述燃油供给系统、燃油泵、喷油器的组成（或结构）及功用；

（2）准确陈述燃油泵检修作业方法；

（3）准确陈述喷油器检修作业方法；

（4）规范地对燃油泵进行检修作业；

（5）规范地对喷油器进行检修作业；

（6）养成自觉遵守技术标准和要求规定、规范操作、安全、环保、“5S”作业的好习惯；

（7）养成热爱劳动的好习惯；

（8）认识到人人都可以创新，创新就在身边。

四、学习载体

2014 款卡罗拉 1.6 L GL-i 轿车 1ZR-FE 发动机燃油供给系统，如下图。

2014 款卡罗拉 1.6L GL-i 轿车 1ZR-FE 发动机燃油供给系统

汽油机燃料供给系统主要是由燃油箱、燃油泵、燃油滤清器、燃油分配管、油压调节器、喷油器和输油管等组成，有的还设有油压脉动缓冲器。

汽油机燃油供给系统的功用是：

（1）根据发动机各工况的不同要求，准确配置合适的空气与燃油的混合比；

（2）为汽车储存行驶一定里程的汽油；

（3）将燃烧做功后的废气排出。

学习笔记

学习笔记

任务一　检修燃油泵

职业行动

步骤一：作业准备

1. 作业场地

选择带有消防设施的作业场地。

2. 设备设施

2014 款卡罗拉 1.6 L GL-i 轿车 1ZR-FE 发动机台架、工具车、零件车、吹气枪、垃圾桶。

3. 工量辅具（见表 5-1-1）

表 5-1-1　检修燃油泵工量辅具

组合套具	一字螺丝刀	铲刀	油压表
鲤鱼钳	指针式扭力扳手	万用表	专用工具

4. 耗材

清洁布、黑胶带、汽油、新 O 型圈、新燃油泵仪表挡圈衬垫。

职业知识

涡轮式电动燃油泵

结构	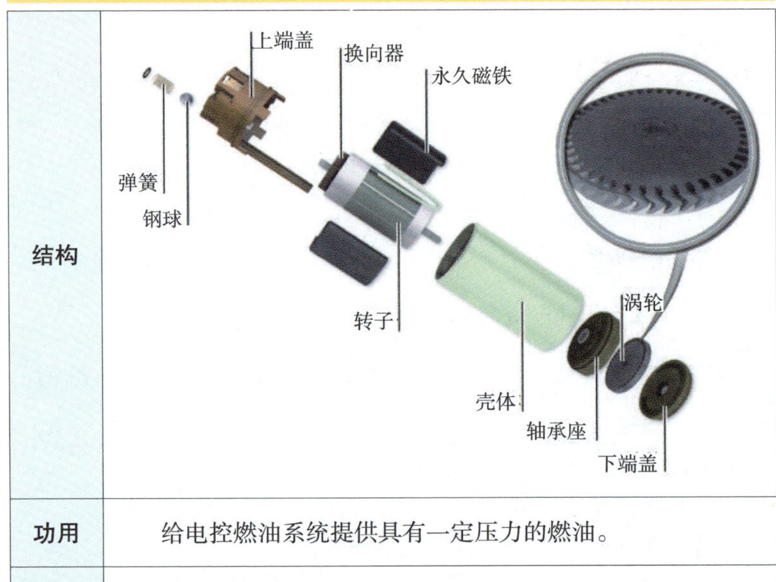
功用	给电控燃油系统提供具有一定压力的燃油。
特点	• 泵油量大。 • 泵油压力高。 • 供油压力稳定。 • 运转噪声小。 • 使用寿命长。 • 应用最为广泛。

视频

5-1 涡轮式电动燃油泵结构

创新并不是一种天赋，而是每一个人都有的种子。

步骤二：拆卸燃油泵

1. 确认燃油泵安装位置

燃油泵安装在燃油箱中。

2. 拆卸燃油泵

（1）拆下后排座椅垫总成

① 双手握住座椅左边固定挂钩处，抬起座椅垫使左边固定挂钩分离。

②用同样方法分离右边座椅垫固定挂钩，随后拆下后排座椅垫总成，见图 5-1-1。

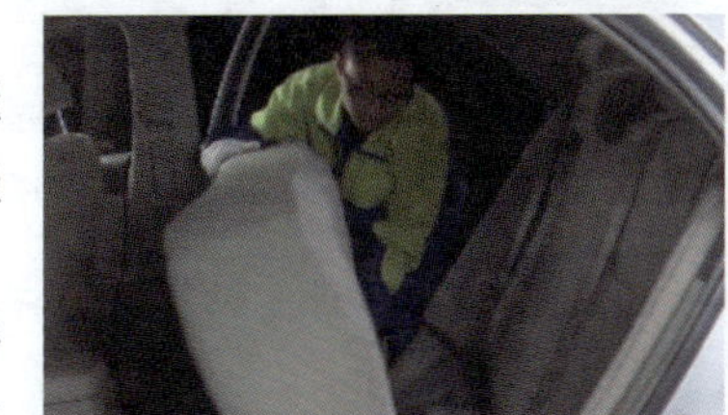

图 5-1-1　座椅固定挂钩处

（2）拆卸后地板检修孔盖

① 使用铲刀切开后地板检修孔盖的密封胶，拆卸后地板检修孔盖。

② 用手拔下燃油泵连接器，见图 5-1-2。

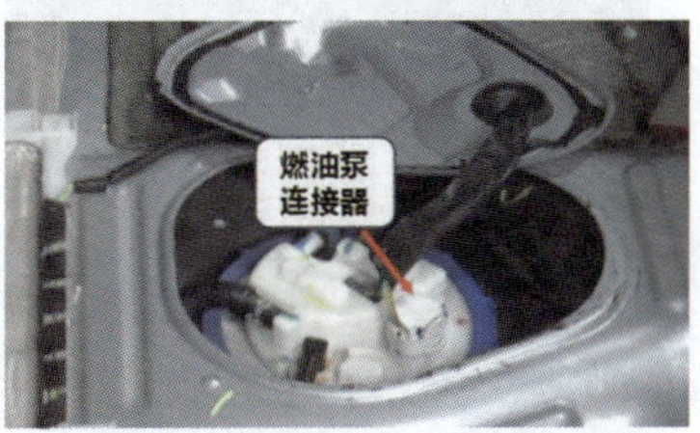

图 5-1-2　燃油泵连接器位置

（3）燃油系统卸压

① 挡位处于“P”或“N”挡。

② 驻车制动器处于制动状态。

③ 启动发动机，当发动机运行到自动熄火后，再次启动发动机确认发动机不能再启动。拆下燃油箱盖并释放燃油箱中的压力。

（4）断开蓄电池负极端子电缆

使用棘轮扳手断开蓄电池负极端子电缆，见图 5-1-3。

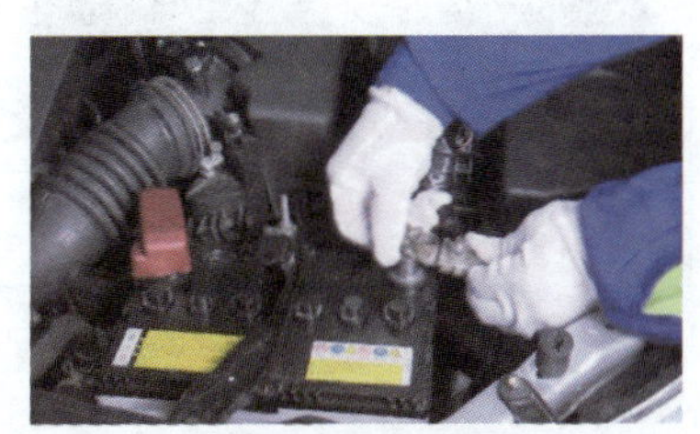

图 5-1-3　断开蓄电池负极端子电缆

（5）清洁燃油吸油盘总成上部

拆卸燃油泵要求

• 座椅固定挂钩位置

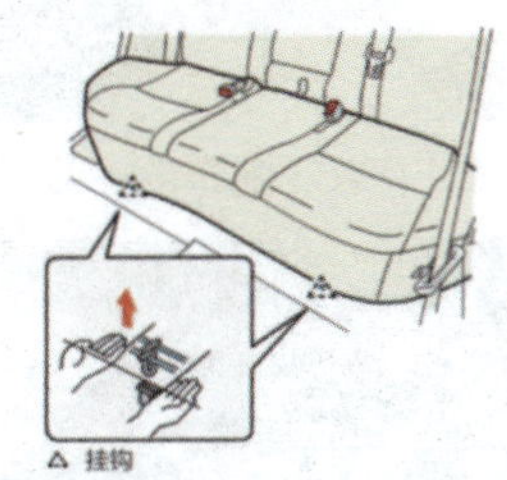

• 注意铲刀角度，防止检修孔盖变形

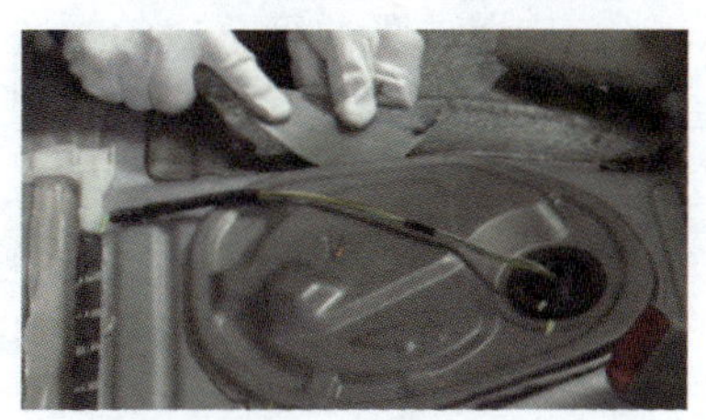

• 燃油系统卸压时

（a）挡位处于“P”或“N”挡。（b）驻车制动器处于制动状态。

• 拆卸蓄电池负极之前的准备工作

（a）要记录车辆相关信息（记录录音机电台、密码、时钟等信息），记录车辆相关学习值。

（b）要检查点火开关处于关闭状态。

（c）要注意工具不要与正极碰到，以防短路损坏用电设备。

• 清洁燃油吸油盘总成上部

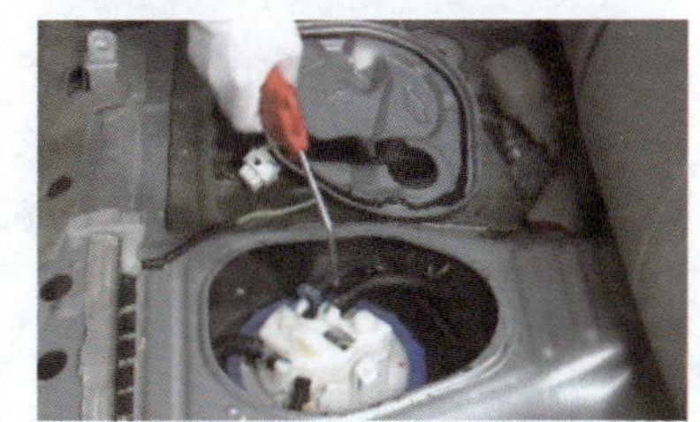

学习笔记

视频

5-2 拆卸燃油泵（1）

创新并不是一种天赋，而是每一个人都有的种子。

学习笔记

（6）拆卸燃油箱主管

① 使用一字螺丝刀扒开燃油箱主管卡子,见图5-1-4,用手取出。

② 从燃油吸油管总成的螺塞上用手拉出燃油箱主管接头，用塑料袋套住油管接头。

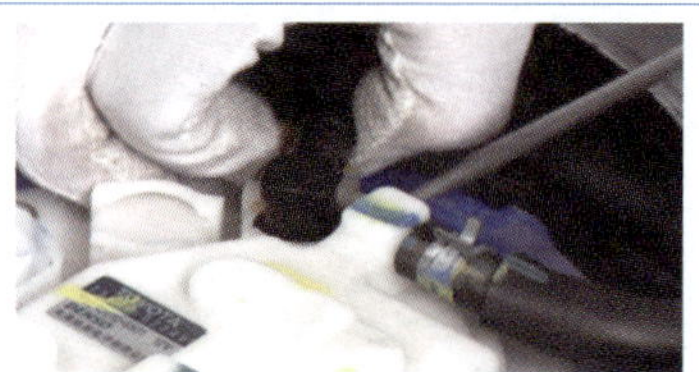

图 5-1-4　扒开燃油箱主管卡子

（7）拆卸 1 号燃油蒸发管

① 使用鲤鱼钳将卡箍移出阻挡位置，见图 5-1-5。

② 用力拉出 1 号燃油蒸发管。

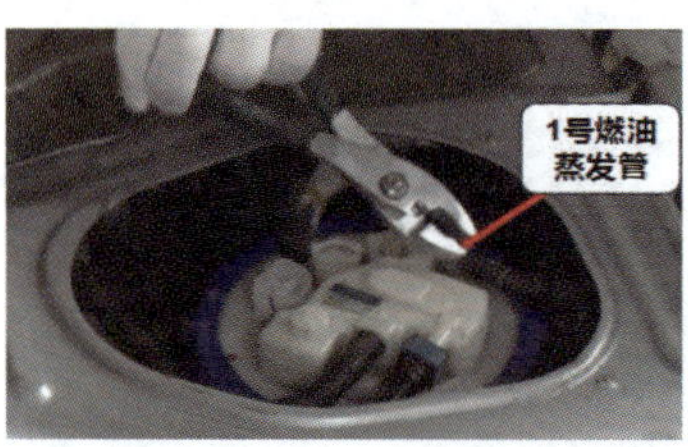

图 5-1-5　将 1 号燃油蒸发管卡箍移出阻挡位置

（8）断开 1 号碳罐出口软管

向外用力拉出 1 号碳罐出口软管。

（9）断开 2 号燃油箱蒸发管

① 使用一字螺丝刀将蓝色挡圈向上翘起并取下，见图 5-1-6。

② 向外用力拉出 2 号燃油箱蒸发管。

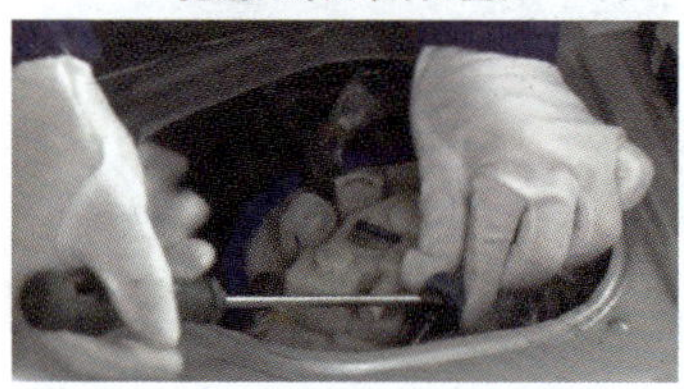

图 5-1-6　将蓝色挡圈向上翘起

（10）拆卸燃油泵仪表挡圈

① 安装拆卸仪表挡圈专用工具。

② 使用棘轮扳手拧松燃油泵及传感器固定圈,取下专用工具。

③ 取下燃油泵仪表挡圈和衬垫，见图 5-1-7。

（11）取出燃油吸油管总成

① 向上提出燃油吸油管总成，将燃油吸油管放置在清洁的零件盆中。

② 遮挡油箱口。

图 5-1-7　取下燃油泵仪表挡圈和衬垫

拆卸燃油泵要求（续）

• 燃油吸油盘总成上部管位置 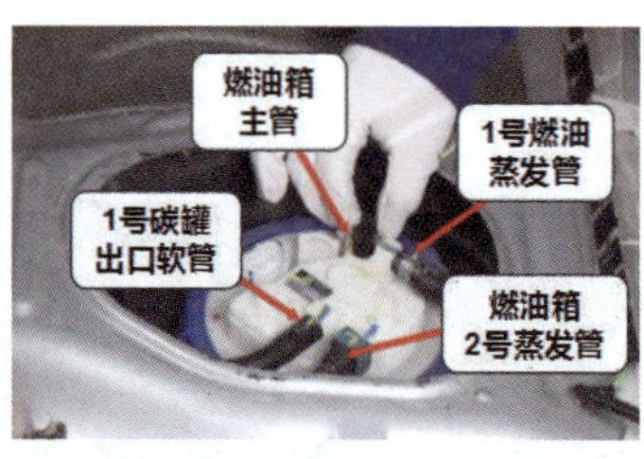 	• 用塑料袋套住所有管接头 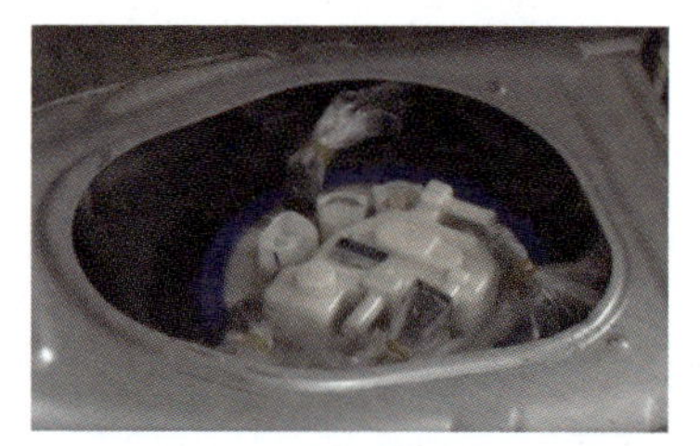
• 水平拉出燃油蒸发管 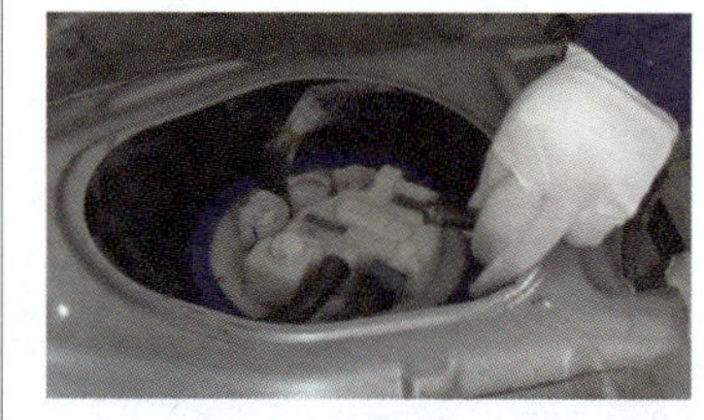	• 使用专用工具拆卸固定圈 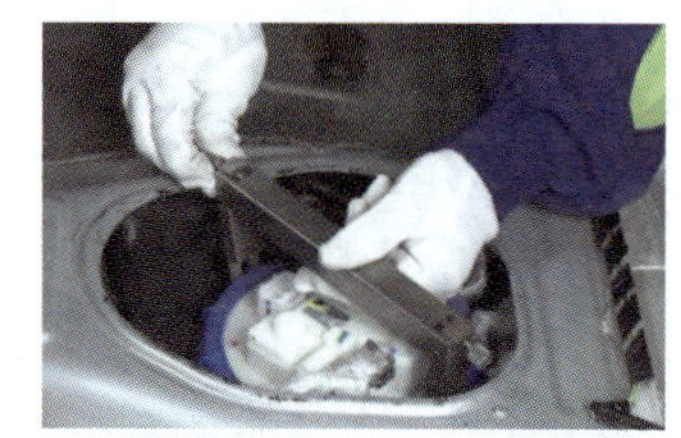
• 不要碰到上端的油管接头 	• 遮挡油箱口 

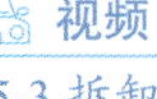 视频

5-3 拆卸燃油泵（2）

创新并不是一种天赋，而是每一个人都有的种子。

（12）拆卸燃油表传感器

① 按下燃油表传感器连接器锁舌，向外拔出线束连接器。

② 从线束上拆下线束保护装置。

③ 滑动燃油表传感器并将其拆下，见图 5-1-8。

（13）拆卸燃油泵

① 断开燃油泵滤清器软管。

② 用头部缠有保护胶带的一字螺丝刀脱开 2 个卡爪，从副燃油箱上拆下燃油滤清器和燃油泵，见图 5-1-9。

③ 用头部缠有保护胶带的一字螺丝刀脱开 2 个卡爪，拆下 1 号吸油管支架，见图 5-1-10。

④ 用头部缠有保护胶带的一字螺丝刀脱开 5 个卡爪，拆下燃油泵滤清器，拆下燃油泵，断开燃油泵线束，拆下燃油泵 O 型圈，见图 5-1-11。

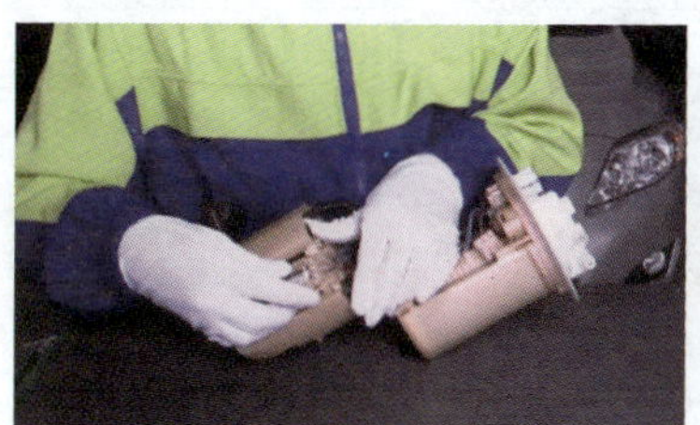

图 5-1-8　滑动燃油表传感器并将其拆下

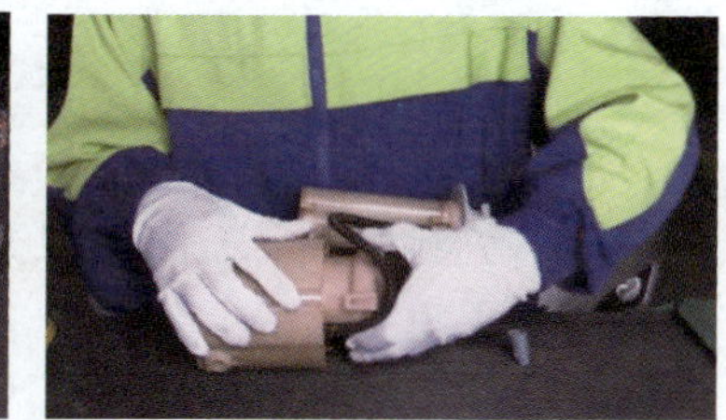

图 5-1-9　拆下燃油滤清器和燃油泵

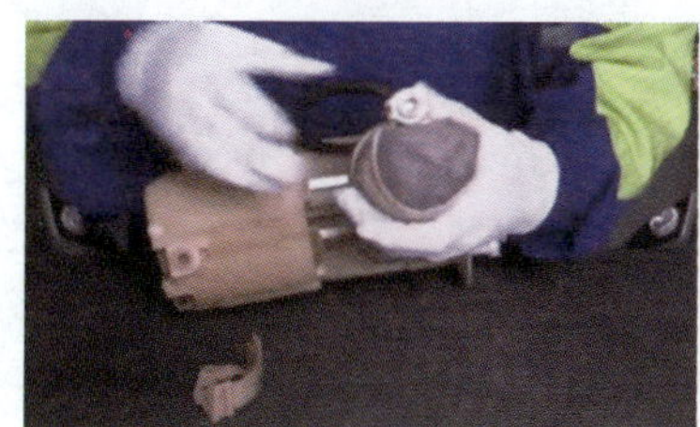

图 5-1-10　拆下 1 号吸油管支架

图 5-1-11　拆下燃油泵

拆卸燃油泵要求（续）	
• 燃油表传感器线束连接器 	• 燃油表传感器线束连接器保护装置 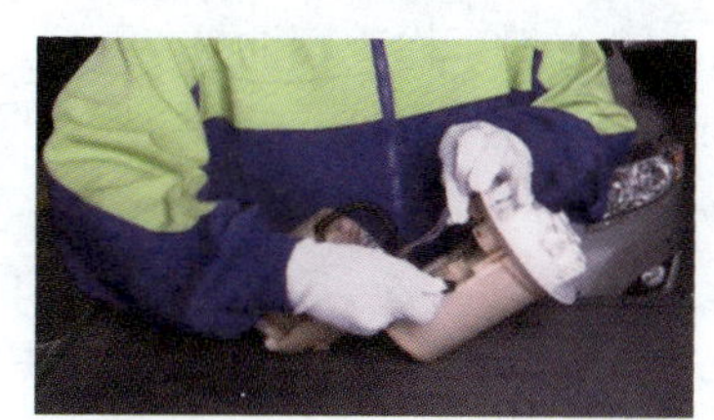
• 燃油泵滤清器软管位置 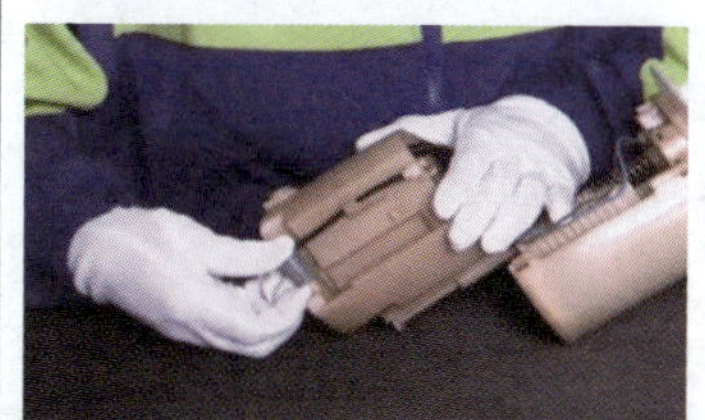	• 固定燃油滤清器和燃油泵 2 个卡爪 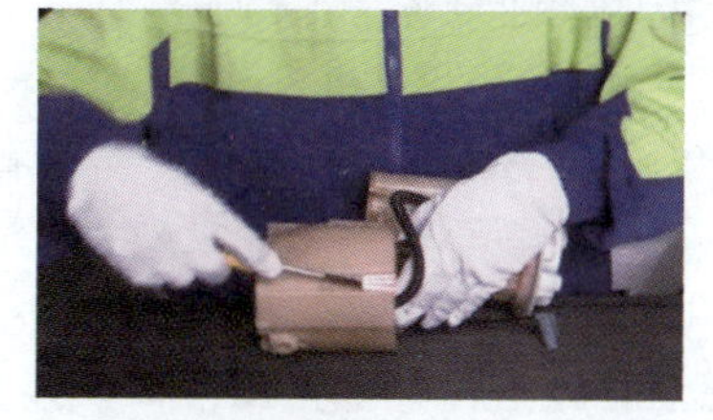
• 固定 1 号吸油管支架的 2 个卡爪 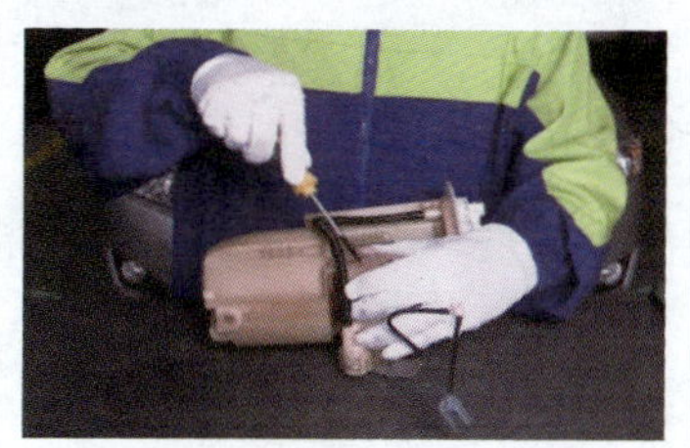	• 固定燃油泵滤清器的 5 个卡爪 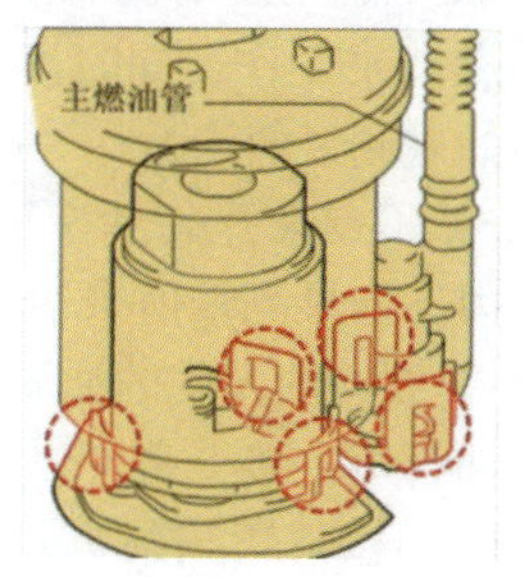

学习笔记

视频

5-4 拆卸燃油泵（3）

学习笔记

步骤三：检修燃油泵

1. 就车检修燃油泵

（1）就车检查燃油泵

① 在发动机未起动情况下打开燃油箱盖。

② 打开点火开关，在燃油箱口处仔细听有无燃油泵运转声音，且在运转 3~5 s 后又停止。若能听到，则说明燃油泵正常工作。

③ 若无法听到燃油泵运转声音，可在打开点火开关或接通起动机后，在发动机上方听是否有“嘶嘶”的燃油流动声，或用手检查进油软管是否有压力。若有“嘶嘶”的燃油流动声或有压力，则说明燃油泵正常工作。

④ 拆下发动机进油管，打开点火开关或接通起动机，观察油管内是否有大量汽油涌出。若能看到，则说明燃油泵正常工作。

（2）就车检测燃油泵最大供油压力和保持压力

① 释放燃油系统油压，拆下蓄电池负极电缆，将油压表接在燃油管路上，并塞住出油口，接上蓄电池负极电缆，用导线短接燃油泵的两个检测孔。

② 在不起动发动机的情况下，打开点火开关，持续 10 s 左右，使电动燃油泵工作，同时读出油压表的压力，即燃油泵最大供油压力。如果测量值未达标，则应更换电动燃油泵。

③ 关闭点火开关，等 5 min 后再观察油压表压力，即燃油泵保持压力。如果测量值未达标，则应更换电动燃油泵。

④ 释放燃油系统的油压，拆下蓄电池负极电缆。拆下油压表，接好燃油管道，接上蓄电池负极电缆，预置燃油系统的油压。

2. 拆下检修燃油泵

（1）检查燃油泵电阻

用万用表测量燃油泵两接线柱之间电阻，若能导通且电阻在标准值范围内，则说明燃油泵正常，否则应更换燃油泵。

（2）检查燃油泵工作情况

燃油泵常见故障形式及危害

故障形式	危害
安全阀漏油或弹簧失效	会造成供油压力偏低，供油量不足，从而会导致发动机工作不平稳或不工作，引起发动机加速不良或发动机无力。
单向阀漏油	会造成汽车燃油系统不能建立残余压力，在下次起动车时，起动困难，需要打几次火才能着车。
进油滤网堵塞	会造成燃油系统供油不足，严重时燃油泵会因磨损发出尖叫声。会引起发动机怠速抖动、加速不良、无高速等现象。
燃油泵泵芯损坏	会造成燃油系统无法供油，发动机无法起动。
燃油泵磨损	会造成油泵泵油压力不足，从而引起发动机起动困难、加速不良等问题。

检修燃油泵标准

项目	标准
燃油泵最大供油压力	490~ 640 kPa
燃油泵保持压力	＞ 340 kPa
燃油泵电阻	0.2~3 Ω

拆下检查燃油泵工作情况方法及要求

方法	• 用蓄电池短时间接在电动燃油泵的两接线柱上，如果能听到电动燃油泵转子高速转动的声音，则说明其工作正常。 • 将电动燃油泵浸入装满汽油的油桶中，用专用导线将其与蓄电池接通。接通电源后，电动燃油泵出油口应有大量高压汽油泵出。
要求	• 检测时应注意安全，并在通风良好处进行。 • 连接蓄电池的测试必须在 10 s 内完成，以防止线圈烧坏。 • 使燃油泵尽可能远离蓄电池。 • 在蓄电池侧接通和切断电压，而不要在燃油泵侧。 • 确保电动燃油泵接线连接牢固。

创新并不是一种天赋，而是每一个人都有的种子。

步骤四：安装燃油泵

1. 安装燃油泵

（1）安装 O 形圈

① 在新的 O 形圈上涂抹汽油。

② 将 O 形圈安装到燃油泵上。

（2）连接燃油泵线束连接器

（3）安装燃油泵滤清器

① 将燃油泵装入燃油滤清器。

② 安装燃油泵滤清器，接合 5 个燃油泵卡爪。

（4）安装并接合 1 号吸油管支架的 2 个卡爪

（5）安装燃油滤清器和燃油泵

将燃油滤清器和燃油泵安装到副燃油箱上，并接合吸油管支架的 2 个卡爪。

（6）安装燃油泵滤清器软管

将燃油泵滤清器软管槽对准副燃油箱的切口并安装软管。

2. 安装燃油表传感器

（1）安装燃油表传感器

一端滑进燃油表传感器，另一端连接燃油表传感器连接器。

（2）安装线束保护装置

（3）连接 2 个线束卡夹

3. 安装燃油吸油管总成

（1）安装燃油泵仪表挡圈衬垫

将新燃油泵仪表挡圈衬垫安装到燃油箱上。

（2）安装燃油吸油管总成

① 将燃油吸油管总成放入燃油箱。

② 紧固燃油泵仪表挡圈。

安装燃油泵要求

<table>
<tr><td>• 涂抹汽油
安装新 O 形圈时，要涂抹汽油，放在正确位置。
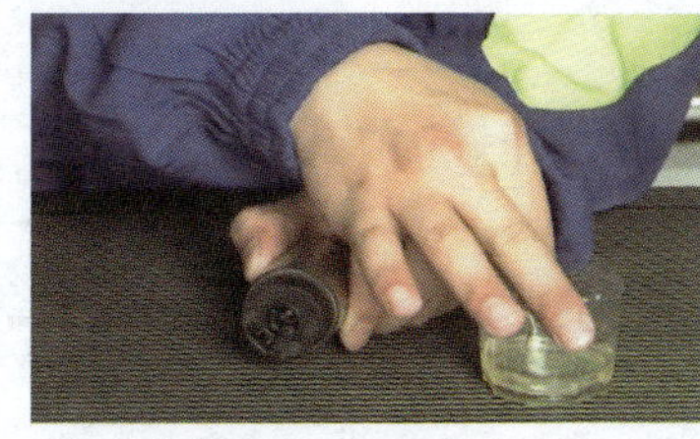</td><td>• 适力施加
接合 5 个燃油泵卡爪时，不要对燃油管或吸油管支架施加过大的力，以免损坏。
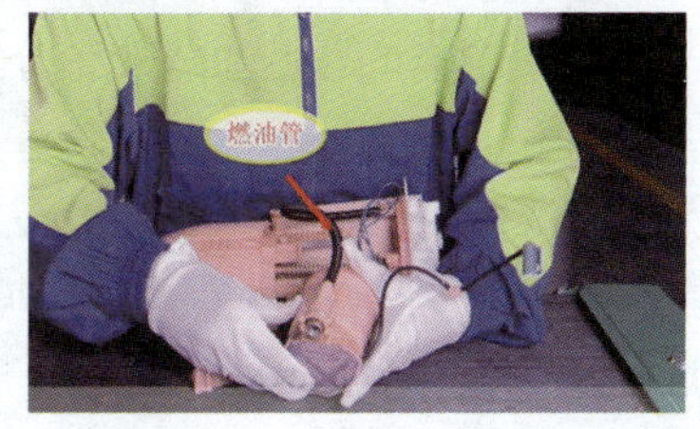</td></tr>
<tr><td>• 方向正确
连接燃油表传感器时，注意用力方向，防止损坏燃油表传感器。
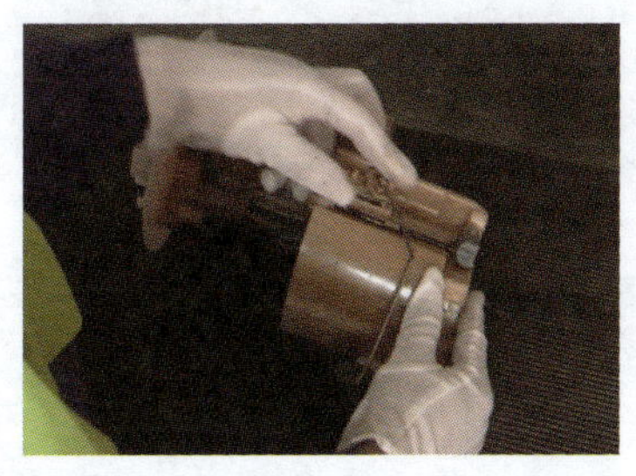</td><td>• 对准槽口
将燃油吸油管总成放入燃油箱时，要将燃油吸油管总成凸出部分对准燃油箱槽口位置。
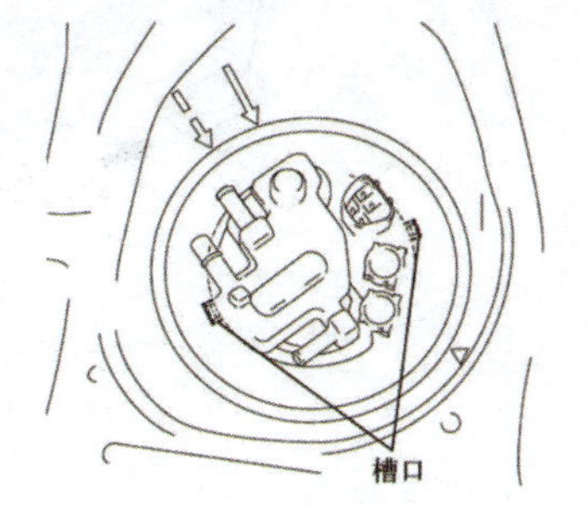</td></tr>
</table>

学习笔记

视频

5-5 安装燃油泵

学习笔记

4. 安装燃油吸油管总成上部管路

（1）连接汽油箱 2 号蒸发管

将燃油箱 2 号蒸发管连接至燃油吸油管总成。

（2）连接 1 号碳罐出口软管

将 1 号碳罐出口软管连接至燃油吸油管总成。

（3）连接 1 号燃油蒸发管分总成

用卡子将 1 号燃油蒸发管分总成连接至燃油吸油管总成。

（4）连接燃油箱主管分总成

① 将燃油管接头推入燃油吸油盘的螺塞里，然后安装油管接头卡子，见图 5-1-12。

② 连接油泵连接器。

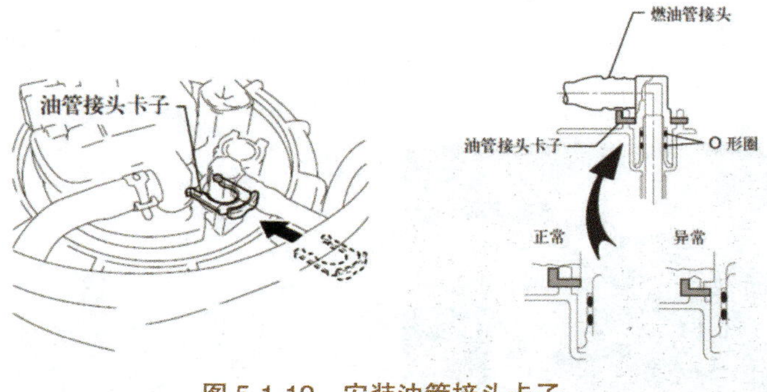

图 5-1-12　安装油管接头卡子

5. 连接蓄电池负极端子

使用扭力扳手紧固蓄电池负极端子至标准扭矩值 5.4 N•m。

6. 安装后地板检修孔盖和后排座椅坐垫总成

（1）安装后地板检修孔盖

用新胶带安装到后地板检修孔盖。

（2）安装后排座椅垫总成

抬起后排座椅垫总成，对准固定挂钩处进行连接。

安装燃油泵要求（续）

• 紧固燃油泵仪表挡圈方法

（a）对准标记：用手固定燃油吸油管总成以防止其倾斜时，将燃油泵仪表挡圈和燃油箱上的开始标记对准，并用手拧紧燃油泵仪表挡圈 180°。

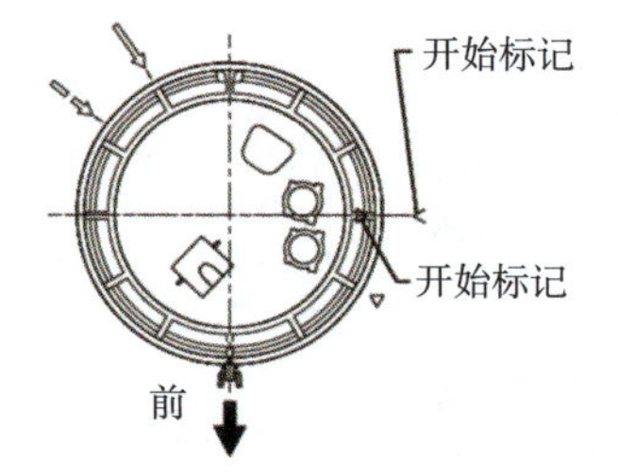

（b）安装专用工具：使用棘轮扳手将专用工具安装到燃油泵仪表挡圈助片。安装时，用手固定燃油吸油管总成以防止衬垫从燃油吸油管脱落。

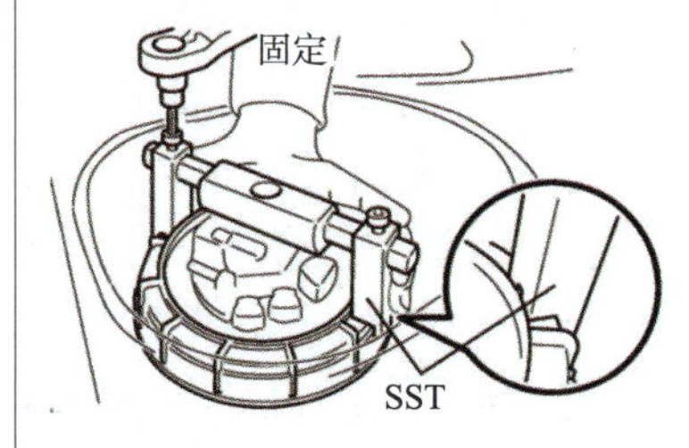

（c）紧固 450°：从燃油箱上的开始标记紧固燃油泵仪表挡圈约 450°，使挡圈上的开始标记落在下图所示的范围内。

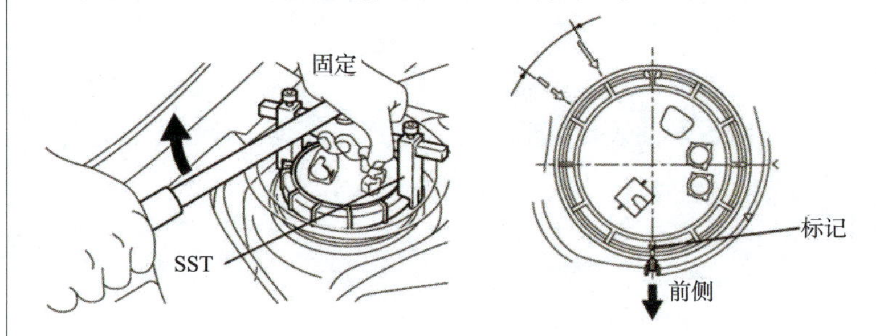

创新并不是一种天赋，而是每一个人都有的种子。

任务测评

一、知识测评

确定本任务关键词，按重要程度排序并举例解读。根据自己对重要信息捕捉、排序、表达、创新和划分权重能力进行自评，见表5-1-2。（满分100分）

表5-1-2　检修燃油泵知识测评表

序号	关键词	举例解读	评分自定
1			
2			
3			
4			
5			
总分			

二、能力测评

对表5-1-3所列作业内容，操作规范即得分，操作错误或未操作即零分。（满分100分）

表5-1-3　检修燃油泵能力测评表

序号	能力点	配分	扣分	备注
1	拆卸燃油泵	30		
2	就车检修燃油泵	20		
3	拆下检修燃油泵	20		
4	安装燃油泵	30		
总分		100		

三、素养测评

对表5-1-4所列素养点，做到即得分，未做到即零分。（满分100分）

表5-1-4　检修燃油泵素养测评表

序号	素养点	配分	扣分	备注
1	设备和工具安全检查	20		
2	车辆安全防护	20		
3	工具清洁校准存放	20		
4	工量辅具、零部件、油水液体“三不落地”	20		
5	工位“5S”	20		
总分		100		

四、拓展训练

（1）请列举出在检修燃油泵过程中易出现的问题，分析产生问题的原因并制定解决问题的措施。（满分25分）

（2）现车主反映2014款卡罗拉1.6 L GL-i轿车1ZR-FE发动机处于空转状态，没有着车现象，每次故障出现时的持续时间很短。经对燃油压力进行测量，结果正常。关闭点火开关，等待半个小时，重新启动车辆，故障出现，此时测量燃油压力为0。试制定检修流程。（满分25分）

（3）我国汽车特别是电动汽车产业终于发展到了与传统汽车强国并驾齐驱的新时代，彰显了创新引领发展的时代主题，厚积薄发中蕴含的艰辛都成了光荣的印迹。

学习笔记

请按下列思维导图格式（见图 5-1-13），对检修燃油泵的学习收获进行总结，并对燃油泵技术进化做一个概要阐述，同时列举不少于 5 个我国电动车技术领先的领域，并探索一下他们的研发故事，总结故事中蕴含的你最看重的道理，填写到思维导图的空格中。（满分 50 分）。

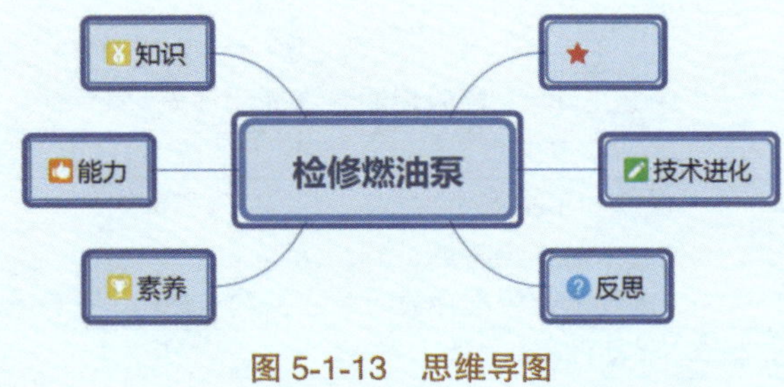

图 5-1-13　思维导图

创新并不是一种天赋，而是每一个人都有的种子。

学习笔记

任务二　检修喷油器

职业行动

步骤一：作业准备

1. 作业场地

选择带有消防设施的作业场地。

2. 设备设施

2007 款卡罗拉 1.6 L/AT 轿车 1ZR-F 发动机台架、工具车、零件车、吹气枪、垃圾桶、喷油嘴检测仪。

3. 工量辅具（见表 5-2-1）

表 5-2-1　检修喷油器工量辅具

组合套具	一字螺丝刀	专用工具
万用表	指针式扭力扳手	开口扳手

4. 耗材

清洁布、新喷油器隔振垫、新 O 型圈。

职业知识

轴针式喷油器结构、功用

结构	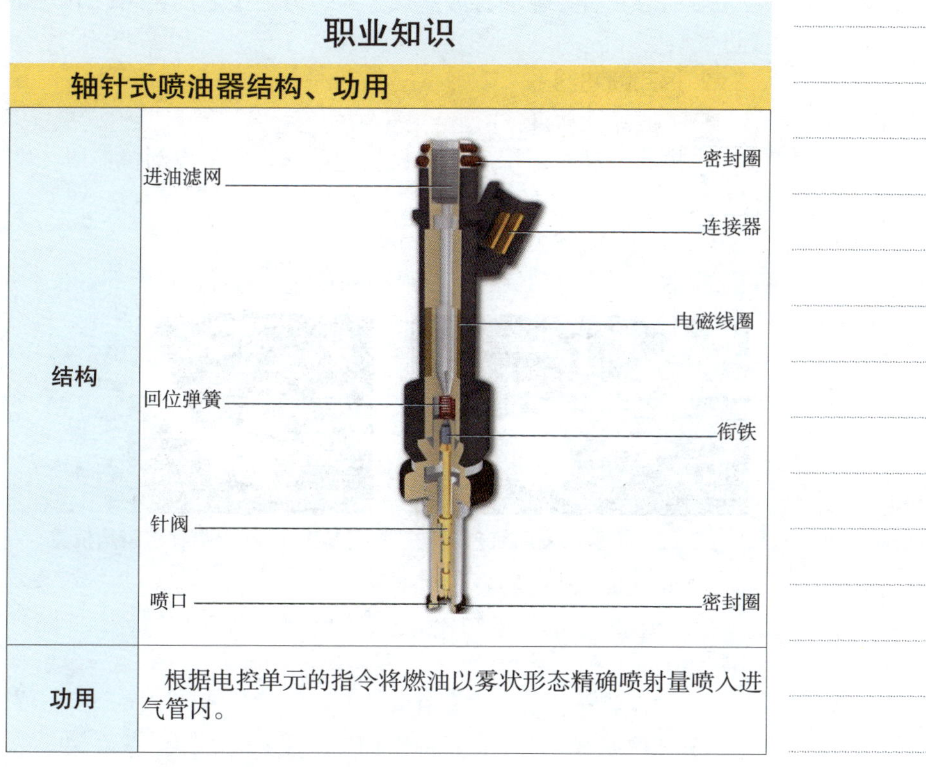
功用	根据电控单元的指令将燃油以雾状形态精确喷射量喷入进气管内。

视频

5-6 喷油器结构

学习笔记

步骤二：拆卸喷油器

1. 确认喷油器安装位置

喷油器安装在输油管分总成上，上方连接燃油管路，下方连接进气歧管。

2. 拆卸喷油器

（1）拆卸发动机盖罩

先提起发动机盖罩后端，再提起前端，取下发动机盖罩，见图 5-2-1。

（2）分离曲轴箱通风软管

将卡箍移出阻挡位置，分离曲轴箱通风软管，见图 5-2-2。

图 5-2-1　拆卸发动机盖罩

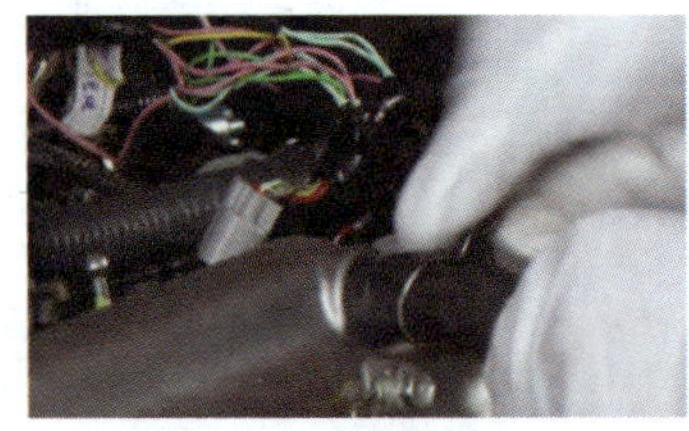

图 5-2-2　将卡箍移出阻挡位置

（3）拆卸发动机线束

① 使用开口扳手拆卸气缸盖罩上 2 个搭铁固定螺栓，并断开搭铁线。

② 按压锁止扣，依次断开 4 个喷油器连接器。

③ 依次断开 2 个发动机线束固定卡夹。

④ 依次断开发动机右侧 4 个线束固定卡夹。

⑤ 使用棘轮扳手拆下发动机线束的 2 个固定支架。

（4）断开燃油管

① 拆下燃油管卡夹，见图 5-2-3。

② 使用专用工具脱开燃油管。

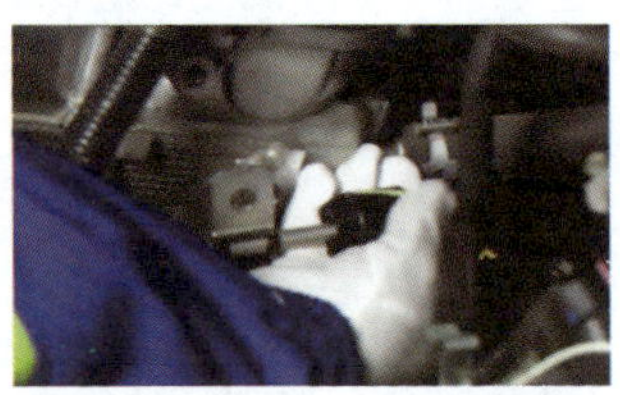

图 5-2-3　拆下燃油管卡夹

拆卸喷油器要求

• 按先后后前顺序脱开卡子	• 均匀用力拉出
拆下发动机盖罩时，不要同时脱开前后卡子，可能会造成发动机盖罩破裂。 	在拔出曲轴箱通风软管时，不要用力过大，先轻轻转动，慢慢均匀用力拉出。 
• 要先按锁止扣 断开喷油器连接器时，先按锁止扣，当确认锁止装置完全脱离后，方可拔下连接器，禁止在线束端借用外力拔下连接器。 	• 使用专用工具断开燃油管 使用专用工具，轻轻向内推，听到“咔”的声响后，再脱开燃油管，取下专用工具。 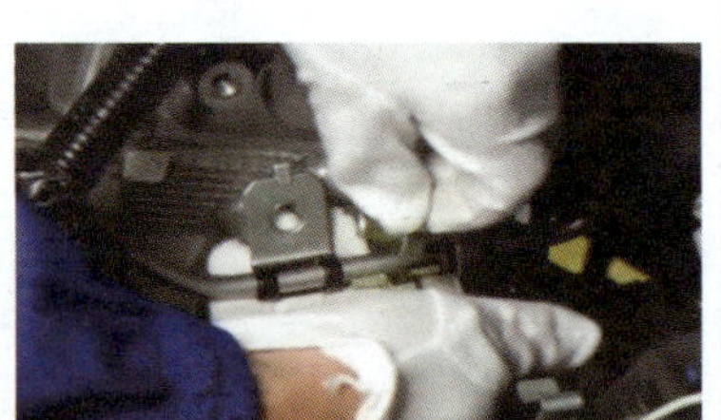

视频

5-7 拆卸喷油器

创新并不是一种天赋，而是每一个人都有的种子。

（5）拆卸输油管

① 使用棘轮扳手拆下线束支架。

② 使用棘轮扳手拆下输油管 2 个固定螺栓，取下输油管，见图 5-2-4。

③ 拆下 2 个输油管隔垫，见图 5-2-5。

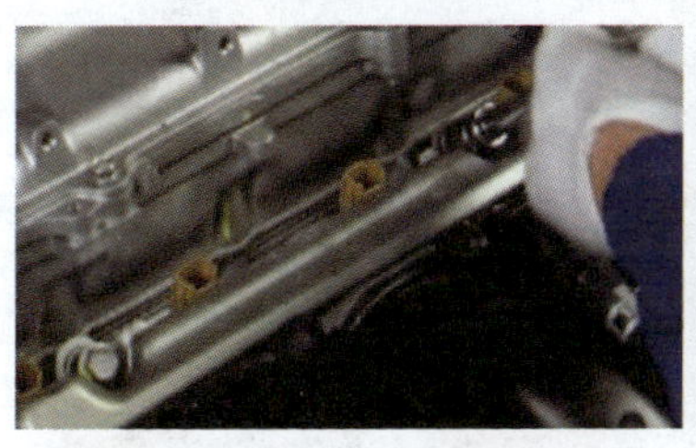

图 5-2-4　拆下输油管固定螺栓

图 5-2-5　拆下输油管隔垫

（6）拆卸喷油器

① 从燃油输油管中依次取下 4 个喷油器。

② 依次拆下 4 个喷油器隔振垫。

步骤三：检修喷油器

1. 手触检修喷油器

（1）运转发动机

起动发动机热车，使其保持怠速运转。

（2）检修喷油器

① 用手触摸各缸喷油器。

② 若手指有强烈而均匀振动感，则说明喷油器针阀开闭良好，喷油器工作正常；否则说明喷油器有故障。

2. 耳听检修喷油器

（1）运转发动机

起动发动机热车，使其保持怠速运转。

拆卸喷油器要求（续）

• 对喷油器要做好编号	• 遮挡喷油器安装口
对从燃油输油管中依次取下的 4 个喷油器要做好编号。	依次拆下 4 个喷油器隔振垫后，要对喷油器安装口进行遮挡，防止异物进入。
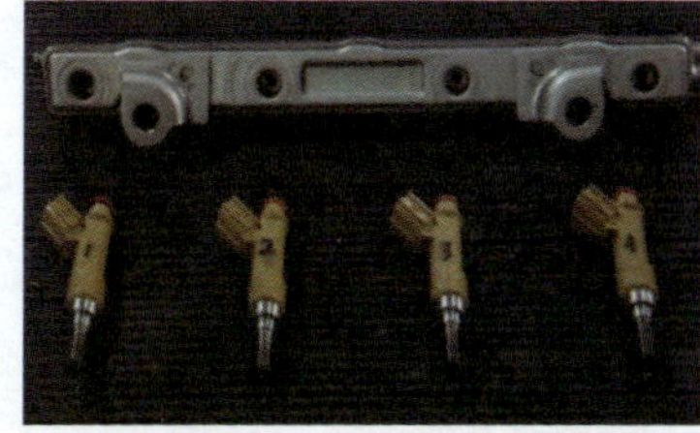	

喷油器常见故障形式及主要原因

故障形式	不喷油、滴漏、各缸喷油量不同。
主要原因	• 喷油器脏堵 发动机工作时，持续的高温会使汽油中所含的树脂、树胶烯烃等物质逐渐呈胶状，附着在喷油器末端细小的喷孔和内部的针阀上，造成喷油器堵塞而喷油不畅。汽油中所含的水分，会使喷油器针阀发生锈蚀，导致喷油器卡滞，造成喷油器滴漏或不喷油。 • 喷油器电路故障 接线销藏有污垢，使线路接触不良；电磁线圈短路、断路或烧坏；各插接器内部接触不良或松动；外围线路断路等都会使喷油器的电磁线圈磁力不足而致针阀升程很小，从而造成喷油很少。 • 喷油器机械故障 喷油器内的针阀折断；针阀与阀座的磨损致密封不良；回位弹簧变软或断裂；喷油器壳体裂纹等导致喷油器不喷油或是滴漏。

学习笔记

（2）检修喷油器

① 用长螺丝刀或听诊器耳听各缸喷油器工作声音。

② 若能听到喷油器有节奏地发出“嗒嗒”声，则说明喷油器工作正常；某缸喷油器工作声音很小，则说明该喷油器存在异常，可能是针阀卡滞，应做进一步检查；若没听见某缸喷油器工作声音，则说明该喷油器不能正常工作，需进一步检查。

3. 断缸检修喷油器

（1）运转发动机

起动发动机热车，使其保持怠速运转。

（2）检修喷油器

① 依次拔出各缸喷油器的线束插头。

② 若某缸在拔下喷油器线束插头后，发动机转速明显下降，则说明该喷油器工作正常；若某缸拔下喷油器线束插头后，发动机转速无明显变化，则说明该喷油器不工作或工作不良，应做进一步检查。

4. 检测喷油器电阻

（1）拔下喷油器线束插头

检测喷油器电阻前要拔下喷油器线束插头。

（2）检测喷油器电阻

① 用万用表测量喷油器两接线柱之间的电阻。

② 若测得的电阻为∞，说明喷油器的电磁线圈已经断路，应予以更换；若两端子之间导通，说明喷油器电磁线圈未断路，但电阻应符合规定阻值。

③ 检修后，插好喷油器线束插头。

5. 检测喷油器喷射量和泄漏

（1）安装喷油嘴

① 将喷油嘴安装到喷油嘴检测仪上。

② 连接油管及驱动线。

喷油器

	轴针式喷油器	球阀式喷油器	片阀式喷油器
类型			
特点	• 喷油时衔铁带动针阀从座面上升约 0.1 mm，燃油从精密间隙中喷出。 • 为使燃油充分雾化，针阀前端磨出一段喷油轴针。喷油器吸动及下降时间为 1 ~ 1.5 ms。	• 球阀阀针质量轻，弹簧预紧力大，可获得更宽广动态流量范围。 • 球阀具有自动定心作用，密封性好。 • 球阀简化了计量部分的结构，有助于提高喷油量精度。	• 质量轻的阀片和孔式阀座与磁性优化的喷油器总成结合起来，使喷油器不仅具有较大的动态流量范围，而且抗堵塞能力更强。

创新并不是一种天赋，而是每一个人都有的种子。

（2）检测喷油器喷射量

① 按下检测喷油器喷射量挡位持续 15 s。

② 观察量筒喷射量。若喷射量不符合规定量，则更换喷油器。

（3）检测喷油器泄漏

① 按下检测喷油器泄漏挡位持续 12 min 以上。

② 观察量筒。若有油滴，则更换喷油器。

步骤四：安装喷油器及输油管

1. 安装喷油器

（1）安装喷油器隔振垫

（2）安装 O 型圈

在喷油器O型圈接触面上涂抹一薄层汽油后安装到喷油器上。

（3）安装喷油器

轻轻地左右转动喷油器，将其安装到输油管上。

2. 安装输油管

（1）安装 1 号输油管隔垫

取下喷油器安装孔上的遮挡，以正确方向将 2 个 1 号输油管隔垫安装到气缸盖上，见图 5-2-6。

（2）安装输油管

① 安装输油管及喷油器。

② 安装 2 个输油管固定螺栓，使用扭力扳手紧固至标准扭矩。

图 5-2-6　安装 1 号输油管隔垫

（3）连接燃油管

① 将燃油管连接器插入输油管。

② 安装新燃油管卡夹。

检修喷油器标准

项目	标准
喷油器电阻	11.6~12.4 Ω
喷油器喷射量	60~73 cm³/15 s。
各喷油器之间喷射量差值	13 cm³/15 s 或更少
喷油器泄漏量	1 滴 /12 min 或更少

安装喷油器要求

• 使用新的喷油器隔振垫

• 换上新的 O 型圈

• 保持平稳，慢慢放入

安装输油管及喷油器时，防止喷油器隔振垫掉落。喷油器对准安装孔后，保持平稳，慢慢放入。

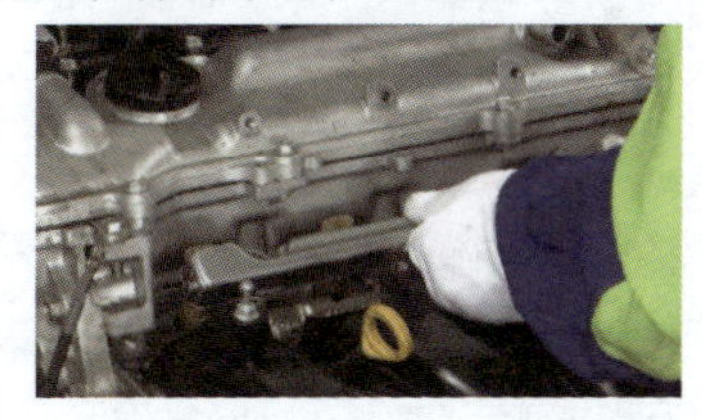

• 需听到“咔嗒”声

将燃油管连接器插入输油管，需听到“咔嗒”声才能停止。

学习笔记

视频

5-8 安装喷油器

学习笔记

（4）连接发动机线束

① 依次安装 2 个发动机线束固定支架，使用扭力扳手紧固至标准扭矩，见图 5-2-7。

图 5-2-7　安装 2 个发动机线束固定支架

② 依次将 4 个线束卡夹连接到各线束固定支架上，见图 5-2-8。

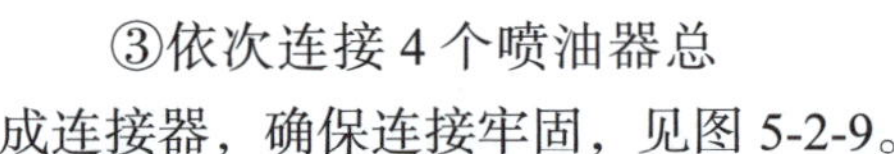

③依次连接 4 个喷油器总成连接器，确保连接牢固，见图 5-2-9。

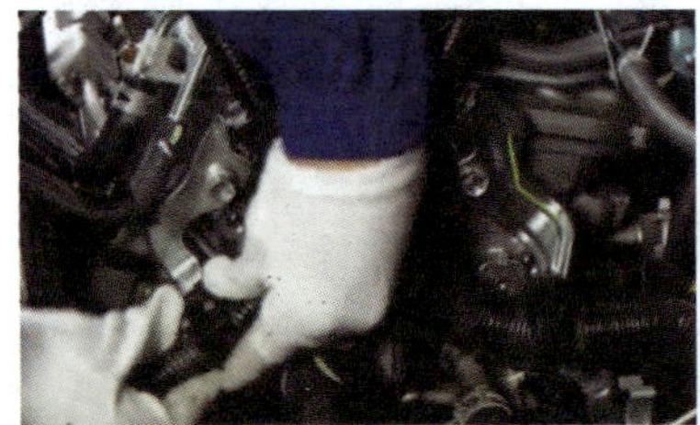

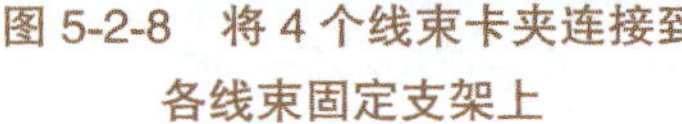

图 5-2-8　将 4 个线束卡夹连接到各线束固定支架上

图 5-2-9　连接 4 个喷油器总成连接器

④ 依次将 2 个线束卡夹连接到线束支架上。

⑤ 连接搭铁线，紧固固定螺栓。

（5）连接气门室通风软管

连接气门室通风软管，将卡箍安装到正确的阻挡位置。

（6）连接蓄电池负极电缆

连接蓄电池负极电缆，使用扭力扳手紧固至标准扭矩。

（7）安装发动机盖罩

双手握住发动机盖罩，并对正位置，依次按下前后端，确保发动机盖罩安装到位。

安装喷油器要求（续）

- 安装完蓄电池负极电缆后，需要回复收音机电台、时钟的设置，重新匹配车辆相关学习值。

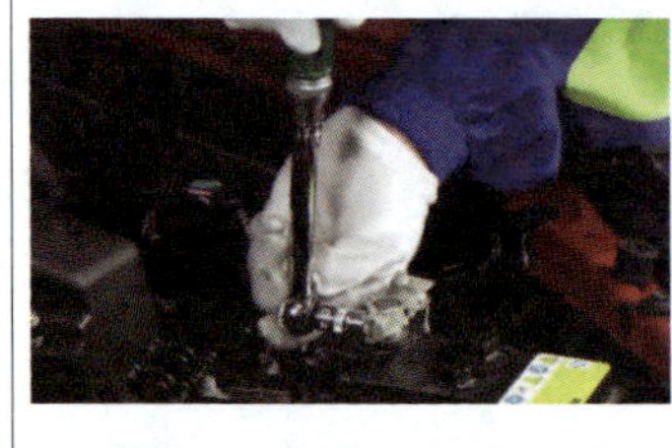

- 安装完蓄电池负极电缆后，需检查燃油是否泄漏，检查方法如下：

（a）挡位处于“P”挡或“N”挡。

（b）驻车制动处于制动状态。

（c）启动发动机，怠速运转 1~2 min 后，关闭点火开关。

（d）检查输油总管和发动机主油软管的连接处是否有燃油泄漏。

（e）检查喷油器安装位置有无燃油泄漏。

（f）如果有，必须更换零件。

安装喷油器标准

项目	标准
输油管固定螺栓扭矩	21 N•m
发动机线束固定支架固定螺栓扭矩	13 N•m
蓄电池负极电缆固定螺栓扭矩	5.4 N•m

创新并不是一种天赋，而是每一个人都有的种子。

任务测评

一、知识测评

确定本任务关键词，按重要程度排序并举例解读。根据自己对重要信息捕捉、排序、表达、创新和划分权重能力进行自评，见表 5-2-2。（满分 100 分）

表 5-2-2　检修喷油器知识测评表

序号	关键词	举例解读	评分自定
1			
2			
3			
4			
5			
总分			

二、能力测评

对表 5-2-3 所列作业内容，操作规范即得分，操作错误或未操作即零分。（满分 100 分）

表 5-2-3　检修喷油器能力测评表

序号	能力点	配分	扣分	备注
1	拆卸喷油器	30		
2	检修喷油器	30		
3	安装喷油器	40		
总分		100		

三、素养测评

对表 5-2-4 所列素养点，做到即得分，未做到即零分。（满分 100 分）。

表 5-2-4　检修喷油器素养测评表

序号	素养点	配分	扣分	备注
1	设备和工具安全检查	20		
2	车辆安全防护	20		
3	工具清洁校准存放	20		
4	工量辅具、零部件、油水液体“三不落地”	20		
5	工位“5S”	20		
总分		100		

四、拓展训练

（1）请列举出在检修喷油器过程中易出现的问题，分析产生问题的原因并制定解决问题的措施。（满分 25 分）

（2）现发现 2014 款卡罗拉 1.6 L GL-i 轿车 1ZR-FE 发动机冒黑烟严重，并且车辆动力不足。连接诊断仪检查后，看不出什么问题，检查气路没有问题，怀疑喷油器出现了问题。试分析产生问题的原因，制定检修流程并进行检修。（满分 25 分）

（3）你会劳动吗？你愿意劳动吗？你有劳动技能吗？你会安全地劳动吗？你感受到劳动成果需要尊重吗？写一篇不低于 500 字关于劳动认识的小作文。

学习笔记

请按下列思维导图格式（见图 5-2-10），对检修喷油器的学习收获进行总结，并对喷油器技术进步做一个概要阐述，同时说明对“不爱劳动则难成人”的理解。（满分 50 分）

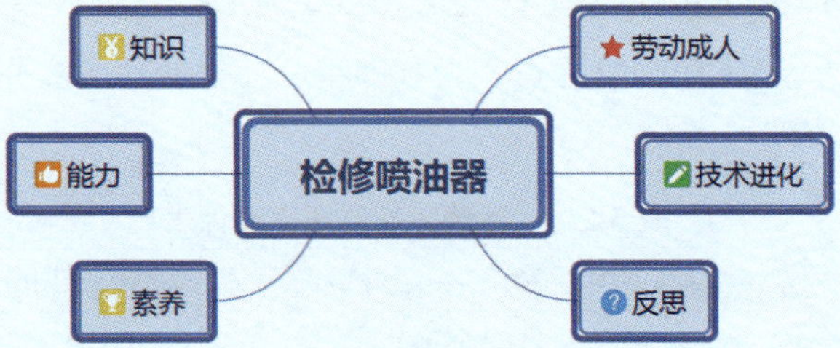

图 5-2-10　思维导图

学习笔记

学习考评

一、考评项目

根据所学，请对 2019 款卡罗拉 1.2 T S-CVT 运动版 9NR-FTS 发动机燃油供给系统进行检修，完成考评报告。

二、实施准备

1. 学生准备

学生在按照教学进度计划，已经完成了以下学习任务并达到了 75 分以上，可进行该学习考评的实施。

（1）理解并完成学习考评需要的相关知识和方法的学习，得分大于 75 分。

（2）运用学习考评需要的相关知识和方法进行作业，得分大于 75 分。

（3）按时、按质、按量完成相应作业，得分大于 80 分。

（4）具有自觉遵守技术标准和要求规定、规范操作、安全、环保、“5S” 作业、团结协作的好习惯，得分大于 80 分。

（5）能制定 2019 款卡罗拉 1.2 T S-CVT 运动版 9NR-FTS 发动机燃油供给系统检修方案。

2. 教师准备

（1）在安排学生实施学习考评前，通过课堂问题研讨、作业、实训和考核及其他方式，确认学生已经具备了实施学习考评所需的知识、能力和素养，并确保学生在安全状态下独立进行。

（2）对协助教师进行测评的学生进行测评和监督方法的培训，确保测评结果的准确性和公平性。

（3）准备好测评记录。

三、验证方法与标准

（1）每位测评人员负责对 2 名学生进行定点、全过程的监控和测评。

（2）详细记录学生在实施学习考评过程中的相关信息、数据、结果、操作方法、完成时间，以及出现错误、事故等情况。

（3）学习考评的作业过程和数据记录等，要求在 90 min 内完成，时间不足，可在即将结束时，口述剩余部分的作业方法。

（4）考核内容及评分标准见下表。

考核内容及评分标准

序号	评分项	得分条件	评分标准	配分	扣分
1	安全/5S/态度	□ 1. 能进行工位 5S 操作 □ 2. 能进行设备和工具安全检查 □ 3. 能进行车辆安全防护操作 □ 4. 能进行工具清洁校准存放操作 □ 5. 能进行三不落地操作	未完成 1 项扣 3 分，扣分不得超 15 分	15	
2	专业技能能力	□ 1. 能正确拆卸燃油泵 □ 2. 能正确拆卸喷油器 □ 3. 能正确清洗、清洁燃油供给系统零件 □ 4. 能正确检查和更换燃油泵 □ 5. 能正确检查和更换喷油器 □ 6. 能正确安装燃油泵，并按规定紧固螺栓 □ 7. 能正确安喷油器，按规定紧固螺栓	未完成 1 项扣 5 分，扣分不得超 50 分	50	
3	工具设备使用能力	□ 1. 能正确选用维修工具 □ 2. 能正确使用维修工具拆装 □ 3. 能正确使用测量工具 □ 4. 能正确使用专用工具	未完成 1 项扣 5 分，扣分不得超 10 分	10	

学习笔记

续表

序号	评分项	得分条件	评分标准	配分	扣分
3	工具设备使用能力	□ 5. 能熟练使用办公软件	未完成 1 项扣 5 分，扣分不得超 10 分	10	
4	资料、信息查询能力	□ 1. 能正确使用维修手册查询资料 □ 2. 能正确使用用户手册查询资料 □ 3. 能在规定时间内查询所需资料 □ 4. 能正确记录查询资料章节页码 □ 5. 能正确记录所需维修信息	未完成 1 项扣 2 分，扣分不得超 10 分	10	
5	数据判读分析能力	□ 1. 能判断燃油泵是否需要维修或更换 □ 2. 能判断喷油器是否需要维修或更换	未完成 1 项扣 5 分，扣分不得超 10 分	10	
6	方案制定与报告撰写能力	□ 1. 字迹清晰 □ 2. 语句通顺 □ 3. 无错别字 □ 4. 无涂改 □ 5. 无抄袭	未完成 1 项扣 1 分，扣分不得超 5 分	5	
合计				100	

四. 考评报告

说明：考评分为理论考评和实操考评，实操考评根据项目要求以及考评模板格式制定项目实施方案，方案经教师审核合格后，方可进行实操考核。考评报告模板详见附录 A。

学习笔记

拓展阅读——新时代红旗 H5

痛点

红旗轿车从辉煌到没落再到崛起，牵动着每一个中国人的神经，2013 年，肩负“红旗复兴”计划的首款车型红旗 H7 正式上市，但因外观太过稳重庄严，内饰老气陈旧，动力与同级别竞争对手相比没有优势且油耗过高、配置简单落后且价格偏高等原因，销量不尽人意，未能扛起复兴大旗。

过程

2017 年上市的红旗全新中型轿车 H5 一改以往红旗品牌车型成熟稳重的设计，在延续品牌传承的同时融入了更多的创新元素，如下图。

红旗 H5

外观上，红旗 H5 延展的发动机舱盖、后移的驾驶舱位置及溜背式设计使得该车型的车身看起来更加流畅，锐利平直的腰线呈现出一种蓄势待发的运动姿态，充满了运动活力；侧车窗边框下，精确的特征线与车门把手融为一体，以简洁的线条延伸至车辆尾灯内部，将年轻时尚与运动风格有机结合；轮辋直径为 19 寸的大尺寸轮胎，配以亚光镀铬的轮辋，突出了整车的力量感，与其整体的运动风格相得益彰；排气管双边双出的布局与悬浮式的设计，突显了时尚感和运动范儿。

内饰上，深色内饰搭配银色装饰使得整体动感十足，而运动车型惯用的三辐式平底方向盘和飞翼式换挡杆，则突显了该车型动感的内饰风格。悬浮式中控液晶屏和独树一帜的虚拟式按键式空调控制区域使得车辆的内饰在保持动感的同时，又增添了超前的科技感。

红旗 H5 一上市就成了红旗家族的销量王。

思考

新时代红旗 H5 的成功上市，说明了什么样的创新精神？

学习笔记

附录 A　学习考评报告

考评报告

<table>
<tr><td colspan="2">项目名称：</td><td colspan="2">考核时间：60 min（理论）+ 实操（90 min）</td></tr>
<tr><td>姓名：</td><td>班级：</td><td>学号：</td><td rowspan="3">教师签字：</td></tr>
<tr><td>自评：□合格
□不合格</td><td>互评：□合格
□不合格</td><td>师评：□合格
□不合格</td></tr>
<tr><td>日期：</td><td>日期：</td><td>日期：</td></tr>
</table>

检修方案

第一部分　车辆信息记录

品牌		整车型号		生产日期	
发动机型号		发动机排量		行驶里程	
车辆识别码					

第二部分　场地安全、设备设施和工量辅具准备

序号	名称	规格	数量
1			
2			
3			
4			

第三部分　检修项目

序号	检测项目	检测数据	标准值或极限值	检查结果	维修措施
1					
2					
3					
4					

第四部分　更换和调整资料查询记录

序	作业项目	紧固和调整标准
1		
2		
3		
4		

第五部分　项目总结

注：表格不足可加行。

学习笔记

学习笔记

附录 B　知识拓展

项目一　知识拓展

1. 汽车检修作业安全

（1）汽油使用安全规则

① 维修车间和场地必须充分通风。

② 修理汽油箱前应用专用溶液或水清除油箱内的残余油气。但在清洗时不得吸烟，见图 f1-1，不得在旁边烘烤零件或点燃喷灯。

图 f1-1　禁止吸烟

③ 应尽量避免用嘴吹、吸汽油管和燃料系孔道。

④ 存放汽油的地方和油桶应标明“易燃”字样。

⑤ 废油应倒入指定废油桶收集，不得随地倒流或倒入排水沟内，防止废油污染，见图 f1-2。

图 f1-2　禁止随地倒流废弃液

（2）发动机起动安全规则

① 发动前应首先检查各部位的装配工作是否已全部结束，油底壳内的机油、散热器的冷却水是否加足，变速杆是否处于空挡，并拉紧手制动器。

② 被调试发动机，应具有完好的起动装置。

③ 在工厂里调试发动机时，应打开门窗，使空气畅通，并尽可能将排气管排放的废气接出室外。

④发动机起动后，应及时检查各仪表工作是否正常。

⑤在发动机运转中，操作者要防止风扇叶片伤人。发动机过热时，不得打开水箱盖。谨防沸水喷出烫伤操作人员。汽车路试后进行底盘检修时，要防止被排气管烫伤。

（3）车下工作安全规则

① 正在维修的汽车，应挂“正在维修”的牌子。应拉紧手制动器并用三角木垫好车轮。

② 用千斤顶顶车作业时，千斤顶要放平稳，人应在车的外侧位置，事先准备好架车工具，严禁用砖头等易碎物品垫车。

③ 放下汽车时，应观察周围是否有障碍物，打开液压开关动作要慢。

④ 在调试发动机时，不得在车下工作。

（4）蓄电池使用安全规则

① 蓄电池应轻搬轻放，不可歪斜，如溅到皮肤应立即用清水冲洗。

② 检查电解液密度和电解液液面高度时，不要将仪器提得过高，以免电解液滴溅在人体或其他物体上。

③ 禁止将油料容器及各种金属物放在蓄电池壳体上。

④ 在配置电解液时，应使用陶瓷或玻璃容器，将硫酸慢慢地倒入水中，绝对禁止将水倒入硫酸中。

（5）用电安全

在车辆的拆装过程中，常常会用一些电气设备来代替繁重的体力劳动，但若使用不当或缺乏安全防护措施，可能会发生触电、电击事故，伤害维修操作人员，见图 f1-3。所以要注意用电安全。

图 f1-3　禁止违规用电

学习笔记

2. 四冲程发动机工作原理

发动机曲轴转两圈，活塞在气缸内依次通过进气行程、压缩行程、做功行程和排气行程四个连续过程，完成一个工作循环。

（1）进气行程

进气过程中，进气门开启，排气门关闭。活塞从气缸上止点运动到下止点，活塞上方的气缸容积增大，气缸内压力下降。当压力降低到低于大气压时，气缸内形成负压，可燃混合气（对汽油发动机而言）或纯空气（对柴油发动机而言）便经进气管道、进气门被吸入气缸，见图 f1-4。

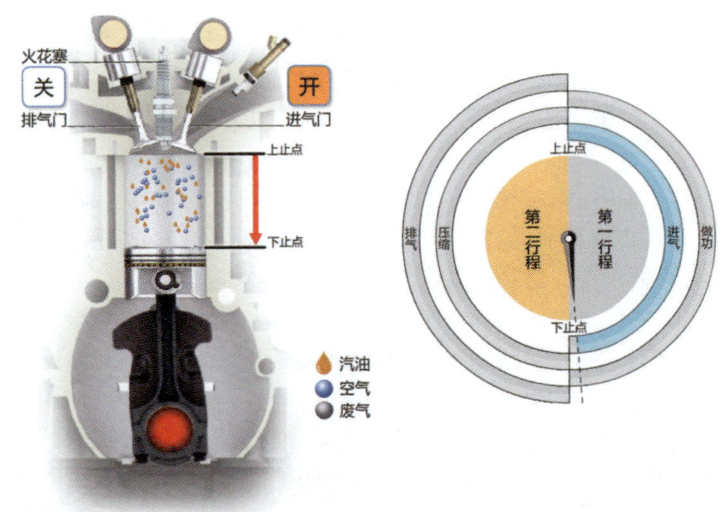

图 f1-4　进气行程

（2）压缩行程

压缩过程中，进、排气门全部关闭，活塞从下止点向上止点移动，可燃混合气或纯空气被压缩，使其容积缩小，密度加大，温度升高。活塞到达上止点时压缩终了，可燃混合气或纯空气被压缩到燃烧室中，见图 f1-5。

柴油发动机靠压缩自燃，压缩比远大于汽油发动机，压缩终了时，气体压强可达 3~5 MPa，温度可达 500~700 ℃。

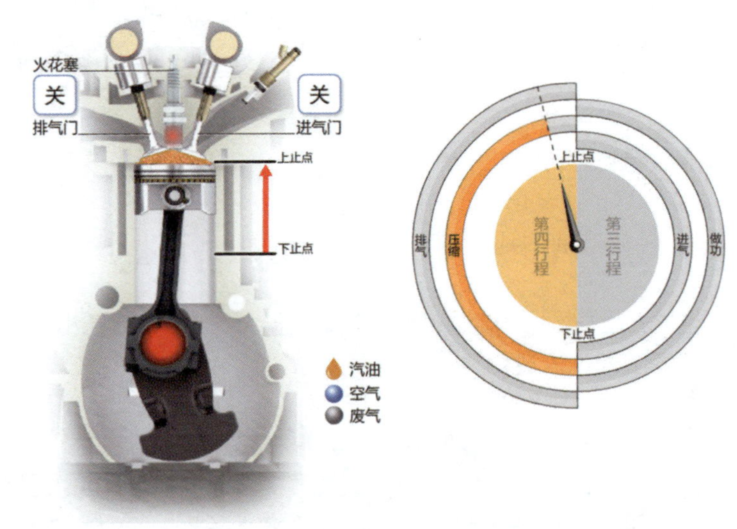

图 f1-5　压缩行程

视频

f1-1 四冲程发动机工作原理

学习笔记

（3）做功行程

对汽油发动机而言，做功过程中，进、排气门仍旧关闭，当活塞接近压缩上止点时，装在气缸体上的火花塞发出电火花，点燃被压缩的可燃混合气。可燃混合气燃烧后，高温、高压燃气推动活塞从上止点迅速向下止点运动，通过连杆使曲轴旋转并输出机械能。

对柴油发动机而言，压缩行程即将终了时，喷油泵将高压柴油经喷油器呈雾状喷入气缸高压、高温气体中，迅速形成混合气。混合气在高温下自行着火燃烧，同时保持边喷射边燃烧，由燃烧产生的高温、高压气体推动活塞下行做功。该行程中，瞬时最高压强达 5~10 MPa，温度达 1 500~1 900 ℃。

做功行程见图 f1-6。

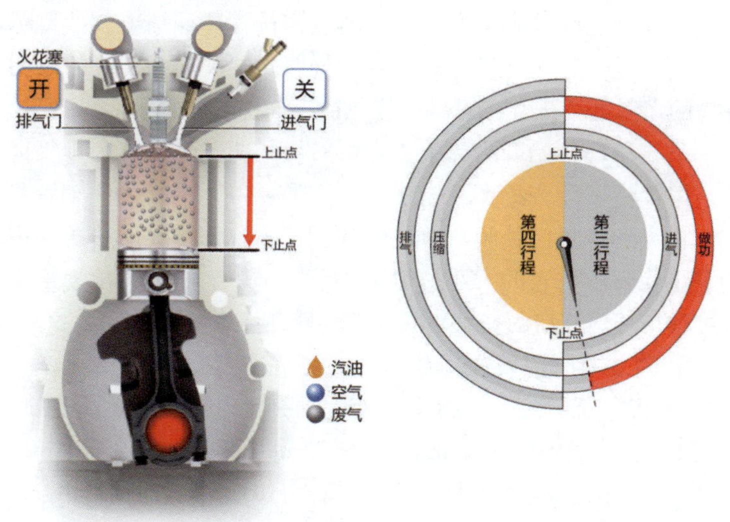

图 f1-6　做功行程

（4）排气行程

无论汽油发动机，还是柴油发动机，排气过程中，排气门开启，进气门关闭。活塞由下止点向上止点运动，将废气强制排出气缸，以便进行下一工作循环，见图 f1-7。

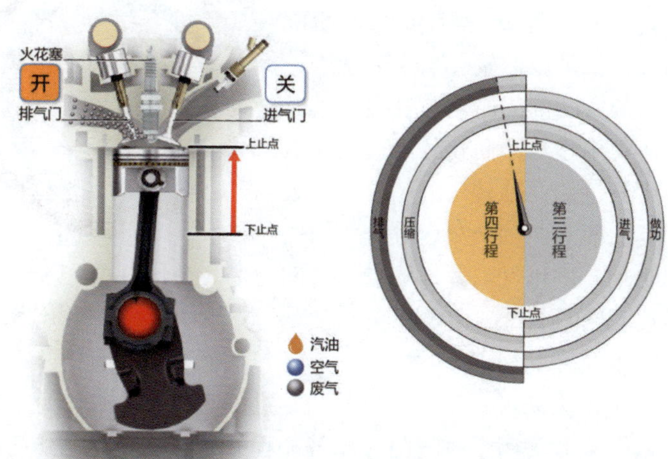

图 f1-7　排气行程

发动机的正常运转就是工作循环连续不断交替。曲轴每转两圈 (720°) 完成一个工作循环，一个行程对应曲轴转角为 180° 。做功和进气行程，活塞从上止点向下止点运动；压缩和排气行程，活塞从下止点向上止点运动。四个行程中，只有做功行程是有效输出动力行程；其余三个行程是辅助行程，靠飞轮惯性维持转动，因而飞轮转速是不均匀的，必须具有足够的转动惯量才能保证发动机运转平稳。现代汽车发动机采用多个气缸，按照一定的工作顺序来保证发动机运转平稳。

学习笔记

3. 选择配气相位

（1）配气相位

进、排气门何时开启？开启持续时间多长？开启幅度多大？这就涉及配气相位的概念。所谓的发动机配气相位，就是以曲轴转角来表示进、排气门的实际开闭时刻及开启持续时间，通常用相对于曲拐处经过上止点位置后转过的曲轴转角的环形图来表示，其上面有曲轴转角、进排气门的开闭时刻、进排气门开启的持续时间等参数，见图 f1-8。

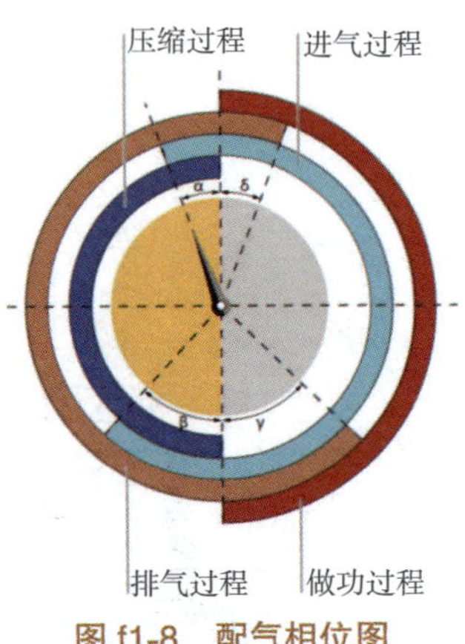

图 f1-8　配气相位图

（2）实际配气相位

从理论上来说，发动机进气门在进气冲程开始时打开，在进气冲程结束时关闭；排气门在排气冲程开始时打开，在排气冲程结束时关闭；它们开启的持续时间都是 180° 曲轴转角。但事实上并非如此。由于发动机转速很高，一个行程时间很短，如四冲程发动机转速 3 000 r/s 时，一个行程只有 0.01 s，再加上凸轮驱动气门开启需要一个过程，气门全开的时间就更短了。在这样短的时间内很难做到进气充分，排气彻底。为了改善发动机换气过程，提高发动机性能，实际发动机的门开启和关闭并不是恰好在活塞的上止点和下止点，而是适当的提前和滞后，以延长进、排气时间，即气门开启过程中曲轴转角都大于 180° 。

视频

f1-2 配气相位

（3）选择配气相位

① 进气门配气相位。

在发动机工作过程中，进气门是在活塞运行到排气冲程上止点之前、进气冲程还未开始就已经打开了，这样做的目的是当进气冲程开始时，进气门已有一定开度，可以较快地获得较大的进气通道截面，以减少进气阻力。当活塞运行到进气冲程下止点之后、压缩冲程已经开始一段时间，进气门才关闭，其目的是利用空气的惯性和压差继续进气，以便让尽可能多的空气进入气缸。

从进气门开始开启到上止点所对应的曲轴转角称为进气提前角，用希腊字母 α 表示，它的大小一般为 10 ° ～ 30 ° 曲轴转角；从下止点到进气门关闭所对应的曲轴转角称为进气滞后角，用希腊字母 β 表示，它的大小一般为 40 ° ～ 80° 曲轴转角；整个进气过程进气门开启的持续时间为曲轴转角。

② 排气门配气相位。

在做功行程的后期，活塞达到下止点前、排气冲程还未开始时，排气门就已经开启了，其目的是利用气缸内残余的压力迅速排气，并且还可以防止发动机高温。当排气冲程结束，活塞越过上止点，进气冲程已经开始之后，排气门才关闭，其目的是利用废气的惯性继续排气，以尽可能地让废气排出彻底。

从排气门开始开启到下止点所对应的曲轴转角称为排气提前角，用希腊字母 γ 表示，它的大小一般为 40° ～ 80° 曲轴转角；从上止点到排气门关闭所对应的曲轴转角称为排气滞后角，用希腊字母 δ 表示，它的大小一般为 10 ° ～ 30° 曲轴转角；整个排气过程排气门开启的持续时间为曲轴转角。

③ 进、排气门重叠开启。

由于进气门在上止点前即开启，而排气门在上止点后才关闭，出现了一段时间内排气门和进气门同时开启的现象，称为气门重叠。重叠时期的曲轴转角称为气门重叠角，它的大小为曲轴转角。气门重叠开启对发动机换气极为有利，对发动机性能影响也非常大，一般增压发动机的气门重叠角要大于自然吸气发动机的气门重叠角。

发动机设计制造完成后，配气相位固定不变。

4. 检查和调整气门间隙

（1）气门间隙

气门间隙是指气门摇臂与气门之间的间隙，见图 f1-9。

留有气门间隙是为了补偿气门受热后的膨胀量。因为进排气门均安装在燃烧室的顶端，也是温度最高之处，工作时会发生膨胀。所以在发动机的使用过程中，气门间隙的大小会发生变化。如果气门间隙过小或没有气门间隙，就会导致发动机工作时，气门关闭不严而漏气。气门摇臂与气门之间经过长久的动作及磨耗，间隙会愈变愈大，若气门间隙过大，不仅会造成气门机构产生异响，而且气门开启升程和开启持续角度也会减小，影响发动机的进排气过程。因此，应对气门间隙进行调整。并非所有汽车均需调整气门间隙，有些车辆气门间隙属于油压自动调整，就不需要调整气门间隙。

（2）确定第 1 缸压缩上止点位置

在检查、调整气门间隙之前，应先确定第 1 缸压缩上止点位置。多数发动机都有点火正时标记，见图 f1-10，只要转动曲轴对正标记，即说明第 1 缸处于上止点位置。

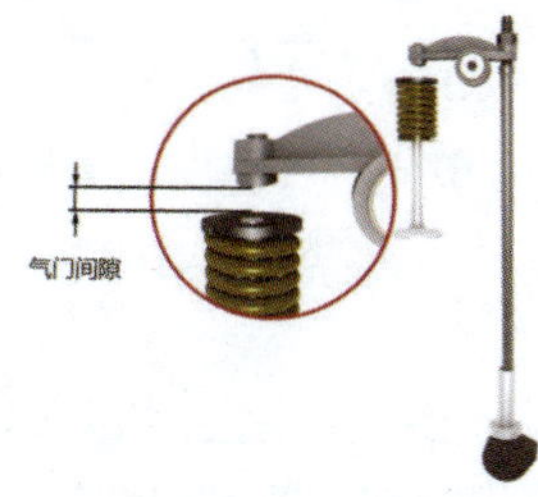

图 f1-9 气门间隙

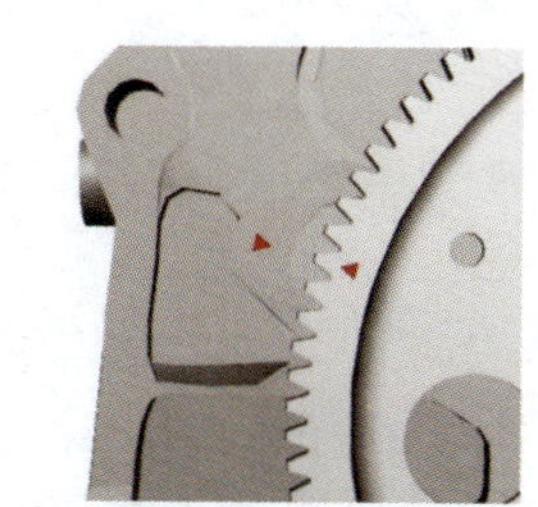

图 f1-10 发动机飞轮正时标记

用摇手柄转动曲轴或撬动飞轮，使 1 缸处于压缩上止点位置。从发动机前面看，曲轴带轮的正时凹坑与正时记号对准，即说明第 1 缸处于上止点位置。此时从气门处看，1 缸的气门应都处于关闭状态。如果 1 缸的气门不全是关闭状态，说明 1 缸活塞在下止点位置，应再转动曲轴 360°，使 1 缸处于压缩上止点位置。

根据发动机构造原理知道，各缸处于压缩上止点时，该缸的气门均处于关闭状态。因此，确定各缸处于压缩上止点的方法是，打开分电器盖并确定各缸高压分线的位置，摇转曲轴，当分火头指向该缸高压分线位置时，触点张开的瞬间位置，则该缸处于压缩行程的上止点位置。

（3）检查气门间隙

气门间隙有冷车值和热车值之分，在测量时应在符合该车规定的状态下进行。

选出符合规格的塞尺插入气门杆与气门摇臂之间，见图 f1-11。稍微拉动塞尺，如有轻微的阻力，表示间隙正确。为了确定间隙是否在规定范围内，一般用范围极限值来测量。使用最小值的塞尺钢片，若能通过，则正常；若不能通过，说明间隙过小。使用最大值的塞尺钢片，若不能通过，则正常；若能通过，说明间隙过大。间隙过小和过大，都必须调整气门间隙。

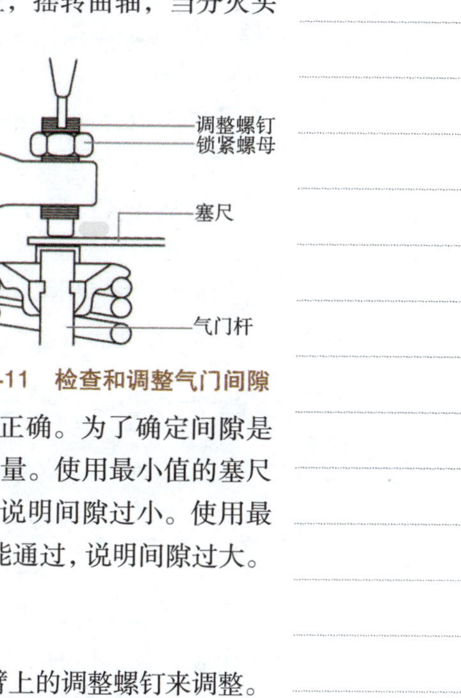

图 f1-11 检查和调整气门间隙

（4）调整气门间隙

多数发动机的气门间隙都是用装在摇臂上的调整螺钉来调整。将与规定气门间隙相等的塞尺插入可调气门的气门间隙中，用手前、后移动塞尺，如能感到有适当阻力，说明气门符合标准；若移动塞尺时，感觉无阻力或阻力过大，应松开锁紧螺母，转动调整螺钉，直到气门间隙符合规定后，再将锁紧螺母拧紧。锁好螺钉后，再用塞规重新测量气门间隙，防止可能在锁紧时无意转动了调整螺钉，使气门间隙改变。如果气门间隙改变，则应重新调整。

学习笔记

视频

f1-3 认知气门间隙

学习笔记

5. 车辆主要信息

（1）整车型号

汽车型号应能表明汽车的厂牌、类型和主要特征参数等。根据 GB/T 9417—1988《汽车产品型号编制规则》规定，我国汽车产品型号由企业名称代号、车辆类别代号、主参数代号、产品序号组成，必要时附加企业自定代号，均应由汉语拼音字母和阿拉伯数字组成。

汽车型号包括三部分：

首部：由 2 个或 3 个汉语拼音字母组成，是企业名称代号。

中部：由 4 位阿拉伯数字组成。第 1 位数字是车辆类别代号，第 2、3 位数字是主参数代号，第 4 位数字是产品序号。

尾部：为专用汽车分类代号和企业自定代号，不一定都有。

汽车产品型号组成见图 f1-12。

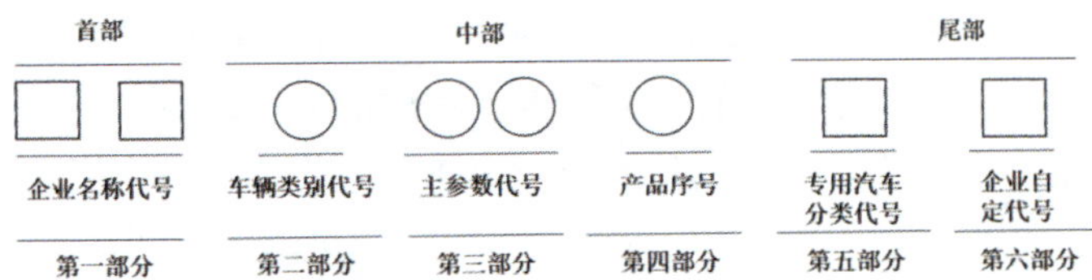

图 f1-12　汽车产品型号组成

① 企业名称代号。企业名称代号位于产品型号的第一部分，用代表企业名称的 2 个或 3 个汉语拼音字母表示。如 BJ、SH、XM、NJ、GL 和 JN 等，分别代表北京、上海、厦门、南京、桂林和济南等地汽车制造企业。但第一汽车集团有限公司（简称一汽）用 CA 表示，东风汽车集团有限公司（简称二汽）用 EQ 表示，是因为其产品型号编制在国家标准制定前，故不符合国家标准。

②车辆类别代号。各类汽车的类别代号位于产品型号的第二部分，用一位阿拉伯数字表示，其中 8 为空白，不指代车型类别。车辆类别代号及含义见表 f1-1。

表 f1-1　车辆类别代号及含义

车辆类别代号	含义	车辆类别代号	含义
1	载货汽车	5	专用汽车
2	越野汽车	6	客车
3	自卸汽车	7	轿车
4	牵引汽车	8	半挂车及专用挂车

③ 主参数代号。各类汽车的主参数代号位于产品型号的第三部分，用两位阿拉伯数字表示。车辆主参数代号含义见表 f1-2。

表 f1-2　车辆主参数代号含义

<table>
<tr><th>车辆类别</th><th>主参数代号含义</th></tr>
<tr><td>载货汽车</td><td rowspan="6">车辆的总质量（t）
牵引汽车的总质量包括牵引座上的最大总质量
当总质量在 100 t 以上时，允许用三位数字表示</td></tr>
<tr><td>越野汽车</td></tr>
<tr><td>自卸汽车</td></tr>
<tr><td>牵引汽车</td></tr>
<tr><td>专用汽车</td></tr>
<tr><td>半挂车及专用挂车</td></tr>
<tr><td>客车</td><td>车辆总长度（×0.1 m）
当车辆长度超过 10 m，含 10 m，长度数值乘以 1</td></tr>
<tr><td>轿车</td><td>发动机排量（×0.1 L）</td></tr>
</table>

④ 产品序号。各类汽车的产品序号位于产品型号的第四部分用一位阿拉伯数字表示汽车产品生产改进顺序，数字由 0、1、2、3……依次使用。如 0——第一代产品，2——第三代产品。

⑤ 专用汽车分类代号。位于产品型号的第五部分，用反映车辆结构和用途特征的 3 个汉语拼音字母表示。如 X——箱式汽车、Z——专用自卸汽车、T——特种结构汽车、G——罐式汽车。

学习笔记

⑥ 企业自定代号。位于产品型号的第六部分，也是最后部分，同一种汽车结构略有变化而需要区别时，如汽油、柴油发动机，长、短轴距，单、双排驾驶室，平、凸头驾驶室，左、右置转向盘等，可用汉语拼音字母和阿拉伯数字表示，位数也由企业自定。

汽车型号实例：

BJ2020S——北京汽车制造厂生产的总质量为 2 t 的第一代越野车，S 为厂家自定义。

TJ7131U——天津汽车制造厂生产的排量为 1.3 L 的第二代轿车，U 为厂家自定义。

（2）发动机型号

GB/T 725—2008《内燃机产品名称和型号编制规则》规定，内燃机型号由四部分组成，见图 f1-13。

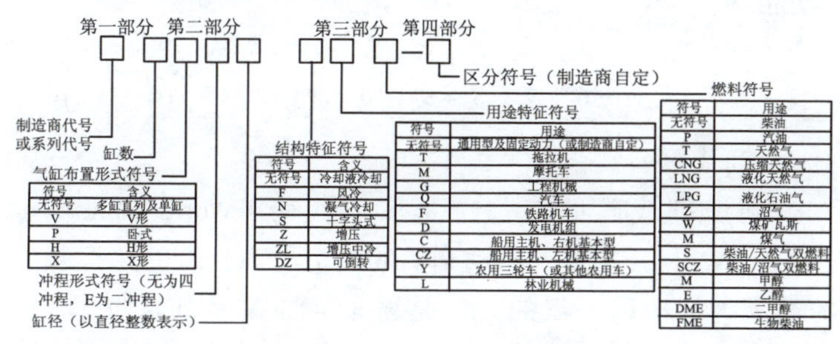

气缸布置形式符号

符号	含义
无符号	多缸直列及单缸
V	V形
P	卧式
H	H形
X	X形

结构特征符号

符号	含义
无符号	冷却液冷却
F	风冷
N	凝气冷却
S	十字头式
Z	增压
ZL	增压中冷
DZ	可倒转

用途特征符号

符号	用途
无符号	通用型及固定动力（或制造商自定）
T	拖拉机
M	摩托车
G	工程机械
Q	汽车
F	铁路机车
D	发电机组
C	船用主机、右机基本型
CZ	船用主机、左机基本型
Y	农用三轮车（或其他农用车）
L	林业机械

燃料符号

符号	用途
无符号	柴油
P	汽油
T	天然气
CNG	压缩天然气
LNG	液化天然气
LPG	液化石油气
Z	沼气
W	煤矿瓦斯
M	煤气
S	柴油/天然气双燃料
SCZ	柴油/沼气双燃料
M	甲醇
E	乙醇
DME	二甲醇
FME	生物柴油

图 f1-13 国产内燃机型号组成

国产内燃机型号实例：

① 汽油发动机。

1E65F/P——单缸、二冲程、缸径 65 mm、风冷、通用型。

BJ492Q/P-A——北京汽车制造厂、四缸直列、四冲程、缸径 92mm、水冷、汽车用、变形产品。

CA488——第一汽车有限公司、四缸直列、四冲程、缸径 88 mm、水冷、通用型。

② 柴油发动机。

YZ6102Q——扬州柴油机厂、六缸直列、四冲程、缸径 102 mm、水冷、汽车用。

12VE230ZCZ——12 缸、V 型、二冲程、缸径 230 mm、增压、水冷、船用左机。

GI2V190ZLD——系列代号 G、12 缸、V 形、四冲程、缸径 190 mm、水冷式、增压中冷、发电用。

JC12V26/32ZLC——济南柴油机股份有限公司、12 缸、V 形、四冲程、缸径 260 mm、行程 320 mm、水冷、增压中冷、船用主机、右机基本型。

8E150C-1——8 缸、直列、二冲程、缸径 150 mm、水冷、船用主机、右机基本型、区分符号 1。

③ 燃气机。

12V190ZL/T——12 缸、V 形、四冲程、缸径 190 mm、水冷、增压中冷、天然气。

16V190ZLD/MJ——16 缸、V 形、四冲程、缸径 190 mm、水冷、增压中冷、发电用、焦炉煤气。

④ 双燃料发动机。

G12V190ZLS——系列代号 G、12 缸、V 形、缸径 190 mm、水冷、增压中冷、柴油 / 天然气双燃料。

12V26/32ZL/SCZ——12 缸、V 形、缸径 260 mm、行程 320 mm、水冷、增压中冷、柴油 / 沼气双燃料。

（3）发动机排量

发动机排量是指发动机所有气缸工作容积的总和，通常用 V_L 表示，见图 f1-14。

学习笔记

气缸工作容积是指活塞从一个止点运动到另一个止点所扫过的容积，通常用 V_h 表示，见图 f1-15。

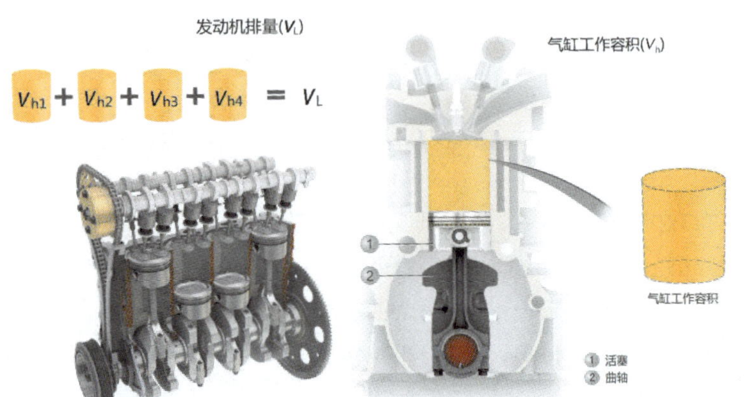

图 f1-14 发动机排量　　图 f1-15 气缸工作容积

若发动机气缸数为 i，则 $V_L=V_hi$。

（4）车辆识别代码

①车辆识别代码。

车辆识别代号（Vehicle Identification Number, VIN），又称底盘编号、车架号、十七位码，是根据国际标准 ISO 4030 或 ISO 3779，由 17 个大写英文字母（其中不包括 I、O、Q）或阿拉伯数字组成的 30 年周期内全球唯一的道路机动车识别号码。因其表明车辆身份，所以相当于机动车的“身份证号码”。

车辆识别代码根据各个国家的车辆管理标准确定，包含了车辆的生产厂家、年代、车型、车身型式及代码（对于承载式车身和极个别底盘车）、发动机代码及组装地点等信息。新的行驶证在“车架号”一栏一般都打印 VIN 码。绝大多数底盘车的车辆识别代码与所装配车身的制造商无关。

视频

f1-4 发动机排量

② 车辆识别代码构成。

根据 GB 16735—2019 的说明，17 位车辆识别代号需满足以下格式：

第 1—3 位——厂商代码(WMI),记载厂商的地理区域和国别；

第 4—9 位——车辆说明部分（Vehicle Descriptor Section, VDS），包含 5 位车辆一般特征代码和 1 位检验位。

第 10—17 位——车辆指示部分（Vehicle Instructor Section, VIS），包含 1 位年份代码、1 位装配厂代码和 6 位生产顺序号。

将一丰田卡罗拉车辆识别代码 LFMAP86C6E0467461 分为三部分后见表 f1-3。

表 f1-3 丰田卡罗拉车辆识别代码

WMI			VIS						VIS							
L	F	M	A	P	8	6	C	6	E	0	4	6	7	4	6	1
1	2	3	4	5	6	7	8	9	10	11	12	13	14	15	16	17

• 厂商代码

车辆识别代码的前三位是厂商代码（World Manufacturer Identifier, WMI），决定了机动车辆的制造厂商，有的还记载了车辆的类型（如中国一汽的 LFP 是轿车，LFW 是载货汽车，LFV 是一汽大众，LFM 是一汽丰田）。其中第一位的范围决定了厂商所属的地理区域，前两位决定了厂商的国别，由 ISO 3780 标准指定，第三位确定了车辆的制造厂。

我国大陆的国别码范围是 LA~LZ、L0~L9，即所有以 L 开头的 VIN 全部表示国产车。最新标准 GB 16737—2019 又引入了国际为中国大陆新分配的范围 HA~HZ、H0~H9，即所有以 H 开头的 VIN 全部表示国产车。我国台湾地区的国别码范围是 RF~RK。IS O3780 指定的国家和地区代码范围见表 f1-4。

学习笔记

表 f1-4　ISO 3780 指定的国家和地区代码范围

地区代码	国家代码
A—F——非洲	AA-AH 南非；AJ-AN 科特迪瓦；BA-BE 安哥拉；BF-BK 肯尼亚；BL-BR 坦桑尼亚；CA-CE 贝宁；CF-CK 马达加斯加；CL-CR 突尼斯；DA-DE 埃及；DF-DK 摩洛哥; DL-DR 赞比亚; EA-EE 埃塞俄比亚; EF-EK 莫桑比克；FA-FE 加纳；FF-FK 尼日利亚
H—R——亚洲	H 中国（注：我国台湾地区是 RF-RK）；J 日本；KA-KE 斯里兰卡；KF-KK 以色列；KL-KR 韩国；KS-K0 哈萨克斯坦；L 中国；MA-ME 印度；MF-MK 印度尼西亚；ML-MR 泰国；MS-M0 缅甸；NA-NE 伊朗；NF-NK 巴基斯坦；NL-NR 土耳其；PA-PE 菲律宾；PF-PK 新加坡；PL-PR 马来西亚；RA-RE 阿联酋；RL-RR 越南；RS-RO 沙特阿拉伯
S—Z——欧洲	SA-SM 英国；SN-ST 德国（东德）；SU-SZ 波兰；S1-S4 拉脱维亚；TA-TH 瑞士；TJ-TP 捷克；TR-TV 匈牙利；TW-T1 葡萄牙；UH-UM 丹麦；UN-UT 爱尔兰；UU-UZ 罗马尼亚；U5-U7 斯洛伐克；VA-VE 奥地利；VF-VR 法国；VS-VW 西班牙；VX-V2 塞尔维亚；V3-V5 克罗地亚；V6-V0 爱沙尼亚；W 德国（西德）；XA-XE 保加利亚；XF-XK 希腊；XL-XR 荷兰；XS-XW、X3-X0 俄罗斯；XX-X2 卢森堡；YA-YE 比利时；YF-YK 芬兰；YL-YR 马耳他；YS-YW 瑞典；YX-Y2 挪威；Y3-Y5 白俄罗斯；Y6-Y0 乌克兰；ZA-ZR 意大利；ZX-Z2 斯洛文尼亚；Z3-Z5 立陶宛
1—5——北美洲	1、4、5 美国；2 加拿大；3A-3W 墨西哥；3X-37 哥斯达黎加；38-39 开曼群岛
6—7——大洋洲	6 澳大利亚；7 新西兰
8—9—南美洲	8A-8E 阿根廷；8F-8K 智利；8L-8R 厄瓜多尔；8S-8W 秘鲁；8X-82 委内瑞拉；9A-9E、93-99 巴西；9F-9K 哥伦比亚；9L-9R 巴拉圭；9S-9W 乌拉圭；9X-92 特立尼达和多巴哥

常见的 WMI 编号见表 f1-5。

表 f1-5　常见的 WMI 编号

类别	WMI 编号
国产乘用车	LBE—北京现代；LBV—华晨宝马；LB3、L6T—吉利汽车；LDC—神龙汽车；LDN—东南汽车；LE4—北京奔驰；LFM—一汽丰田；LFP—一汽轿车；LFV—一汽大众；LGB—东风日产；LGJ—东风轿车；LGX—比亚迪；LGW—长城汽车；LH1—一汽海马；LHG—广汽本田；LJ1—江淮汽车；LJD—东风悦达起亚；LJN—郑州日产；LKC—北汽昌河；LLN—观致汽车；LLV—重庆力帆；LL2—威马汽车 LMG—广汽传祺；LM6—斯威汽车；LNB—北汽；LPA—长安 DS；LRW—国产特斯拉；LSA—川汽野马；LSG—上汽通用；LSJ—上汽名爵、荣威；LSV—上汽大众、斯柯达 LSY—华晨金杯；LS4、LS6—长安汽车；LS5—长安铃木；LTV—天津一汽丰田；LUX—东风裕隆；LVG—广汽丰田；LVH—东风本田；LVM—开瑞；LVR—长安马自达；LVS—长安福特；LVT、LVV—奇瑞; LVY—沃尔沃亚太; LWV—广汽菲克; LWY—广汽菲亚特；LXV—宝沃汽车；LYV—吉利沃尔沃; LZC—众泰汽车; LZW—上汽通用五菱; L2C—奇瑞捷豹路虎
进口乘用车	JF1—斯巴鲁；JHL、JHM—本田；JMB—三菱；JM6—马自达；JN—日产；JS—铃木；JT—丰田；KMH—现代；KN—起亚；KPT—双龙；SAJ—捷豹；SAL—路虎；SCA—劳斯莱斯；SCB—宾利；SCF—阿士顿马丁；TMB—斯柯达；VF1、VF2—雷诺；VF3—标致；VF7—雪铁龙；WAU—奥迪；WBA、WBX—宝马；WBS—宝马 M 系；WDB—奔驰；WDC、WDD、WMX—戴姆勒 - 克莱斯勒；WME—Smart；WMW—Mini；WP0—保时捷轿车；WP1—保时捷 SUV；WVG、WWW—大众；WOL—欧宝；YV1—沃尔沃；ZAM、ZN6—玛莎拉蒂；ZAR—阿尔法罗密欧；ZFA—菲亚特；ZFF—法拉利；ZHW—兰博基尼；1B—道奇；1C—克莱斯勒；1F、2F—福特；1G—通用；1J—吉普；1L、5L—林肯；2HH—讴歌；3GY—凯迪拉克（墨西哥产）；5YJ—特斯拉；L2C—奇瑞捷豹路虎

学习笔记

续表

类别	WMI 编号
国产商务车	LA6—金龙客车；LA8—安凯客车；LBZ—北奔重汽；LC0—比亚迪汽车工业；LDD—丹东黄海；LDP—东风集团；LDT—东风特汽；LDY—中通客车；LEF—江铃汽车；LET—江西五十铃；LFC—三一重工；LFN、LFW——汽集团；LFZ—福建福达；LGA-LGK—东风集团；LJM—上海申龙；LJS—亚星客车；LKL—苏州金龙；LL3—厦门金旅；LME—南京金龙；LRD—福田欧曼卡车；LSF—上海申沃；LSK—上汽大通；LUF—重汽豪沃客车；LVA—福田小型商用；LVB—福田中大型商用；LVC—福田欧辉客车；LWL—庆铃汽车；LXG—徐工汽车；LYB—潍柴亚星；LYC—广汽日野；LZF—上汽依维柯红岩；LZG—陕汽；LZY—宇通客车；LZZ—中国重汽；L1A—华菱星马；L58—集瑞联合重工；L8A—青年汽车；L9G—珠海广通；HGX—广西汽车集团
进口商务车	JA—五十铃；JHD—日野；KL—大宇；KMH、KMJ—现代；SFD—亚历山大丹尼斯；SZA—斯堪尼亚(波兰斯武普斯克工厂)；VF6—雷诺卡车；WDA—奔驰卡车；WD3、WD4—奔驰 Sprinter；WD7—奔驰 U 系；WMA—曼；WV1、WV2—大众商用；XLR—DAF 卡车；YS2—斯堪尼亚(南泰利耶工厂)；YS4—斯堪尼亚 (Katrineholm 工厂)；YV2—沃尔沃卡车；YV3—沃尔沃客车；ZCF—依维柯

• 一般特征代码

VIN 的第 4—8 位是机动车的一般特征代码，可记载车辆类型、车辆结构特征、车辆装置特征、技术特性参数等一般特征信息。其中，非完整车辆的车身类型包括承载式车身、驾驶室 - 底盘和无驾驶室 - 底盘等；对于仅靠发动机驱动的车辆（柴油、天然气），应记载燃料类型、发动机排量和 / 或发动机最大净功率范围；对于其他驱动类型的车辆（纯电动、混合动力、燃料电池等），应记载驱动电动机的峰值功率（多个为之和）范围及发动机排量和 / 或最大净功率范围（如有），其他驱动类型的摩托车应记载驱动电动机的额定功率。若制造厂不使用这一字段的某一位或几位字符，应由制造厂提供字符来占位。这其中最典型的是德国 MAN 公司(WMA)底盘号第 7、8 位的两个“Z”，如“WMA93SZZ”。

强制要求特征信息见表 f1-6。

表 f1-6　强制要求特征信息

车辆类型	一般特征代码必须包含的内容
乘用车	车身类型、动力系统特征
客车	车辆长度、动力系统特征
货车（含牵引车、专用作业车）	车身类型、车辆最大设计总质量、动力系统特征
挂车	车身类型、车辆最大设计总质量
摩托车和轻便摩托车	车辆类型、动力系统特征
非完整车辆	车身类型、车辆最大设计总质量、动力系统特征

• 检位码

国家标准及其国际标准 ISO 4030 规定车辆识别代号的第 9 位是检验位，作用是检验 VIN 誊写的准确性，其算法如下。

第一步，将字母转写成数字，见表 f1-7。

表 f1-7　字母与数字对应表

转写数字	1	2	3	4	5	6	7	8	9
对应字母	A	B	C	D	E	F	G	H	(I)
	J	K	L	M	N	(O)	P	(Q)	R
		S	T	U	V	W	X	Y	Z

第二步，将数字求加权和。数位与对应权见表 f1-8。

表 f1-8　数字与对应权

数位	1	2	3	4	5	6	7	8	10	11	12	13	14	15	16	17
权	8	7	6	5	4	3	2	10	9	8	7	6	5	4	3	2

第三步，将加权和对 11 求余，所得的余数即为 VIN 的第 9 位。如余数为 10，则第 9 位为 X。

例如，假设某机动车除去第 9 位的 VIN 是 LBVKY310_MSG33108。

第一步，将字母转写成数字，得 32528310_42733108。

第二步，将数字求加权和，得 S=3×8+2×7+5×6+2×5+8×4+3×3+1×2+0×10+4×9+2×8+7×7+3×6+3×5+1×4+0×3+8×2=275。

第三步，将加权和对 11 求余，得 275 mod 11 = 0，第 9 位为 0。

所以这辆机动车完整且有效的 VIN 是 LBVKY3100MSG33108。

- 制造年份

车辆识别代号的第 10 位是制造年份代码，每 30 年一周期（机动车的寿命一般不超过 30 年）。制造年份代码表见表 f1-9。

表 f1-9 制造年份代码表

年份	代码	年份	代码	年份	代码	年份	代码
1991	M	2001	1	2011	B	2021	M
1992	N	2002	2	2012	C	2022	N
1993	P	2003	3	2013	D	2023	P
1994	R	2004	4	2014	E	2024	R
1995	S	2005	5	2015	F	2025	S
1996	T	2006	6	2016	G	2026	T
1997	V	2007	7	2017	H	2027	V
1998	M	2008	8	2018	J	2028	W
1999	X	2009	9	2019	K	2029	X
2000	Y	2010	A	2020	L	2030	Y

- 装配厂代码

车辆识别代号的第 11 位是装配厂代码。不同的厂房有不同的装配厂代码。如广汽丰田的 VIN 第 11 位为 G（“广州”的首字母）。

- 尾号

车辆识别代号的第 12—17 位是车辆制造顺序号。根据新的国家标准的规定，年产量不少于 1 000 台整车（底盘）的大型厂商生产的机动车，其 VIN 尾号为 6 位数字或 1 位字母 +5 位数字。

对于年产量少于 1 000 台整车（底盘）的小型厂商，其 VIN 的前三位为伪 WMI（第三位为 9），第 12—14 位才是真正的厂商代码，尾号为 3 位数字，并且以 VIN 的第二位作为尾号的扩充部分。如中国重汽集团济南豪沃客车有限公司制造的 JK6126GPHEVN5Q2 插电式混合动力城市客车（底盘为承载式车身），其 VIN 就有 LB9CBDPM×××JHW××× 和 LE9CBDPM×××JHW××× 两种，但两种 VIN 表示的车型都是一样的。这里第二位 B 和 E 是厂商申请的尾号扩展码，第三位 9 是小厂商的标志，JHW 是真正的厂商代码（济南豪沃）。

学习笔记

学习笔记

项目二　知识拓展

1. 活塞销座孔偏置

活塞销座孔用以安装活塞销，活塞销座孔轴线通常位于活塞中心线上，见图 f2-1。活塞在受气体压力较大的压缩上止点换向时，易撞击气缸壁而产生“敲缸”现象，所以活塞销座孔轴线左侧（由发动机前方看）偏移 1～2 mm，称为活塞销偏置，如图 f2-2 所示。

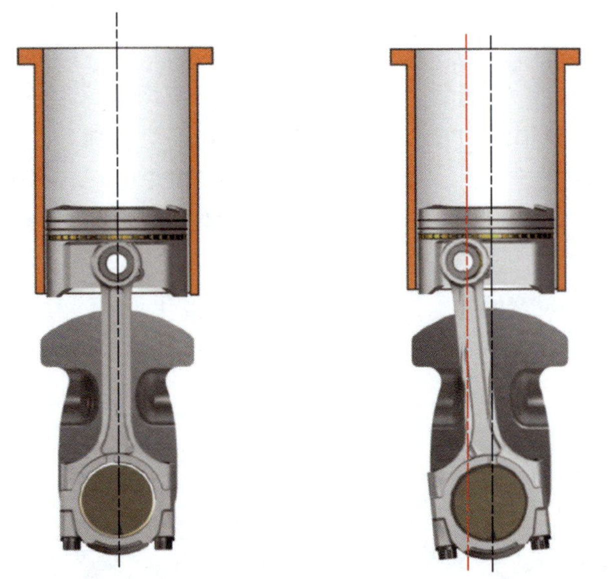

图 f2-1　活塞销座孔轴线位于活塞中心线上　　图 f2-2　活塞销偏置

视频

f2-1 活塞销座孔偏置

活塞销座孔偏置工作原理：活塞在压缩上止点，由右侧与气缸壁接触向左侧与气缸壁接触过渡时，由于活塞销偏置使活塞倾斜，左侧下端先与气缸壁接触，随着做功行程活塞向下止点移动，活塞承受向左的侧向力增大，活塞左侧上端逐渐靠向气缸壁，从而减轻了活塞换向时对气缸壁的撞击。

2. 气环的泵油作用

（1）泵油现象

气环断面为矩形称为矩形环，见图 f2-3。矩形环结构简单，制造方便，易于生产，应用最广。但矩形环随活塞往复运动，会把气缸壁上的机油不断送入气缸，这种现象称为“气环的泵油作用”。

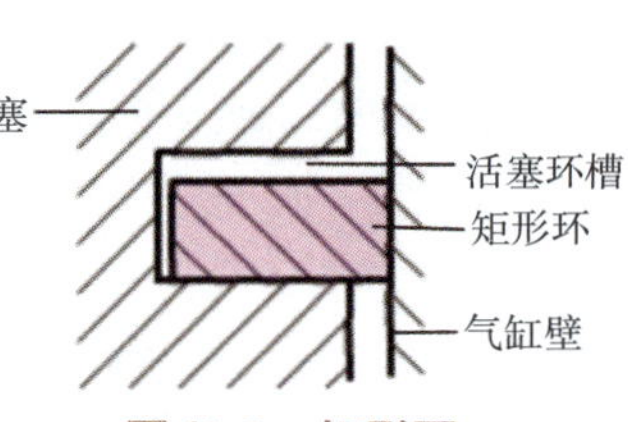

图 f2-3　矩形环

（2）泵油原理

当活塞下行时，由于矩形环与气缸壁之间的摩擦力以及矩形环本身的惯性力，矩形环紧贴活塞环槽的上面。此时，气缸壁上刮下的润滑油充满了下边隙和背隙。

当活塞上行时，矩形环在摩擦力和惯性力的作用下，又紧贴在活塞环槽下面，挤压下边隙的润滑油从背隙、上边隙流向燃烧室中，见图 f2-4。

如此不断反复，气缸壁上的润滑油将源源不断地泵入了燃烧室，参与燃烧，造成发动机润滑油消耗异常，构成燃烧室的零部件上形成积炭。活塞环槽内的积炭会使矩形环卡死在活塞环槽内而失去密封作用，划伤气缸壁，甚至折断。火花塞也可能因为粘油而不能点火。

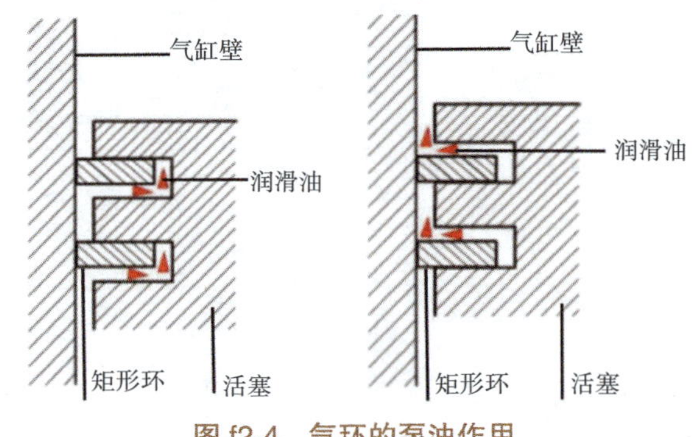

图 f2-4　气环的泵油作用

（3）气环的断面形状

为了减少或消除矩形环的泵油作用，广泛采用了非矩形断面气环，气环截面形状及特点见表 f2-1。

表 f2-1 气环断面形状

断面形状	图 示	特 点
锥形环	活塞、活塞环槽、锥形环、气缸壁	外圆工作面加工锥角一般为 30′~60′，减小了气环与气缸壁的接触面，提高了表面接触压力，有利于磨合和密封。活塞下行时，便于刮油；活塞上行时，形成楔形油膜，减小磨损
扭曲环	活塞、活塞环槽、扭曲环、气缸壁	将矩形环内圆上边缘或外圆下边缘切去一部分，断面呈不对称形状，产生不平衡力作用，发生扭曲。活塞下行时，有刮油效果；活塞上行时，在油膜上浮起，减小摩擦与磨损。由于在活塞环槽中上下跳动的行程缩短，减轻“泵油”副作用，广泛应用在第 2 道活塞环槽上
梯形环	活塞、活塞环槽、梯形环、气缸壁	断面呈梯形，在压缩行程和做功行程中当活塞在侧压力左右换向时，侧隙和背隙不断变化，将胶状油焦不断挤出活塞环槽，避免气环被黏在活塞环槽中折断，延长了使用寿命。但精度要求高，加工困难，成本高
桶面环	活塞、活塞环槽、梯形环、气缸壁	外圆面为凸圆弧形，上下运动时，能与气缸壁形成楔形空间，使润滑油易进入摩擦面，减小摩擦。圆弧接触气缸壁，能很好适应活塞偏摆。与气缸壁接触面积小，密封好。但加工困难，成本高

3. 连杆大头切口形式、定位方式及偏位连杆

（1）连杆大头切口形式

连杆大头与连杆盖按剖分面方向分为平切口和斜切口两种，见图 f2-5。平切口剖分面垂直于连杆轴线，斜切口剖分面与连杆轴线呈 30°~60°（常采用 45° ）夹角。汽油发动机连杆大头尺寸通常小于气缸尺寸，故多采用平切口，不影响拆装。有些负荷较大的柴油发动机连杆大头直径比气缸直径大，为使拆装连杆能通过气缸，采用斜切口形式。

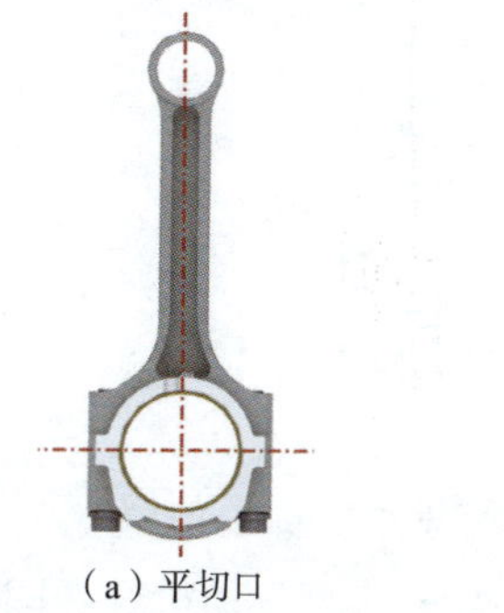

（a）平切口

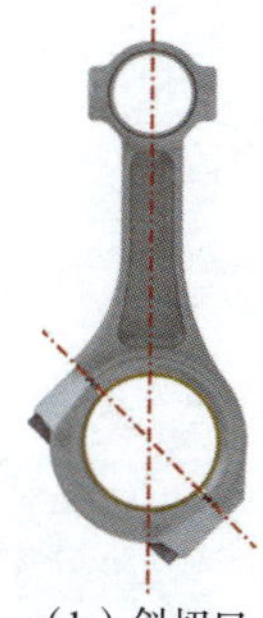

（b）斜切口

图 f2-5 连杆大头切口形式

（2）连杆大头定位方式

平切口靠连杆螺栓与螺栓孔配合定位，斜切口采用锯齿定位、定位套定位、定位销定位和止口定位，见图 f2-6。

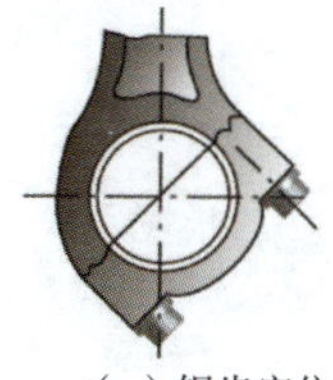

（a）锯齿定位

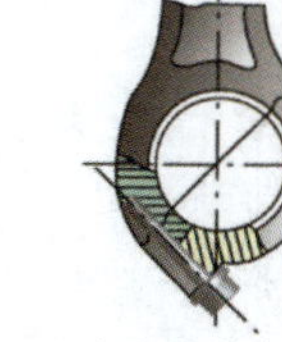

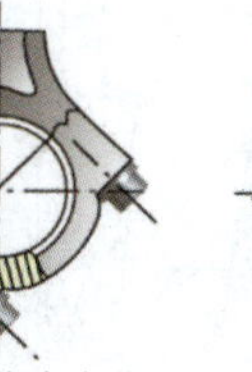

（b）定位套定位

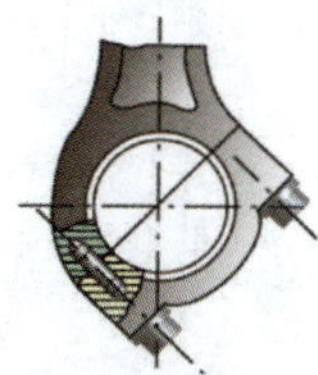

（c）定位销定位

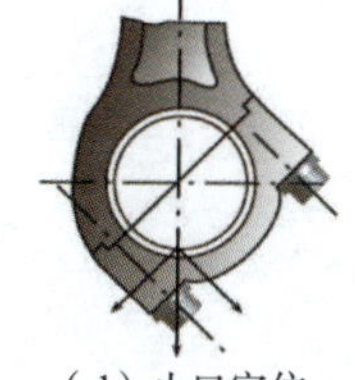

（d）止口定位

图 f2-6 连杆大头定位方式

学习笔记

视频

f2-2 连杆大头切口形式

学习笔记

（3）偏位连杆及安装

连杆大头一般都是对称的，但也有部分发动机（如 V 型发动机）为减小连杆大头的轴向尺寸，采用偏位连杆，即连杆大头两端面与连杆杆身中心平面不对称，见图 f2-7。

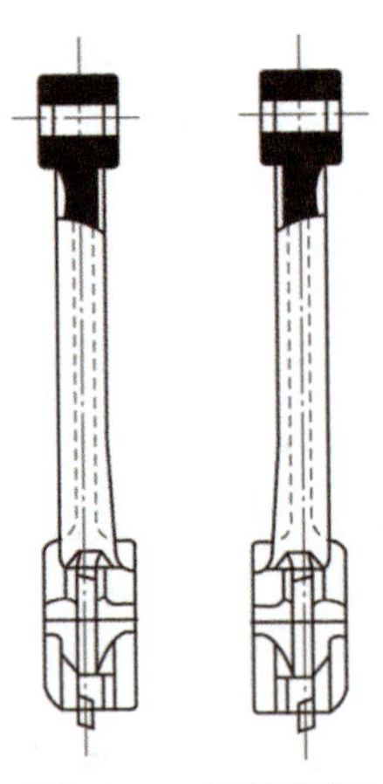

图 f2-7　偏位连杆

偏位连杆安装时方向不能装反，V 型发动机装在同一连杆轴颈上的连杆应短面相对，直列发动机偏位连杆的短面应朝向曲轴主轴颈，见图 f2-8。

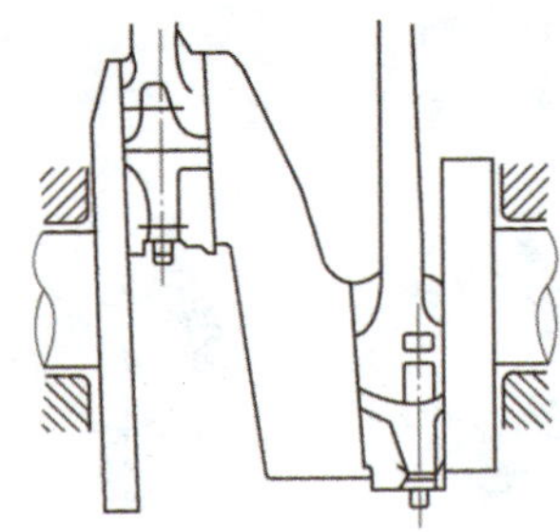

图 f2-8　直列发动机偏位连杆安装

4. 选配活塞销与活塞销座孔及连杆衬套

（1）活塞销与活塞销座孔的选配

活塞销座孔一般比活塞销更容易磨损，因修理成本较高，通常更换活塞，并同时更换活塞销和活塞环。更换活塞销时，活塞销应与活塞销座孔进行选配。采用半浮式连接的活塞销，将活塞放置在活塞销座孔处于垂直方向的位置上，在常温下活塞销应能靠自重缓缓通过活塞销座孔；采用全浮式连接的活塞销，在活塞加热到 70~80 ℃时，应能用手掌心将涂有润滑油的活塞销推入座孔，见图 f2-9。若不符合上述要求，过松或过紧均应重新选配活塞销。对采用全浮式连接的活塞销，允许通过铰削活塞销座孔的方法达到配合要求。

（2）活塞销与连杆的选配

半浮式连接的活塞销与连杆小头为过盈配合，过盈量一般为 0.01 ~0.04 mm，活塞销与连杆小头孔不允许试装，只能通过测量尺寸进行选配。

全浮式连接，若有连杆衬套无加工余量，压装后不需修配；对有加工余量的连杆衬套，压入连杆小头后，需进行铰削修配。经过铰削、研磨的衬套，能用大拇指把活塞销推入连杆衬套内，见图 f2-10。此时应无间隙感觉，研磨后活塞销与衬套接触面积应在 75% 以上。

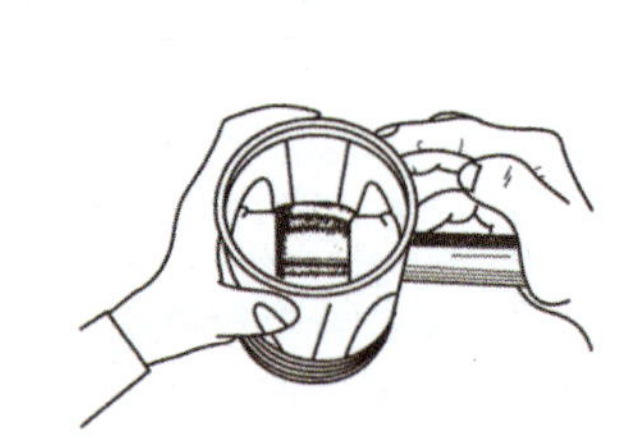

图 f2-9　活塞销与活塞销座孔适配

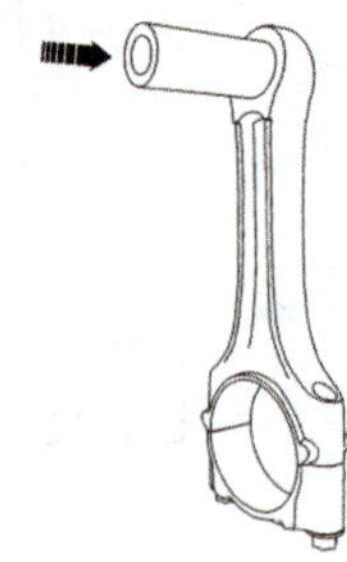

图 f2-10　活塞销与连杆衬套适配

学习笔记

5. 曲拐布置

（1）曲拐

一个连杆轴颈与它两端的曲柄及主轴颈构成一个曲拐，见图 f2-11。曲轴的曲拐数取决于气缸的数目及其排列方式。直列式发动机曲轴的曲拐数等于气缸数，V 型发动机曲轴的曲拐数等于气缸数的一半。

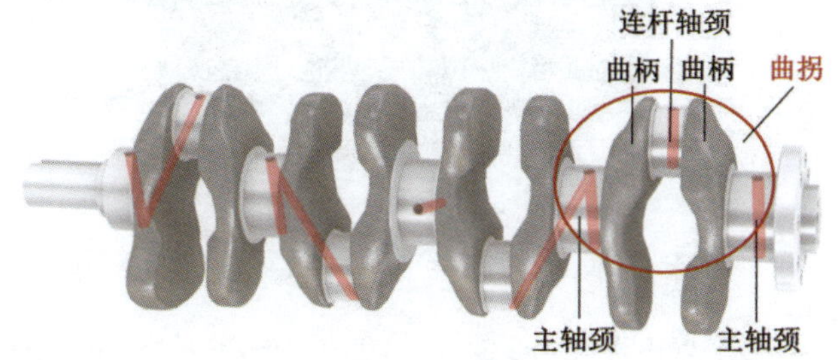

图 f2-11　曲拐

（2）曲拐布置的一般规律

多缸发动机曲拐的布置因气缸数、气缸排列形式和做功顺序（即点火顺序）而异。

① 各缸做功间隔力求均匀，以保证发动机工作平稳。

② 左右两排气缸尽量交替做功。

③ 连杆轴颈布置，应尽可能使连续做功的两个气缸距离远。

④ 曲拐布置尽可能对称、均匀，使发动机工作平衡性好。

（3）常见发动机曲拐布置和工作顺序

① 直列四缸四冲程发动机。

四个曲拐布置在同一个平面内，从曲轴前端看，1、4 曲拐正对，2、3 曲拐正对。做功间隔角 720° / 4 = 180° 。发动机工作顺序有 1-3-4-2 和 1-2-4-3 两种。若工作顺序是 1-3-4-2，则曲拐布置见图 f2-12，工作顺序见表 f2-2。

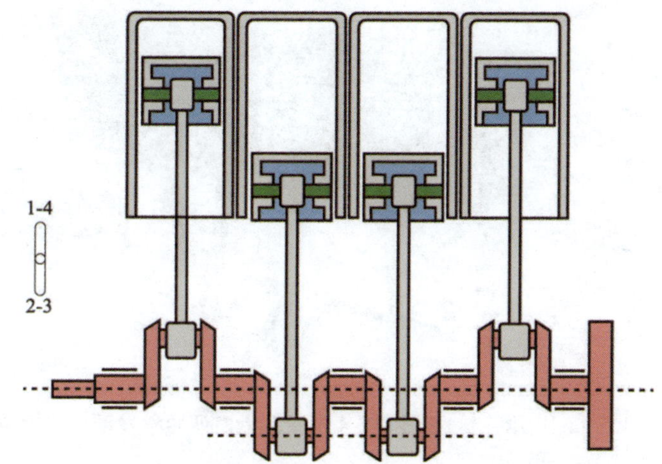

图 f2-12　工作顺序为 1-3-4-2 的直列四缸四冲程发动机曲拐布置

表 f2-2　直列四缸四冲程发动机 1-3-4-2 工作顺序表

曲轴转角（°）	第一缸	第二缸	第三缸	第四缸
0~180	做功	排气	压缩	进气
180~360	排气	进气	做功	压缩
360~540	进气	压缩	排气	做功
540~720	压缩	做功	进气	排气

② 直列六缸四冲程发动机。

六个曲拐对称布置于互成 120° 角的三个平面内，从曲轴前端看，1、6 缸曲拐正对，2、5 缸曲拐正对 ,3、4 缸曲拐正对。做功间隔角 720° / 6 = 120° 。发动机工作顺序有 1-5-3-6-2-4 和 1-4-2-6-3-5 两种。若工作顺序是 1-5-3-6-2-4，则曲拐布置见图 f2-13，工作顺序见表 f2-3。

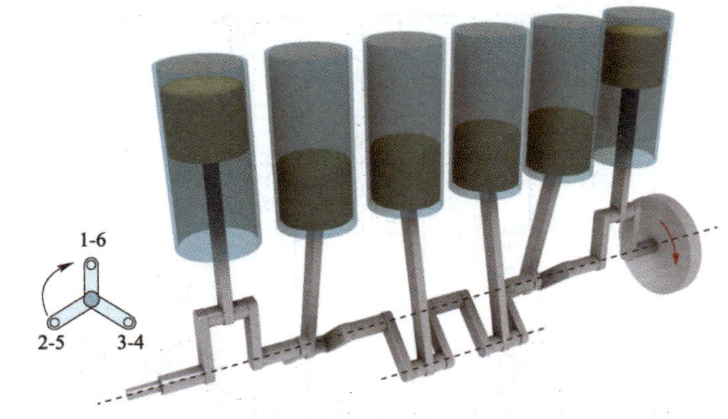

图 f2-13　工作顺序为 1-5-3-6-2-4 的直列六缸四冲程发动机曲拐布置

表 f2-3　直列六缸四冲程发动机 1-5-3-6-2-4 工作顺序表

<table>
<tr><th colspan="2">曲轴转角（°）</th><th>第一缸</th><th>第二缸</th><th>第三缸</th><th>第四缸</th><th>第五缸</th><th>第六缸</th></tr>
<tr><td rowspan="3">0~180</td><td>0~60</td><td rowspan="3">做功</td><td rowspan="2">排气</td><td>进气</td><td>做功</td><td rowspan="2">压缩</td><td rowspan="3">进气</td></tr>
<tr><td>60~120</td><td rowspan="3">压缩</td><td rowspan="3">排气</td></tr>
<tr><td>120~180</td><td rowspan="3">进气</td><td rowspan="3">做功</td></tr>
<tr><td rowspan="3">180~360</td><td>180~240</td><td rowspan="3">排气</td><td rowspan="3">压缩</td></tr>
<tr><td>240~300</td><td rowspan="3">做功</td><td rowspan="3">进气</td></tr>
<tr><td>300~360</td><td rowspan="3">压缩</td><td rowspan="3">排气</td></tr>
<tr><td rowspan="3">360~540</td><td>360~420</td><td rowspan="3">进气</td><td rowspan="3">做功</td></tr>
<tr><td>420~480</td><td rowspan="3">排气</td><td rowspan="3">压缩</td></tr>
<tr><td>480~540</td><td rowspan="3">进气</td></tr>
<tr><td rowspan="3">540~720</td><td>540~600</td><td rowspan="3">压缩</td><td rowspan="3">做功</td><td rowspan="3">排气</td></tr>
<tr><td>600~660</td><td rowspan="2">进气</td><td rowspan="2">做功</td></tr>
<tr><td>660~720</td><td>排气</td><td>压缩</td></tr>
</table>

③ V 型八缸四冲程发动机。

四个曲拐可布置在同一个平面内，也可布置在两个相互错开 90° 的平面内。做功间隔角为 720° / 8 = 90° 。各缸工作顺序一般为 1-8-4-3-6-5-7-2，曲拐布置见图 f2-14，工作顺序见表 2-4。

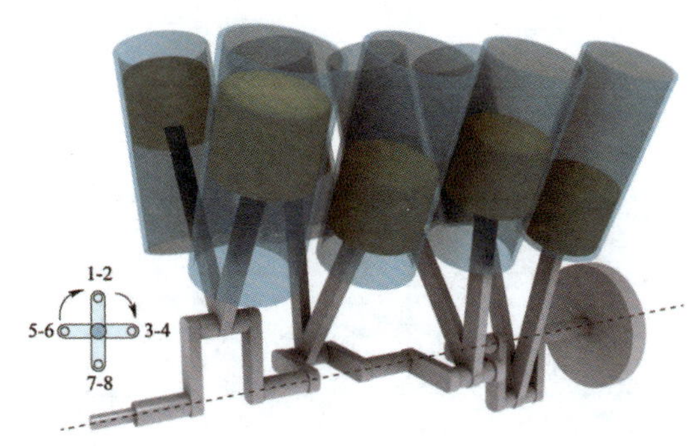

图 f2-14　工作顺序为 1-8-4-3-6-5-7-2 的直列八缸四冲程发动机曲拐布置

表 f2-4　V 型八缸四冲程发动机 1-8-4-3-6-5-7-2 工作顺序表

<table>
<tr><th colspan="2">曲轴转角（°）</th><th>第一缸</th><th>第二缸</th><th>第三缸</th><th>第四缸</th><th>第五缸</th><th>第六缸</th><th>第七缸</th><th>第八缸</th></tr>
<tr><td rowspan="2">0~180</td><td>0~90</td><td rowspan="2">做功</td><td>做功</td><td>进气</td><td rowspan="2">压缩</td><td>排气</td><td rowspan="2">进气</td><td rowspan="2">排气</td><td>压缩</td></tr>
<tr><td>90~180</td><td rowspan="2">排气</td><td rowspan="2">压缩</td><td rowspan="2">进气</td><td rowspan="2">做功</td></tr>
<tr><td rowspan="2">180~360</td><td>180~270</td><td rowspan="2">排气</td><td rowspan="2">做功</td><td rowspan="2">压缩</td><td rowspan="2">进气</td></tr>
<tr><td>270~360</td><td rowspan="2">进气</td><td rowspan="2">做功</td><td rowspan="2">压缩</td><td rowspan="2">排气</td></tr>
<tr><td rowspan="2">360~540</td><td>360~450</td><td rowspan="2">进气</td><td rowspan="2">排气</td><td rowspan="2">做功</td><td rowspan="2">压缩</td></tr>
<tr><td>450~540</td><td rowspan="2">压缩</td><td rowspan="2">排气</td><td rowspan="2">做功</td><td rowspan="2">进气</td></tr>
<tr><td rowspan="2">540~720</td><td>540~630</td><td rowspan="2">压缩</td><td rowspan="2">进气</td><td rowspan="2">排气</td><td rowspan="2">做功</td></tr>
<tr><td>630~720</td><td>做功</td><td>进气</td><td>排气</td><td>压缩</td></tr>
</table>

6. 平衡重功用

平衡重在曲拐的对面，用来平衡发动机不平衡的离心力和离心力矩及一部分往复惯性力。无平衡重会引起中心杆偏移，有平衡重中心杆就不会偏移，见图 f2-15。

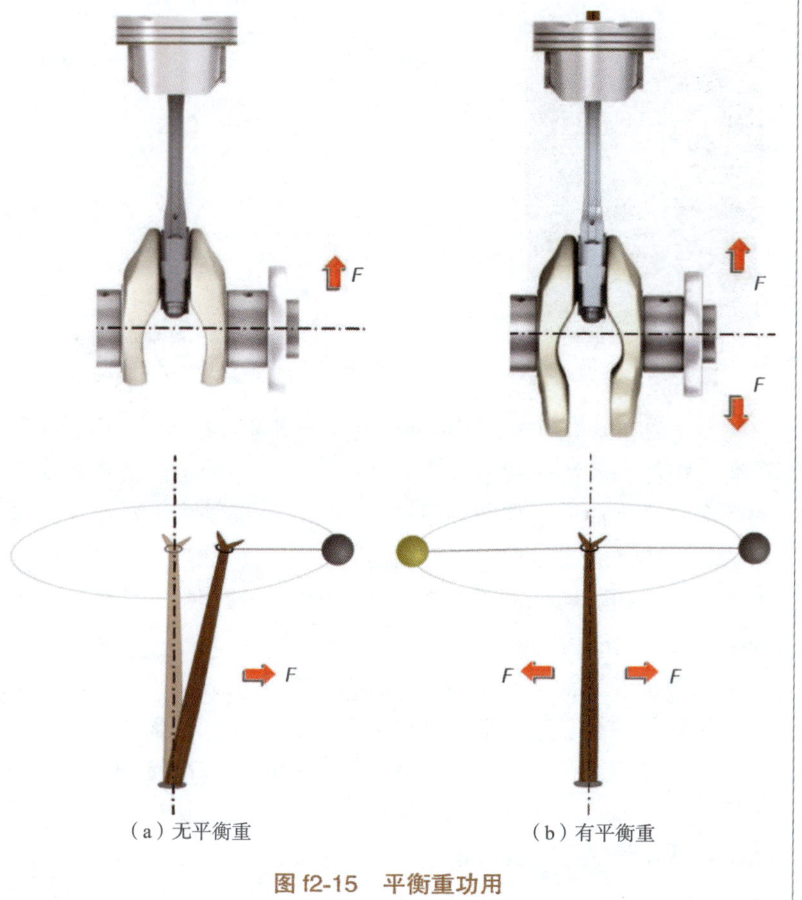

图 f2-15　平衡重功用

7. 气缸磨损规律

气缸的正常磨损是不均匀的。在气缸轴向上呈上大下小的不规则锥形，第一道活塞环上止点稍下部位磨损最大，见图 f2-16；在气缸径向上呈不规则的椭圆形，在前后或左右方向上磨损最大，见图 f2-17。

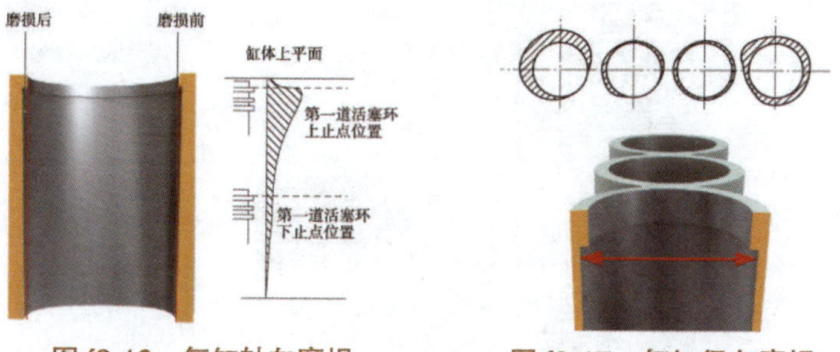

图 f2-16　气缸轴向磨损　　图 f2-17　气缸径向磨损

8. 曲轴箱结构形式

曲轴箱有三种结构形式：平分式、龙门式和隧道式，结构特点及应用见表 f2-5。

表 f2-5　曲轴箱结构形式

形式	平分式	龙门式	隧道式
图示	汽缸体 水套 主轴承座孔	汽缸体 水套 主轴承座孔	汽缸体 水套 主轴承座孔
应用	中小型发动机	大中型发动机	机械负荷较大、主轴承采用滚动轴承的发动机

学习笔记

视频
f2-3 平衡重功用

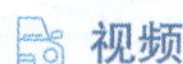
视频
f2-4 气缸磨损规律

视频
f2-5 曲轴箱结构形式

学习笔记

项目三　知识拓展

1. 润滑系统工作原理

发动机润滑油路见图 f3-1。

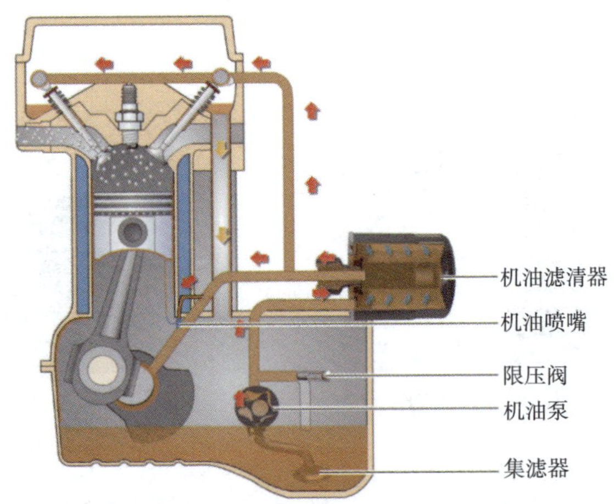

图 f3-1　发动机润滑油路

发动机工作时，机油泵将油底壳中的润滑油经集滤器过滤出较大杂质后吸入，形成一定压力后输送到机油滤清器中。

如果所供润滑油油压太高或流量过大，则润滑油经机油泵上的溢流阀（见图 f3-2）返回润滑油入口；如果从机油泵出口出来的润滑油压力超过预定压力时，润滑油压力克服限压阀弹簧作用力，顶开阀门，一部分润滑油从侧面通道流入油底壳内，使油道内的油压下降至设定的正常值。

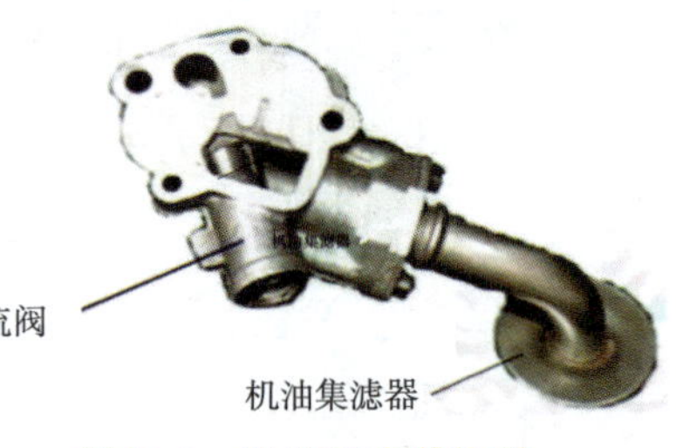

图 f3-2　溢流阀安装位置

视频

f3-1 润滑系统工作原理

如果机油滤清器堵塞，油压升高，则润滑油不经过机油滤清器，由机油滤清器盖上的旁通阀（见图 f3-3）直接进入主油道；如果经过机油滤清器的润滑油压力低于规定值，则安装在机油滤清器上的润滑油压力开关（见图 f3-4）触点闭合，报警灯闪亮，同时蜂鸣器鸣响报警。

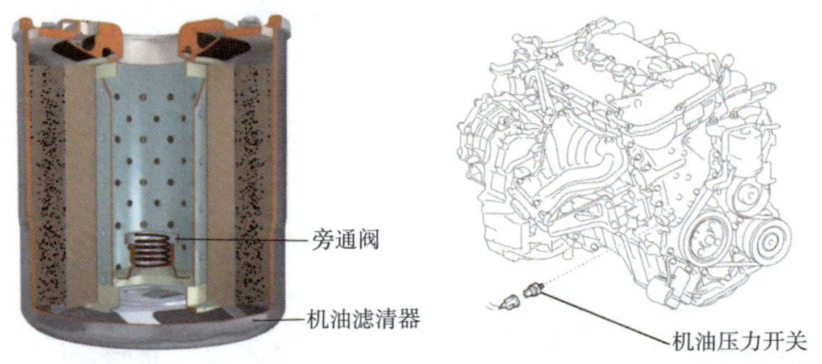

图 f3-3　旁通阀安装位置　　　图 f3-4　机油压力开关安装位置

当压力和流量正常的润滑油由滤芯外侧进入滤芯内腔时，杂质被滤芯挡住，清洁的润滑油由滤芯内腔进入主油道。当主油道上的润滑油经主油道通往曲轴各道主轴承，在曲轴主轴承与主轴颈间隙处形成油膜进行润滑。然后经曲轴上主轴颈与连杆轴颈之间的斜油道，到达连杆轴颈与连杆轴瓦的间隙处润滑，并由此经连杆中央油道润滑活塞销。

润滑油经主油道右端沿气缸体竖直向上的分油道、气缸垫上与之相对的油孔、气缸盖上的竖直油道，到达气缸盖主油道，并由此经分油道至凸轮轴各道轴颈。同时润滑油从凸轮轴的第一轴颈处，经上油道通入气门摇臂轴的空腔内，然后从摇臂上的油道流出滴落在配气机构其他零件的工作表面上。

学习笔记

2. 车上检测机油压力

（1）机油压力不正常现象、危害及原因

发动机机油压力不正常表现为过高或过低，都会对发动机造成严重影响，其主要原因见表 f3-1。

（2）检测机油压力操作步骤

① 断开机油压力开关连接器。用 24 mm 长套筒扳手，拆下机油压力开关，见图 f3-5。

② 将机油压力表的软管接头拧入机油压力开关的螺纹孔内并拧紧，并将机油压力表放置在不会接触到发动机旋转部件及高温部件的地方，见图 f3-6。

③ 起动发动机暖机，检查机油压力表接头处有无漏油。若有，则熄火后重新拧紧。

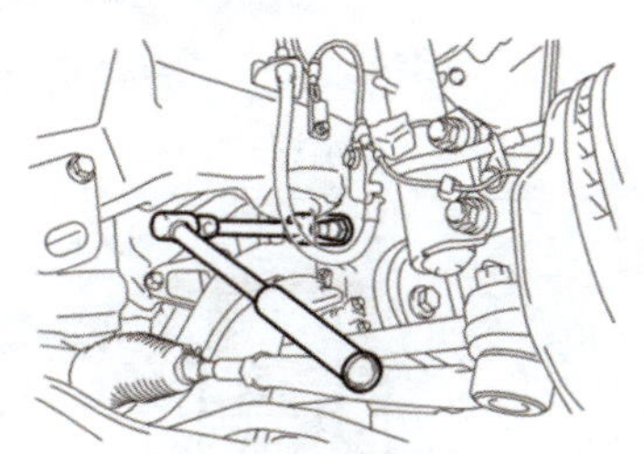

图 f3-5　拆卸机油压力开关

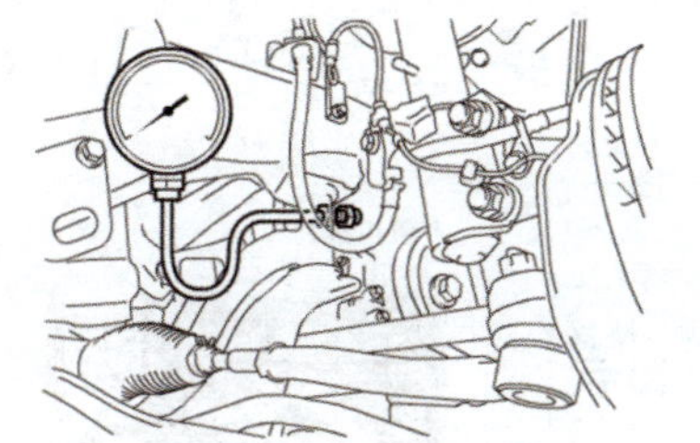

图 f3-6　安装机油压力表

④ 分别在怠速工况和 3 000 r/min 时，读取机油压力表的数值。与标准值进行对比分析，怠速：25 kPa 或更高；3 000 r/min：150~550 kPa。若不符，检查机油泵。

⑤ 拆下机油压力表。

⑥ 在机油压力开关的 2~3 个螺纹上涂抹黏合剂。

⑦ 安装机油压力开关，扭矩为 15 N•m。

⑧ 连接机油压力开关连接器，1 h 后起动，检查是否漏油。

表 f3-1　机油压力故障

现象	危害	主要原因
过高	• 造成机油泄漏。如在发动机油堵、曲轴前后油封等处产生漏油；或使机油滤清器胀裂或脱落，使机油大量泄漏。若发动机运转中没有及时发现，会造成发动机严重损坏。 • 降低轴承使用寿命。发动机长期处于机油压力过高的状态下运转，会使轴承的合金层产生早期脱落，影响曲轴轴承的使用寿命。	• 机油压力表失准或机油压力传感器效能不佳。 • 油底壳机油平面过高。 • 机油变稠或新换机油黏度过大。 • 机油压力调节阀调整不当或损坏。 • 通往各摩擦表面的分油道内积垢、阻塞，或主轴承、连杆轴承或凸轮轴轴承等间隙太小。
过低	• 导致发动机润滑不良。增加气缸磨损，使发动机压缩比减小、动力性下降。 • 导致曲柄连杆机构曲轴、连杆轴瓦以及配气机构等发动机零部件的早期损伤，轴瓦严重烧蚀、抱死。发动机不能正常运转。	• 机油压力表失准。 • 机油压力传感器效能不佳。 • 油底壳油平面过低。 • 机油黏度降低。 • 机油泵齿轮磨损、泵盖磨损或泵盖衬垫过厚造成供油能力过低。 • 内外管路有泄漏。 • 机油压力调节阀调整不当、关闭不严或损坏。 • 机油集滤器滤网堵塞。 • 曲轴主轴承、连杆轴承或凸轮轴承磨损。 • 轴承盖松动减摩合金脱落或烧损。

视频

f3-2 车上检测机油压力

学习笔记

3. 检测机油消耗量

车辆使用中，发动机如果出现不良状况，机油的流动导致进入燃烧室的机油量增加，进而增加机油消耗量，导致发动机磨损。在对车用发动机机油消耗量进行检测时，可按照一定的行驶里程定期进行。检测前，发动机应先进行预热水温达 80 ℃以上，停止发动机运转 5 min 后进行。机油消耗量测量每次测试时的条件均应该相同。

机油消耗量的测试方法常用的有两种：质量测定法和油标尺测定法。质量测定法费时费力，但测量精度较高。

（1）质量测定法

① 预热发动机至一定温度后停止发动机运转，立即打开放油螺塞，放出机油。当机油由液流变成滴流往下滴时，记下放油时间，拧上放油螺塞。

② 将已知质量的机油加入油底壳至规定的液面，使车辆进行实际运行。

③ 车辆运行若干里程后，只要按同样的测试条件和放油时间，放出油底壳内的在用机油，并称量其质量。

④计算机油消耗量。加入和放出的质量之差即为机油消耗量。

（2）油标尺测定法

① 将车辆置于水平硬地面上，预热后停止发动机运转。

② 将机油加至油底壳规定的液面高度。

③ 在机油标尺上清楚地画上刻线。

④ 其后车辆进行实际运行，使机油消耗至油标尺下限或行驶一定里程时停止运行。

⑤ 仍置车辆于原地方，按原测试条件，向油底壳加入已知量的机油，使液面升至机油标尺上所画的刻线，所加油量即为测量的机油消耗量。

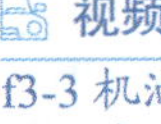
视频

f3-3 机油冷却装置分类

4. 不解体检测机油泵

（1）试验台上

检测机油泵的流量和压力，确定机油泵能否继续使用。

（2）简易试验法

① 径向和轴向推拉，晃动主动轴，有间隙但不松旷，表面磨损不严重。

② 把集滤器侵入清洁的机油中，用手按工作时的转向转动机油泵主动轴，机油应从出油口流出。

③ 用手堵住出油口，继续转动机油泵，手指应有压力感，同时感受到转动主轴的阻力明显增大，直至转不动或机油被压出，则表明机油泵状况良好，可继续使用。否则，应拆卸检修或更换机油泵。

5. 机油冷却装置

在高性能、大功率的发动机上，热负荷大，必须安装机油冷却器。机油冷却器布置在润滑油路中，其工作原理与散热器相同，常见类型见表 f3-2。

表 f3-2　机油冷却装置常见类型

分类	风冷式	水冷式
图示	散热器 机油管	芯子管
原理	利用汽车行驶时的迎面风带动风扇产生风力使机油冷却	利用冷却液的温度来控制机油的温度
特点	散热能力大，暖机时间长	外形尺寸小，布置方便，且不会使机油冷却过度，机油温度稳定
应用	赛车及热负荷大的增压汽车	轿车

学习笔记

6. 机油喷嘴

机油喷嘴结构与功用见表 f3-3。

7. 机油集滤器

机油集滤器结构与工作原理见表 f3-4。

表 f3-3　机油喷嘴结构与功用

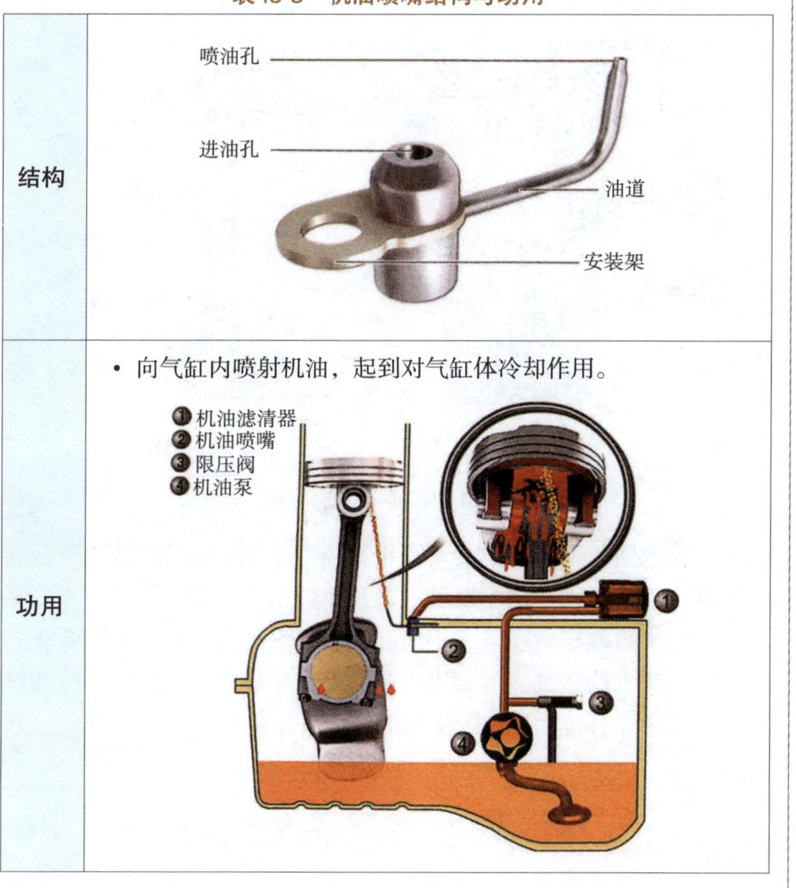

结构	喷油孔、进油孔、油道、安装架
功用	• 向气缸内喷射机油，起到对气缸体冷却作用。

表 f3-4　机油集滤器结构与工作原理

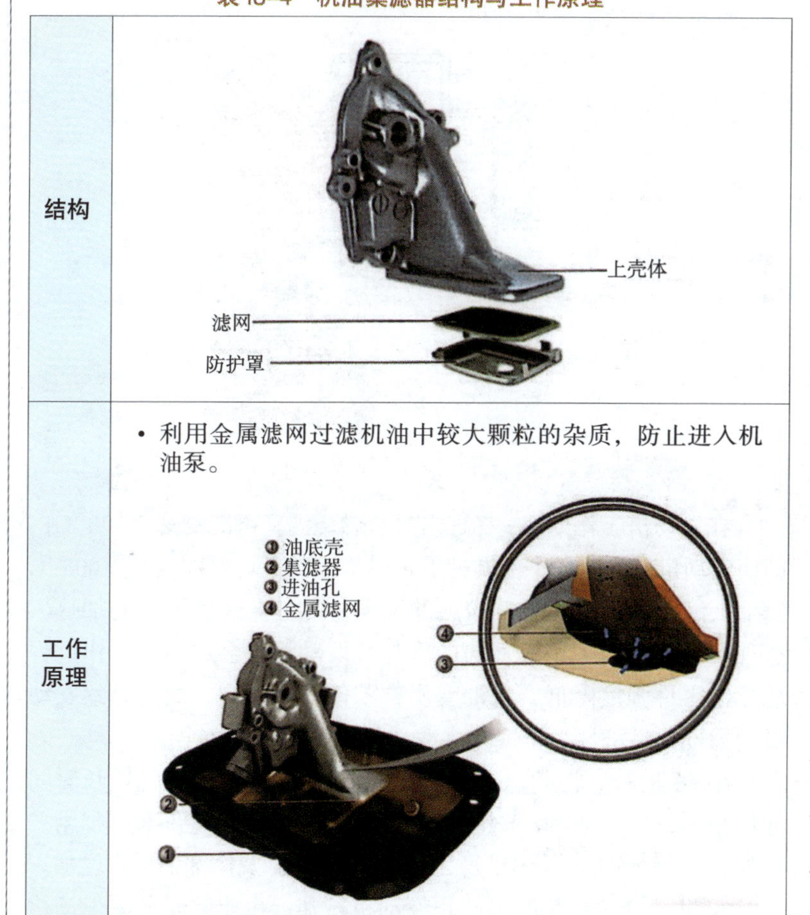

结构	上壳体、滤网、防护罩
工作原理	• 利用金属滤网过滤机油中较大颗粒的杂质，防止进入机油泵。

学习笔记

项目四 知识拓展

1. 冷却系统存在的意义

发动机冷却系统见图 f4-1。

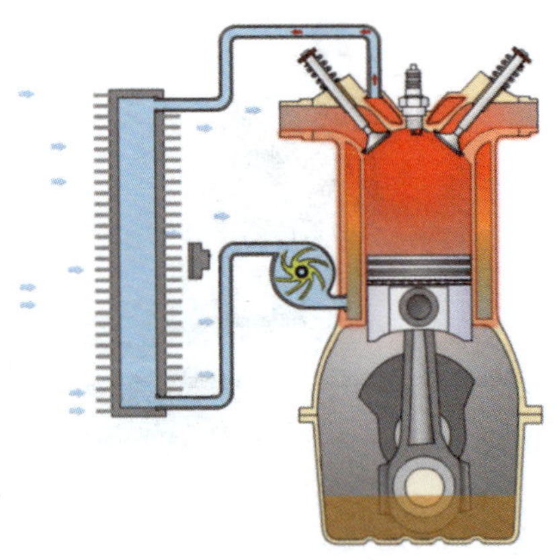

图 f4-1 发动机冷却系统

在发动机工作期间，气缸内最高燃烧温度可能高达 2 500 ℃，即使发动机在怠速或中等转速下，燃烧室的平均温度也在 1 000 ℃以上。因此，与高温燃气接触的发动机零件会受到强烈的加热。这种情况下，若不进行适当的冷却，发动机将会过热，工作过程恶化，零件强度降低，机油变质，零件磨损加剧，最终导致发动机动力性、经济性、排气净化性、可靠性及耐久性全面下降。

但发动机冷却过度也是有害的。过度冷却会使发动机长时间在低温下工作，均会使散热损失及摩擦损失增加，零件磨损加剧，排放恶化，发动机工作不平稳，发动机功率下降及燃油消耗率增加。

可见，冷却系统既要防止发动机过热，也要防止冬季发动机过冷。在发动机冷起动之后，冷却系统还要保证发动机迅速升温，以尽快达到正常的工作温度。

视频 

f4-1 冷却系统类型

2. 冷却系统类型

发动机的冷却系统有两种类型：水冷系统和风冷系统，见图 f4-2。

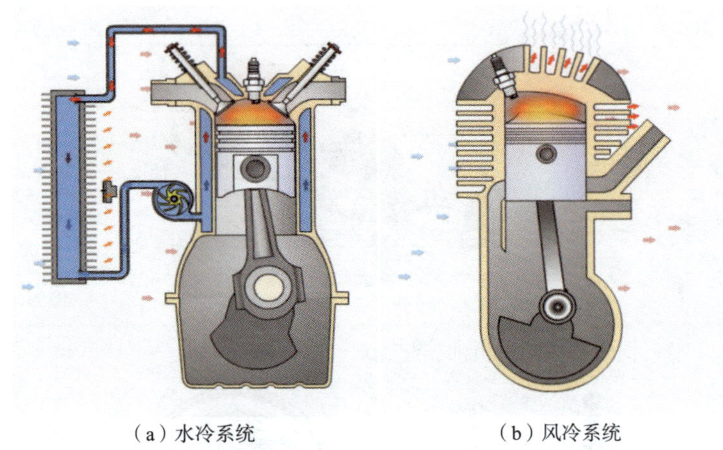

（a）水冷系统 （b）风冷系统

图 f4-2 冷却系统类型

以空气为冷却介质的冷却系统称风冷系统；以冷却液为冷却介质的称为水冷系统。汽车发动机尤其是轿车发动机大都采用水冷系统，只有少数汽车发动机采用风冷系统。汽车发动机的水冷系统均为强制循环水冷系统，即利用水泵提高冷却液的压力，强制冷却液在发动机中循环流动（冷却液工作温度一般为 80 ~ 105 ℃）。

3. 散热器芯结构形式

散热器芯有两种结构形式：管带式散热器芯和管片式散热器芯，见图 f4-3。

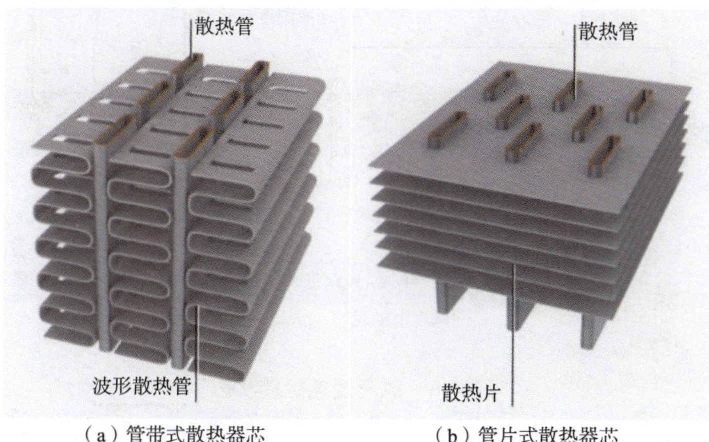

（a）管带式散热器芯 （b）管片式散热器芯

图 f4-3 散热器芯结构形式

管带式散热器由散热管和波形散热带组成，散热能力强，质量轻，成本低；管片式散热器由散热管和散热片组成，管片式的散热面积大，气流阻力小。

4. 散热器盖工作原理

散热器盖严密地盖在散热器加注口上。散热器盖工作原理见图 f4-4。发动机工作时，冷却液温度逐渐升高，容积膨胀使冷却系统内的压力增大。当压力超过预定值时，散热器盖压力阀开启，部分冷却液流入补偿水桶。发动机停机后，冷却液温度下降，水冷却系统内压力随之减小。当压力降到大气压力以下出现真空时，真空阀开启，部分冷却液被吸回散热器。

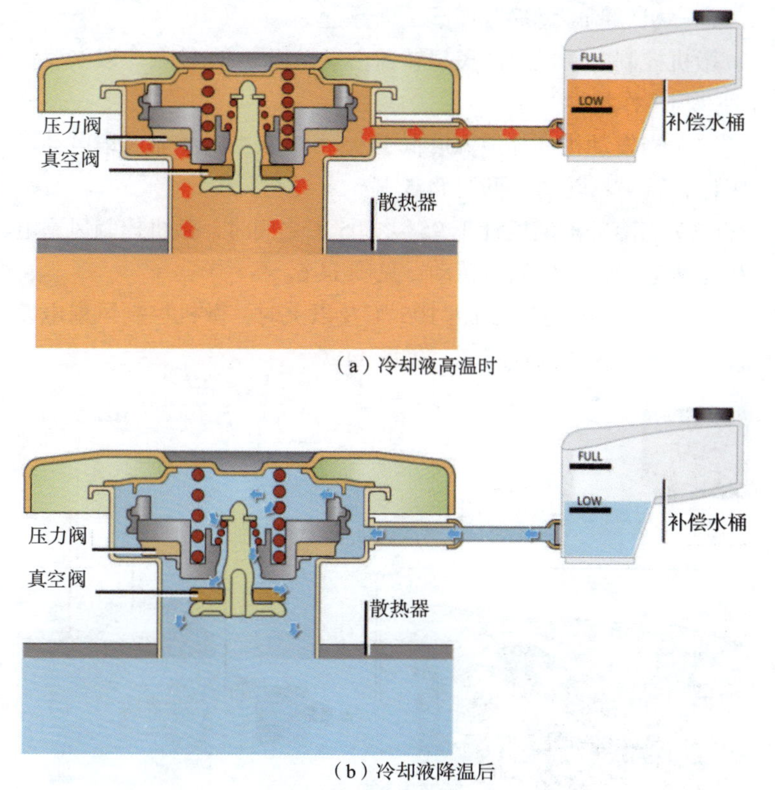

（a）冷却液高温时

（b）冷却液降温后

图 f4-4 散热器盖工作原理

学习笔记

视频

f4-2 散热器盖工作原理

学习笔记

5. 微机控制电动冷却风扇工作原理

微机控制电动风扇的风扇转速由发动机 ECU 控制。以卡罗拉为例，其工作特性为：

（1）当发动机冷却液温度低于 95 ℃时，微机控制风扇电动机不工作，风扇不转动，见图 f4-5。

（2）当冷却液温度处于 95 ~ 105 ℃之间时，微机控制风扇电动机低速运转，风扇低速转动，见图 f4-6。

（3）当冷却液温度到达 105 ℃及以上时，微机控制风扇电动机高速运转，风扇高速转动，见图 f4-7。

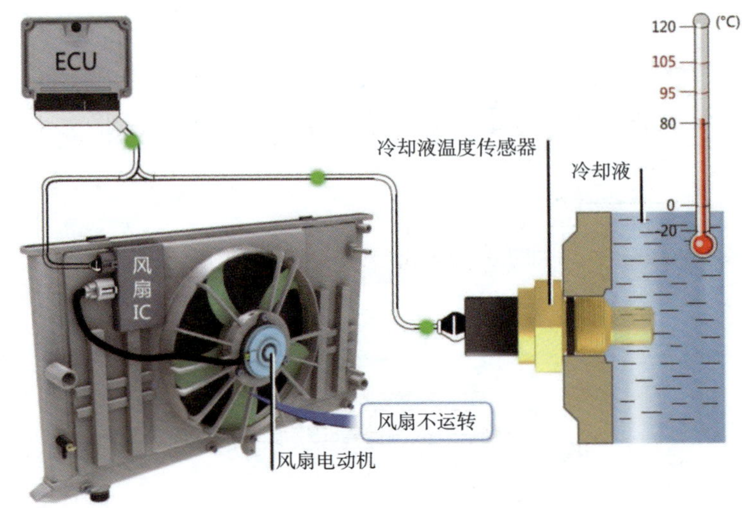

图 f4-5　风扇未运转状态

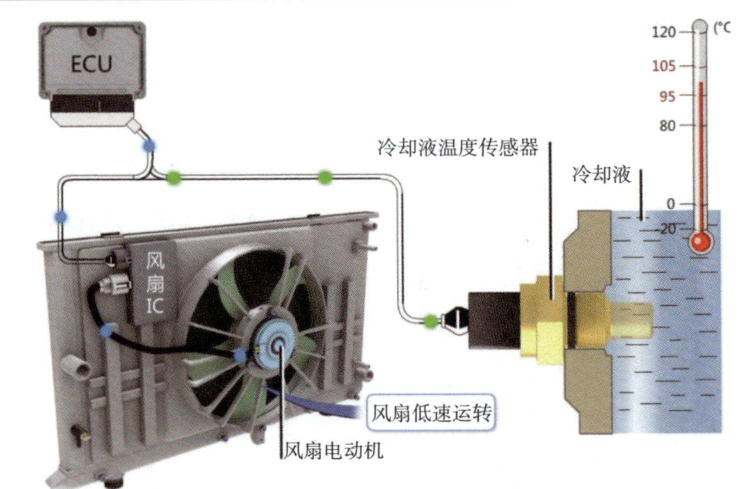

图 f4-6　风扇低速运转状态

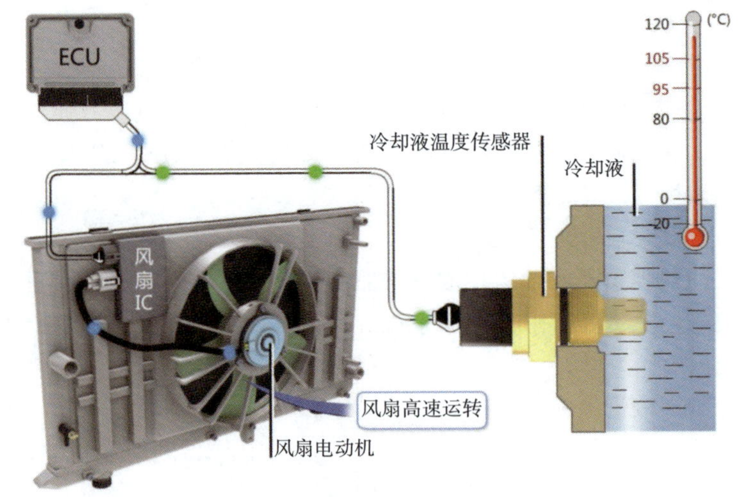

图 f4-7　风扇高速运转状态

视频
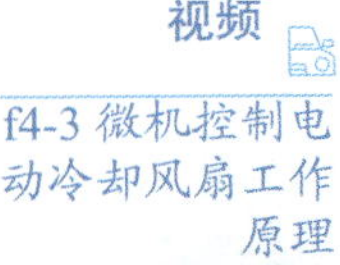

f4-3 微机控制电动冷却风扇工作原理

学习笔记

6. 膨胀水箱

（1）膨胀水箱结构

膨胀水箱多用塑料制造并用软管与溢流管和补偿管相连接。它主要由膨胀水箱盖、溢流管接口、补偿管接口、壳体等组成，见图 f4-8。在补偿水桶的外表面上刻有两条标记线：“低”线和“高”线，膨胀水箱内冷却液面应位于两条标记线之间。

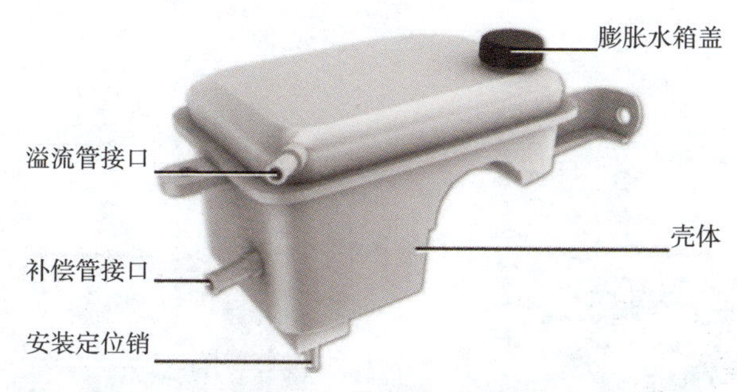

图 f4-8 膨胀水箱结构

（2）膨胀水箱功用

膨胀水箱有溢流和补偿的作用，见图 f4-9。

溢流即当冷却液受热膨胀时，部分冷却液通过溢流管从散热器中流入补偿水桶。

补偿即当冷却液降温后，散热器内冷却液体积变小，补偿水桶内冷却液经补偿管被吸回散热器。

膨胀水箱还可消除水冷系统中的所有气泡。

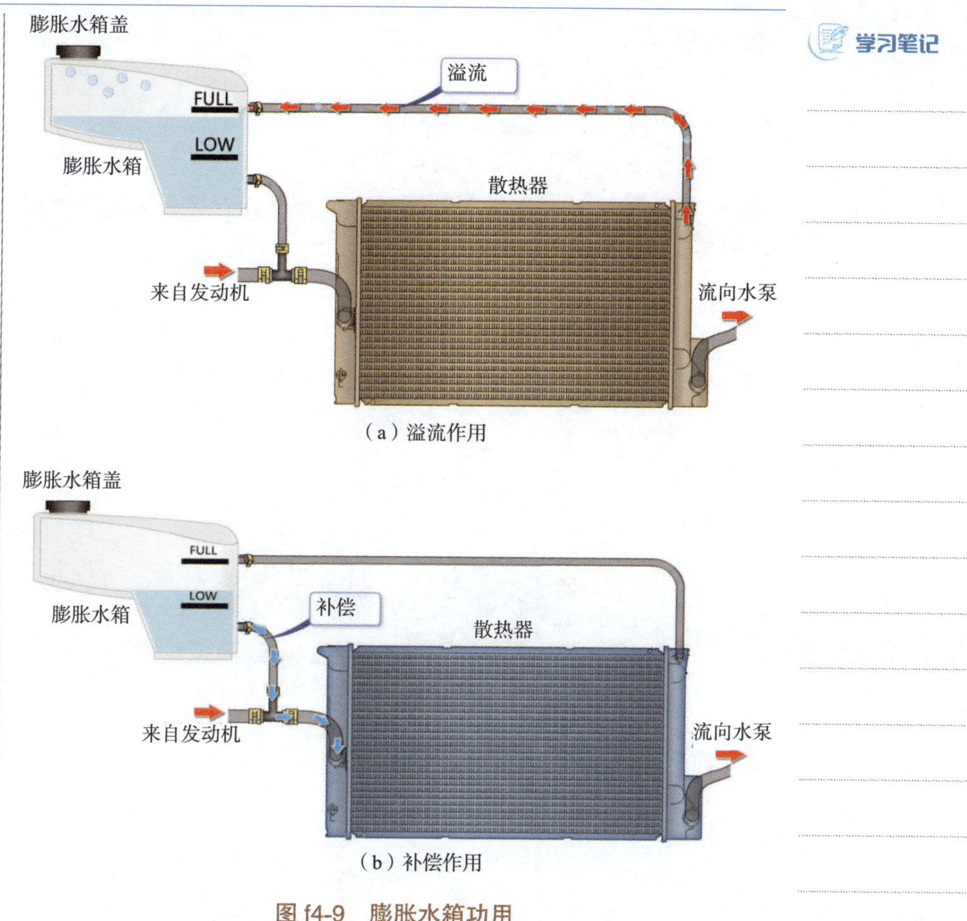

图 f4-9 膨胀水箱功用

视频

f4-4 膨胀水箱功用

学习笔记

7. 冷却液

（1）冷却液成分

冷却液主要由软水、防冻剂、添加剂三部分组成。软水可防止发动机水套中产生水垢；防冻剂有酒精、甘油、乙二醇，最常用的是乙二醇，可防止冷却液冻结，提高冷却液沸点；添加剂包括防锈剂、泡沫抑制剂和着色剂。

（2）冷却液功用

根据冷却液的成分，冷却液所起的作用有：防冻、防沸、防腐、防锈、防垢，见图 f4-10、f4-11、f4-12、f4-13、f4-14。

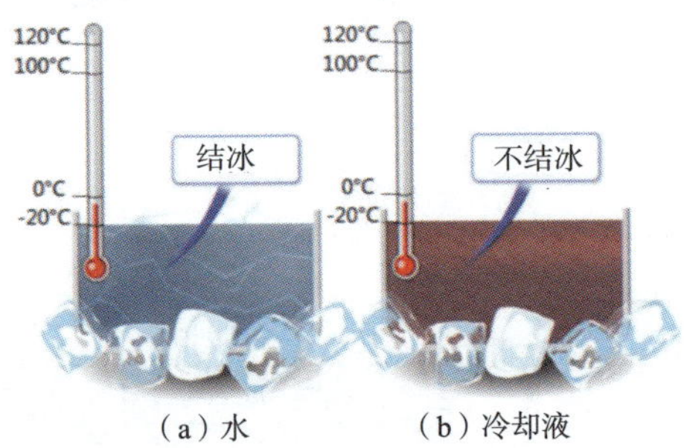

图 f4-10　防冻效果

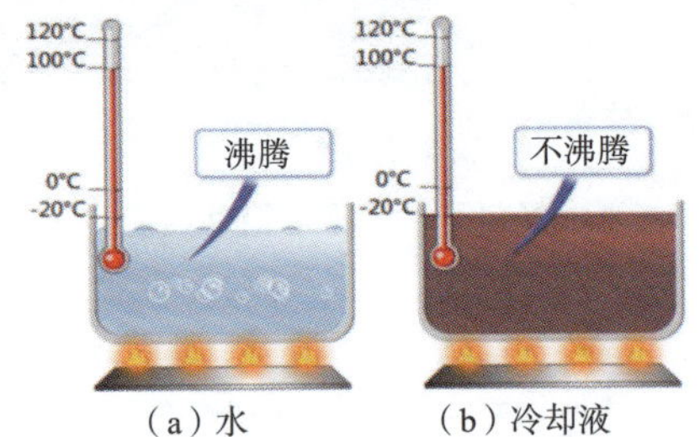

图 f4-11　防沸效果

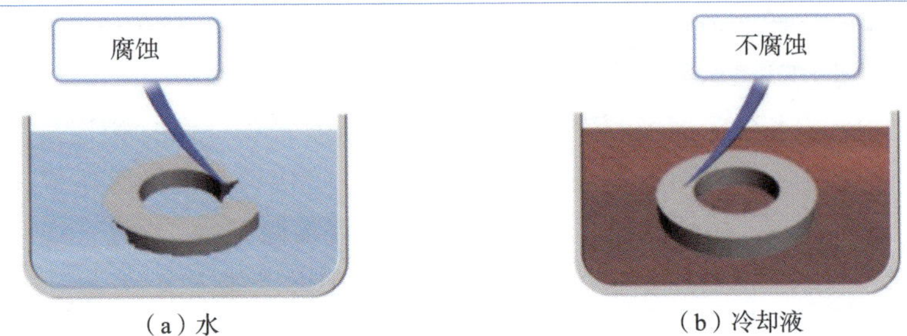

图 f4-12　防腐效果

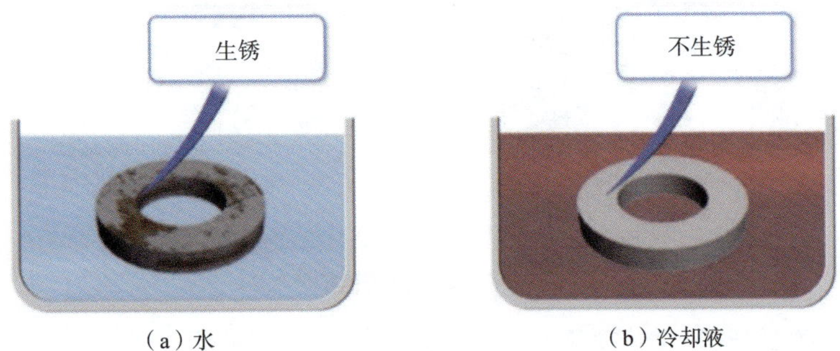

图 f4-13　防锈效果

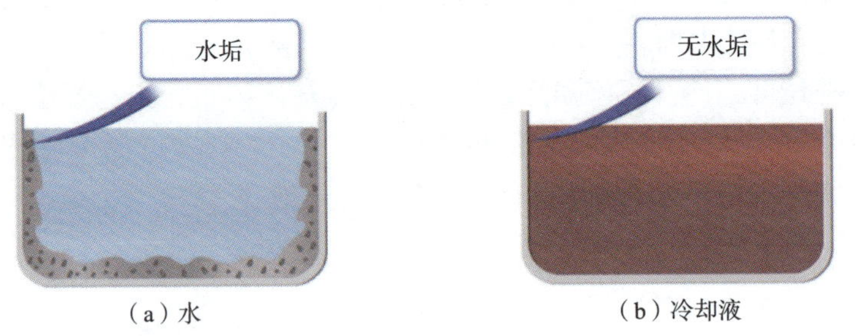

图 f4-14　防垢效果

项目五　知识拓展

1. 汽油机燃油供给系统工作原理

电动燃油泵将燃油箱中的燃油泵入燃油滤清器。燃油滤清器对流过的燃油进行过滤，过滤后的燃油进入燃油分配管，在压力调节器的作用下，燃油分配管中的燃油压力维持在规定范围内。燃油分配管将燃油分配给各缸喷油器。喷油器根据电控单元的指令将燃油适时地喷入进气管中。当油路中油压升高时，油压调节器自动调节，将多余燃油返回油箱，从而保持送给喷油器的燃油压力基本不变，见图 f5-1。

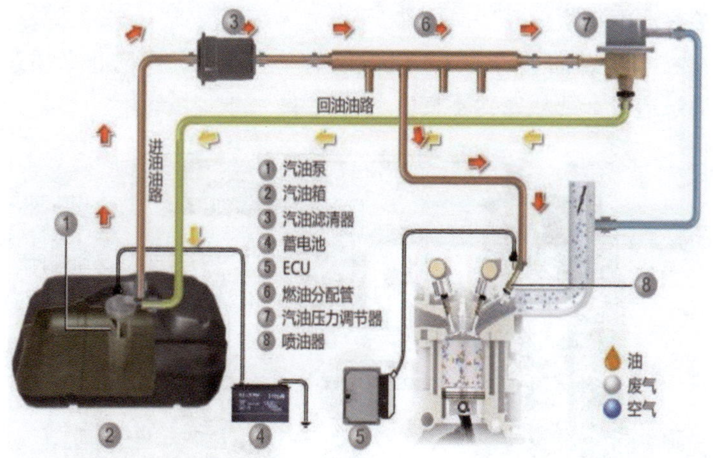

图 f5-1　汽油机燃油供给系统工作原理

2. 汽油机燃油供给系统类型

汽车发动机燃油供给系统按照控制方式不同，可分为化油器式燃油供给系统和汽油喷射式燃油供给系统两种类型，见图 f5-2、图 f5-3。化油器式燃油供给系在汽油机传统供给系中广泛应用，而汽油喷射式燃油供给系在汽油机上已被普遍使用。

（1）化油器式燃油供给系

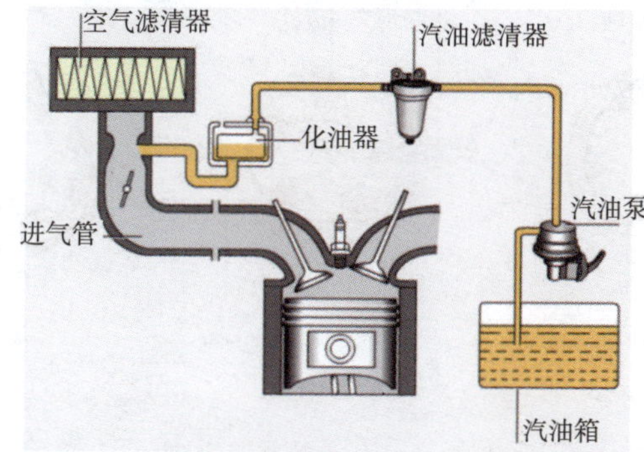

图 f5-2　化油器式燃油供给系

（2）汽油喷射式燃油供给系

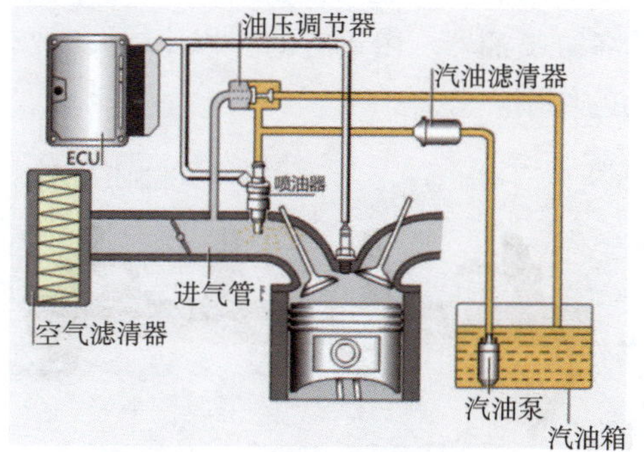

图 f5-3　汽油喷射式燃油供给系

学习笔记

视频

f5-1 汽油机燃油供给系统工作原理

学习笔记

3. 电动燃油泵类型

电动燃油泵按其结构不同，有涡轮式、滚柱式、齿轮式等，见图 f5-4。内置式电动燃油泵多采用涡轮式，外置式电动燃油泵则多数为滚柱式。外装式是将燃油泵安装在燃油箱外面的输油管中，而内装式是将燃油泵安装在燃油箱内。

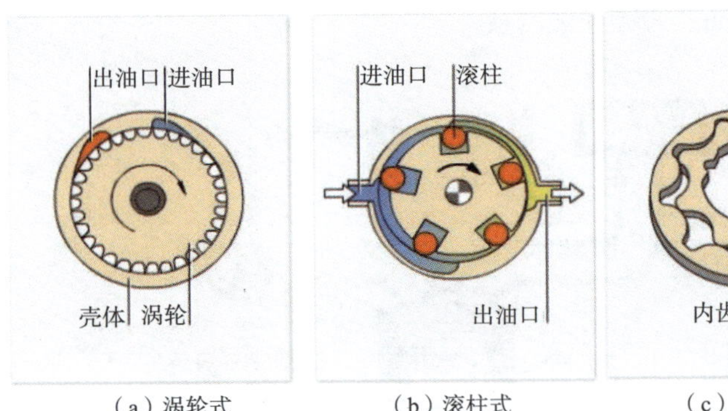

图 f5-4　电动燃油泵类型

4. 燃油分配管

燃油分配管也称作“共轨”，见图 f5-5，其功用是将燃油均匀、等压地输送给各缸喷油器。由于它的容积比较大，故有储油蓄压、减缓油压脉动的作用。

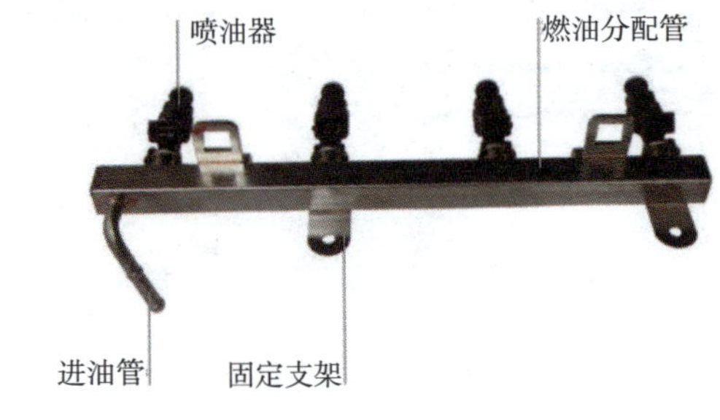

图 f5-5　燃油分配管

视频 

f5-2 涡轮式电动燃油泵工作原理

5. 涡轮式电动燃油泵工作原理

电动燃油泵工作时，永磁电动机通电带动泵体旋转，将燃油从进油口吸入，燃油经电动燃油泵内部，再从出油口压出，给燃油系统供油，见图 f5-6。电动燃油泵的转速和泵油量由外加电压决定，通常情况下为恒定值。

在电动燃油泵的出油口处设有一个止回阀，可以在发动机熄火后，防止燃油倒流，以保持燃油供给系统有一定的残余压力，便于下次起动。

在电动燃油泵的进油口或出油口处设有一个安全阀，可在燃油滤清器或高压管路阻塞等意外情况发生时，打开而泄压，从而保护直流电动机。

在电动燃油泵的进油口处安装有一个滤网，可防止杂质进入燃油泵造成卡死或密封不良。

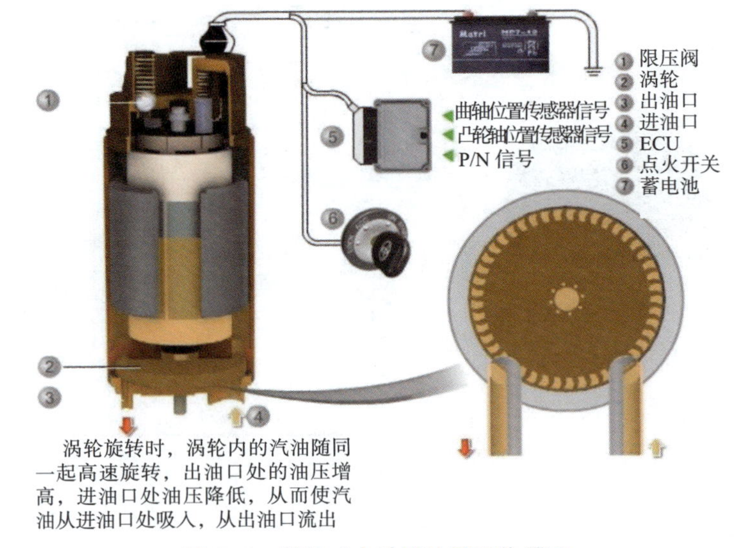

图 f5-6　涡轮式电动燃油泵工作原理

6. 喷油器工作原理

发动机工作时，电控单元的喷油控制信号将喷油器的电磁线圈与电源回路接通。电磁线圈有电流通过便产生磁场，磁芯被吸引，同磁芯为一体的针阀向上移动碰到调整垫时，针阀全开，燃油从喷口喷出。当没有电流通过电磁线圈时，在弹簧的作用下，使针阀下移压在阀座上并起密封作用，见图 f5-7。

喷油器的喷油量与针阀行程、喷口面积、喷油环境压力及燃油压力等因素有关，但这些因素一旦确定后，喷油量就由针阀的开启时间，即电磁线圈的通电时间来决定。各喷油器的喷油持续时间由电控单元控制，当某缸活塞处于进气行程时，电控单元指令喷油器喷油。

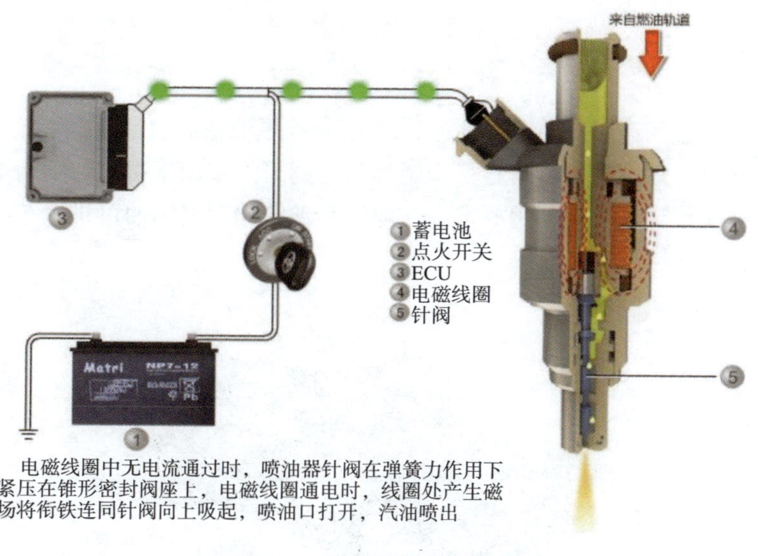

图 f5-7　喷油器工作原理

7. 燃油滤清器结构与功用

燃油滤清器安装在电动燃油泵出口侧的油路中。它主要是由进出油管、滤芯、内孔管、座圈等组成，见图 f5-8。滤芯采用菊花形结构，这种结构的特点是单位体积内过滤面积大。滤清器内经常承受 200~300 kPa 的燃油压力，因此，要求滤清器壳体及油管的耐压强度应在 500 kPa 以上。

燃油滤清器的作用是清除燃油中的粉尘、铁锈等固体杂质，防止供油系统阻塞，减少机械磨损，提高发动机工作的可靠性。

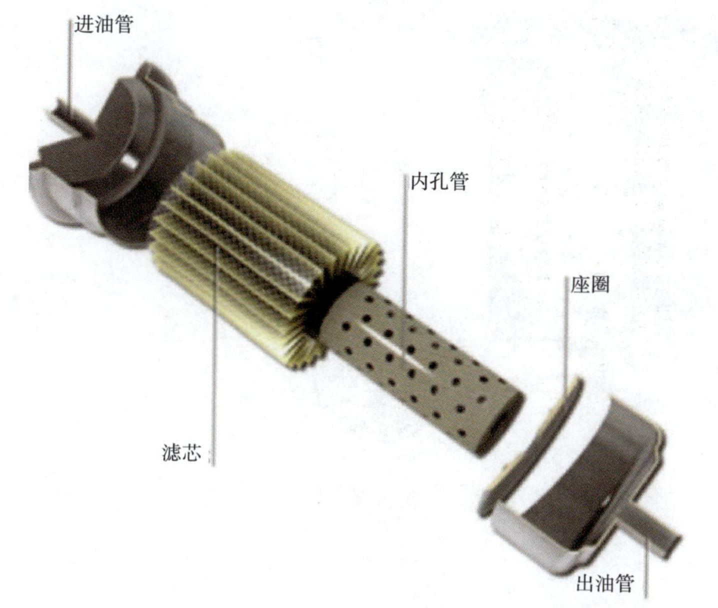

图 f5-8　燃油滤清器结构

学习笔记

视频

f5-3 喷油器工作原理

视频

f5-4 燃油滤清器结构

学习笔记

8. 燃油滤清器工作原理

发动机工作时，燃油从滤清器的进口进入滤芯外围，把带有杂质的燃油通过滤芯过滤后从出口出去，见图 f5-9。如果滤清器阻塞，将使油压降低，输油量减少，发动机不能正常工作，因此，燃油滤清器应按照规定周期进行更换。

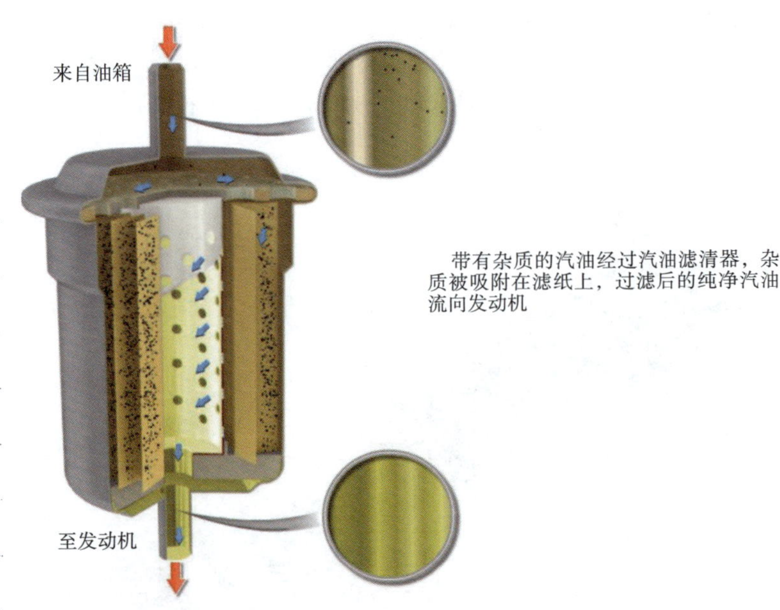

图 f5-9 燃油滤清器工作原理

视频

f5-5 燃油滤清器工作原理

9. 燃油箱结构与功用

燃油箱主要由油箱盖、加油管、隔板、燃油量传感器、燃油管开关等组成，见图 f5-10。

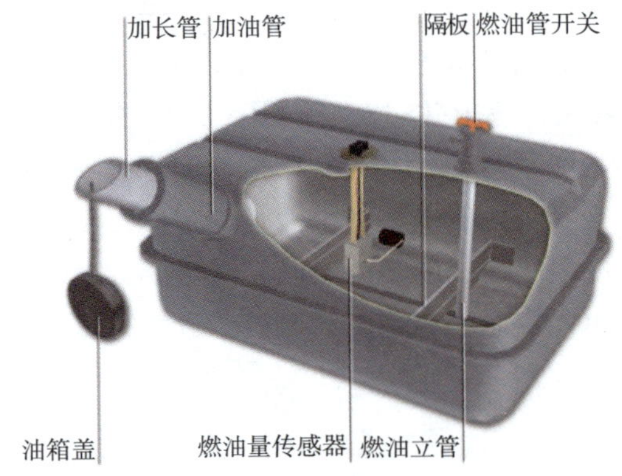

图 f5-10 燃油箱结构

燃油箱用以储存燃油，见图 f5-11。燃油箱的数目及容量随车型而异，普通汽车具有一个燃油箱，越野汽车则常有主、副两个燃油箱，以适应军用要求。一般汽车油箱储存的燃油可供汽车行驶 200 ～ 600 km。

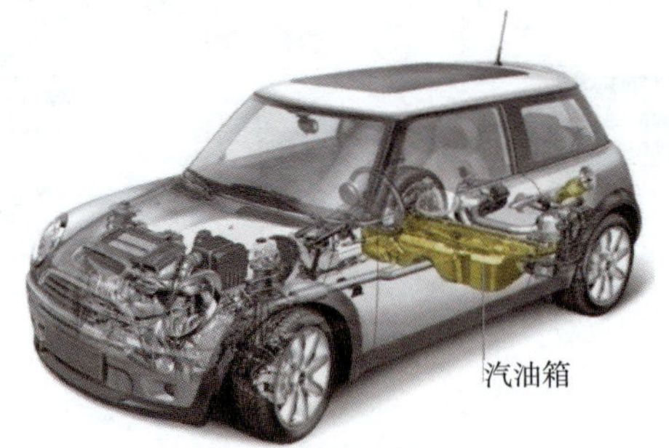

图 f5-11 燃油箱功用

10. 油压脉动缓冲器

当燃油泵泵油、喷油器喷射及油压调节器的回油平面阀开闭时，都将引起燃油管路中油压的脉动和脉动噪声。所以，油压脉动缓冲器的作用就是减小燃油管路中油压的脉动和脉动噪声，并能在发动机停机后保持油路中有一定的压力，以利于发动机重新起动。

油压脉动缓冲器的结构见图 f5-12，膜片将缓冲器分成空气室和燃油室两部分。当发动机工作时，燃油从进油口流进燃油室，由出油口流出。压力脉动的燃油使膜片弹簧或张或弛，燃油室的容积则或增或减。从而消减了油压的脉动。发动机停机后，膜片弹簧推动膜片向上，将燃油挤出燃油室，以保持管路中有一定的油压。

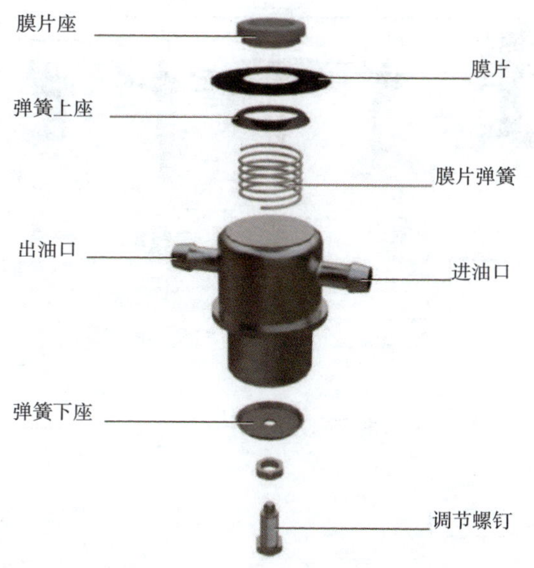

图 f5-12　油压脉动缓冲器结构

11. 汽油喷射系统类型

汽油喷射系统按喷射位置不同可分为缸内喷射和缸外喷射两种，见图 f5-13、图 f5-14。缸内喷射是通过安装在气缸盖上的喷油器，将汽油直接喷入气缸内，这种喷射系统需要较高的喷射压力，为 3 ~ 5 MPa，因而喷油器的结构和布置都比较复杂。缸外喷射系统是将喷油器安装在进气管或进气歧管上，以 0.20 ~ 0.35 MPa 的喷射压力将汽油喷入进气管或进气道内。前者称进气管喷射（单点喷射），后者称进气道喷射（多点喷射）。目前，汽油机电控系统广泛采用的是进气道喷射。进气道喷射（PFI）系统是每个气缸设置一个喷油器，各个喷油器分别向各缸进气道（进气门前方）喷油，这种喷射方式又称多点喷射（MPI）。

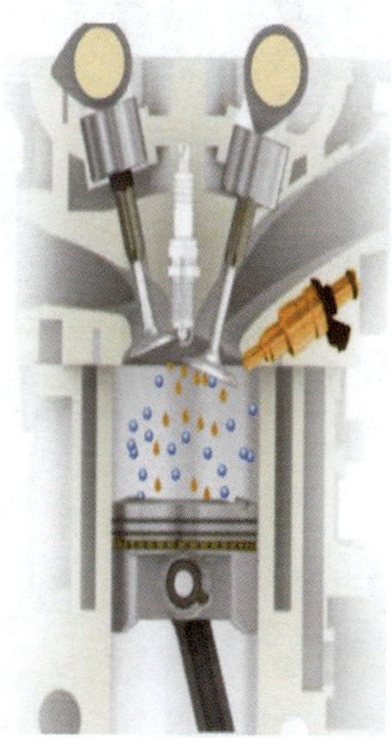

图 f5-13　缸内喷射

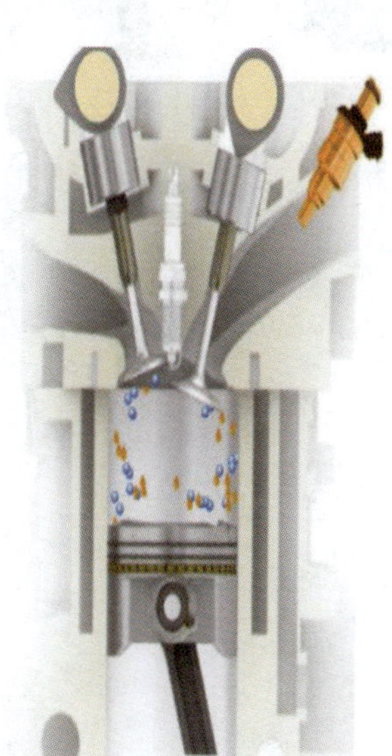

图 f5-14　缸外喷射

学习笔记

视频

f5-6 按喷射位置汽油喷射系统分类

学习笔记

按喷射连续性将汽油喷射系统分为连续喷射式和间歇喷射式。连续喷射是指在发动机工作期间，喷油器连续不断地向进气道内喷油，且大部分汽油是在进气门关闭时喷射的。这种喷射方式大多用于机械控制式或机电混合控制式汽油喷射系统。间歇式喷射是指在发动机工作期间，汽油被间歇地喷入进气道内。电控汽油喷射系统都采用间歇喷射方式，间歇喷射式可以分为同时喷射、分组喷射和顺序喷射，见图 f5-15、图 f5-16、图 f5-17。

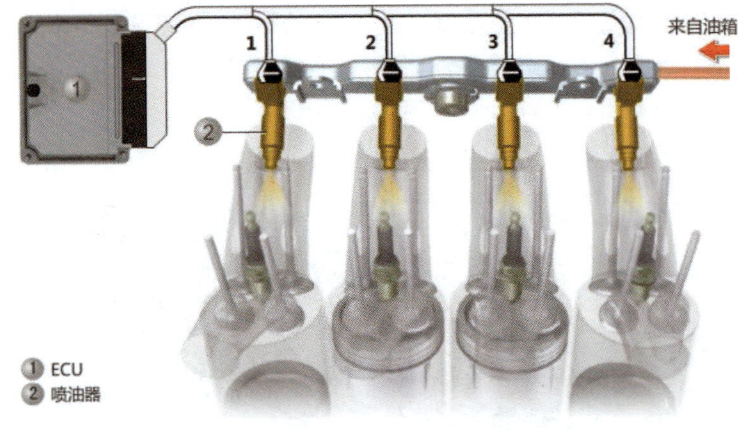

图 f5-15　同时喷射

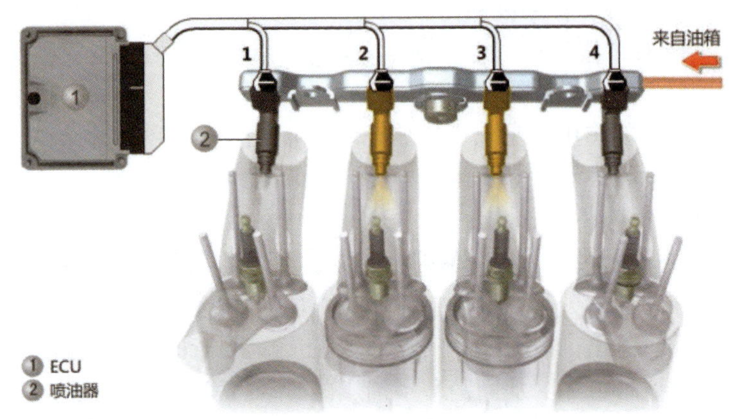

图 f5-16　分组喷射

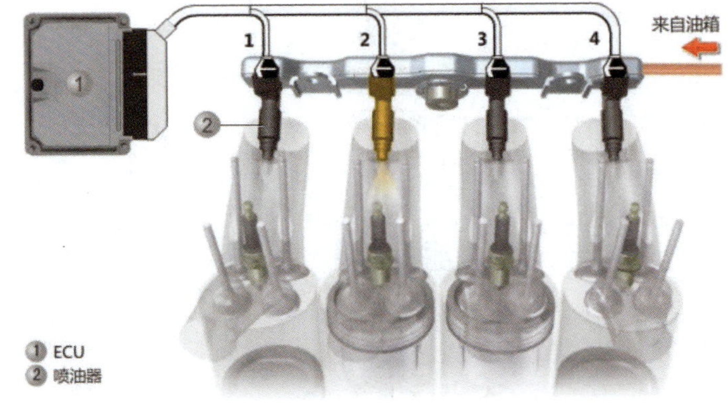

图 f5-17　顺序喷射

视频

f5-7 按喷射连续性汽油喷射系统分类

参 考 文 献

[1] 蒋勇 . 汽车发动机构造与拆装 [M]. 北京：中国铁道出版社，2015.

[2] 胡胜 . 汽车发动机构造与维修 [M]. 北京：机械工业出版社，2019.

[3] 陈希 . 汽车发动机构造与维修 [M]. 镇江：江苏大学出版社，2014.

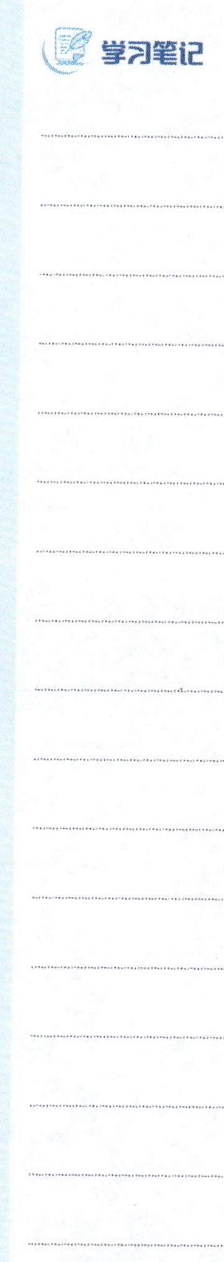

学习笔记